民國歷史與文化研究

初 編

第 **18** 冊

尋求秩序：梁漱溟政治思想研究

周 朗 生 著

花木蘭文化出版社

國家圖書館出版品預行編目資料

尋求秩序：梁漱溟政治思想研究／周朗生 著 -- 初版 -- 新北市：
花木蘭文化出版社，2015〔民 104〕
目 2+188 面；19×26 公分
（民國歷史與文化研究 初編；第 18 冊）
ISBN 978-986-404-154-1（精裝）
1. 梁漱溟 2. 學術思想 3. 政治思想
628.08   103027667

ISBN-978-986-404-154-1

9 789864 041541

民國歷史與文化研究
初　編　第十八冊   ISBN：978-986-404-154-1

尋求秩序：梁漱溟政治思想研究

作　　者　周朗生
總 編 輯　杜潔祥
副總編輯　楊嘉樂
編　　輯　許郁翎
出　　版　花木蘭文化出版社
社　　長　高小娟
聯絡地址　235 新北市中和區中安街七二號十三樓
　　　　　電話：02-2923-1455／傳真：02-2923-1452
網　　址　http://www.huamulan.tw 信箱 hml 810518@gmail.com
印　　刷　普羅文化出版廣告事業
初　　版　2015 年 3 月
定　　價　初編 32 冊（精裝）台幣 56,000 元

尋求秩序：梁漱溟政治思想研究

周朗生　著

作者簡介

周朗生，雲南陸良人，1971 年 10 月生，1992 年考入雲南師範大學政教系，1996 年畢業進入陸良縣第三中學任教。2000 年考入雲南師範大學攻讀中國哲學研究生，師從伍雄武教授和楊志明教授，2003 年畢業，獲碩士學位。同年考入吉林大學行政學院攻讀政治學理論研究生，師從寶成關教授，2006 年畢業，獲博士學位，入雲南師範大學社會發展學院工作。現爲雲南師範大學哲學與政法學院黨委副書記、副教授、碩士生導師。主要研究領域爲政治學理論、中外政治思想史。發表論文二十餘篇。

提　要

　　本文所要揭櫫的是梁漱溟獨具特色的政治思想：中國走出秩序危機的路徑既不應該走西方的路，也不應該走俄國的路，而應該探索中國自己的路。爲尋求走出「秩序饑荒」的路徑以實現社會與政治的秩序化，梁漱溟早年崇尚憲政，三四十年代則省察和旁觀憲政，七十年代重申憲政，對憲政經歷了一個肯定、否定、否定之否定的揚棄過程；他從未曾在一般意義上反對民主，反對革命，反對政黨政治。梁漱溟爲實現其政治理想，曾兩度投身於政治與社會實踐，長達七年的鄉村建設是梁漱溟尋求從基層（鄉村）著手的秩序重建之路，重視農村、農民和農業在中國現代化中的基礎性地位；隨後長達九年的政黨活動是他尋求從上層（政黨）著手的秩序重建之路，組建中國政治上的第三勢力，尋求國共的團結與合作。其政治思想的旨趣是尋求既不同於國民黨也有別於共產黨的建國之路，梁漱溟及其思想的失敗實際上是第三條道路在中國的失敗。而梁漱溟自己所參與的政治與社會改造活動，一定意義上，是把革命理想融於改良的運動之中，同時又賦予改良運動以革命的意義。當前被「三農」問題持續困擾下的中國，雖毋庸「照著」梁漱溟的鄉村建設模式而行，卻應「接著」梁漱溟的思索和實踐前行。

目

次

第一章　導　論

在進行現代化的國家中，……基本的問題不是自由，而是創立一個合法的公共秩序。當然，人們可以有秩序而沒有自由，但他們不能有自由而沒有秩序。

——塞繆爾·亨廷頓

從 1980 年代中期起，梁漱溟先生的人品學問突然成為「熱點」。以《東西文化及其哲學》為代表的一些梁氏早期著作被重新出版，成為當時「文化熱」中討論、研究熱點。他的東西文化觀、對傳統與現代的看法，影響既廣且深。……直到現在，雖經多年風雨，但對梁漱溟研究、思考的熱度依然未減。

——雷頤

一、提出問題

梁漱溟先生可謂是現代中國思想史上最富有爭議的人物之一。在新文化運動中，他與陳獨秀、李大釗、胡適等人對中國文化發展之路徑因觀點不同而獨樹一幟；在政治與社會活動上，曾被毛澤東和蔣介石尊為座上賓而後來皆因政見不同而分道揚鑣；……然而對梁漱溟及其思想的研究長期以來一直未受到客觀而又公正的對待，特別是他的政治思想一直是人們不願觸及的泥淖。人們更多的是關注他對宗教、儒學、教育、中醫等問題的思考，尤其是美國學者艾愷《最後的儒家——梁漱溟與中國現代化的兩難》〔註1〕一書傳入

〔註 1〕 Gay Allito, The Last Confucion-Liang Shu-ming and the Chinese Dilemma of Modernity （Berkeley ,Los Angeles , London：University of California Press ,

中國，儒家聖賢梁漱溟名聲大振，「最後一個儒家」的頭銜在中國大陸也不脛而走，新儒家的熱鬧在一定程度上湮沒和遮蔽了他對中國問題的原創性思考。

近代中國的危機，實際上就是整個社會秩序陷入危機之中，即梁漱溟說的「秩序饑荒」——「秩序、事實、意識三者之不侔」〔註2〕，這就是問題的癥結。先進的中國人所尋求的解決方案就是解決秩序的危機，即在逐漸形成現代式的民族國家的過程中重建一新的整全意義上的政治與社會秩序，遂走上秩序、事實、意識和諧統一的新秩序之路。梁漱溟之所以與眾不同和屢遭誤解與批判，一個重要的原因就在於他提出了一套與眾不同的有關中國問題的解救方案以及為堅持實現其理想而上下求索、「一生勞攘」並矢志不移。

在艾愷眼裏，「最後的儒家」無疑是屬於博物館的，李澤厚也認為梁漱溟七十餘年一直為西化派、為馬列主義者所批判所冷淡，在幾代青年中並無影響〔註3〕。事實是這樣的嗎？筆者認為值得商榷。因為在人們的腦海中，梁漱溟有四種形象：哲學思想家、鄉村建設領袖、政治上的中間派以及50年代知名的受害者。在《毛澤東選集》第五卷中記錄了當時毛澤東對梁漱溟的批判之語：

> 梁先生自稱是「有骨氣的人」，香港的反動報紙也說梁先生是大陸上「最有骨氣的人」，臺灣的廣播也對你大捧。……講老實話，蔣介石是用槍桿子殺人，梁漱溟是用筆桿子殺人。……梁漱溟反動透頂，……你梁漱溟的功在那裡？……愛國主義有三種：一種是真愛國主義，一種是假愛國主義，一種是半真半假、動搖的愛國主義。……梁漱溟的心中也是有數的。真正同帝國主義和臺灣方面斷絕關係的，不管他怎樣落後，我們也歡迎。……梁漱溟是野心家，是偽君子。他不問政治是假的，不想做官也是假的。他搞所謂「鄉村建設」，有什麼「鄉村建設」呀了（？）是地主建設，是鄉村破壞，是國家滅亡！〔註4〕

事情的緣由大概在於梁漱溟提出建國後出現的工農生活有「九天九地」

1986）．艾愷：《最後的儒家——梁漱溟與中國現代化的兩難》，王宗昱、龔建中譯，江蘇人民出版社，2003年版。

〔註2〕《梁漱溟全集》，第六卷，山東人民出版社1993年版，第578～579頁。

〔註3〕李澤厚：《中國現代思想史論》，天津社會科學院出版社2003年版，第287頁。

〔註4〕《毛澤東選集》第五卷，人民出版社1977年版，第107～115頁。

之差等等有關農民問題或農村問題的發言，成爲了他與毛澤東公開衝突的導火線，從而被認爲是反對總路線。

我們回到今天的現實，2006 年 2 月 21 日，爲億萬中國人關注的《中共中央國務院關於推進社會主義新農村建設的若干意見》的文件對外發佈，是近三年來第三個有關「三農」工作的「一號文件」。這是中國改革開放以來中央關於「三農」問題的第八個「一號文件」。2014 年，我國發佈了第十六個「一號文件」。改革開放 35 年來中國經濟的迅猛發展，以及中國與全球經濟的不斷融合，解決「三農」問題的迫切性和重要性再一次擺在全社會面前。今天我們面對這樣一個事實，中國的農業、農村和農民問題，已經成爲影響我國未來現代化發展的主要因素，它已經關係到我們整個國家的命運，關係到我們現有的現代化水平能不能維持，關係到我們通過三十年努力奮鬥好不容易創造出的改革開放的成果有可能毀於一旦的嚴峻問題。

歷史與現實的境況促使我對梁漱溟及其著作產生了濃厚的興趣，筆者走進了梁漱溟，試圖揭櫫這位獨立知識分子在現代中國政治思想史上究竟是一個怎樣的人並有怎樣的政治思想。

然而，在研究梁漱溟的眾多文獻中，批判之反對者僅僅著眼於其所謂的政治思想上的「反動」和文化觀念上的「復古」，同情之理解者也僅僅著眼於他所謂的「新儒家思想」上，這些表面的和印象式的理解取向不僅在實際上遮蔽了梁漱溟社會與政治思想內在演化發展的繁複過程，而且還在公共話語的建構過程中炮製出了因各自理論分析框架或意識形態取向而確定的無數個同質性的甚至彼此相互衝突的梁漱溟。事實上，面對秩序饑荒、文化斷裂、意義失落和認同危機這個「千年未有之變局」的中國社會，梁漱溟自十四歲進入中學後就一直思考和尋求著兩大問題：「一是人生問題，即人活著爲什麼；二是社會問題，亦即是中國問題，中國向何處去。」〔註5〕希冀找到重建中國政治與社會秩序的方案。梁漱溟提出了文化三路向、鄉村建設理論以及民主和憲政理論並籌建了中國政治舞臺上的第三勢力，爲尋求建設中國的長期方案矢志不渝。他在探索救國救民的親身實踐中提出的有關中西政治、社會、文化中的諸多問題，特別是對怎樣走上秩序之路的探索和思考在今後的一個不會太短的時間裏仍不失爲第一流的問題。

在移植西學解釋中國社會政治形成路徑依賴的同時，梁漱溟自家體貼出

〔註5〕汪東林：《梁漱溟問答錄》，湖南人民出版社 2004 年版，第 31 頁。

來的政治思想觀點，在中國社會發展面臨重大抉擇的當下，在建設社會主義
新農村，努力構建和諧社會，實現中華民族偉大復興的今天，如何從政治學
的角度去研讀梁漱溟及其著作，從尋求秩序的視角去挖掘和詮釋梁漱溟的政
治思想就顯得特別符合時宜。

二、研究回顧

（一）國內研究概況

在國內，研究梁漱溟的文獻資料已有不少，進行必要的清理尤顯必要。
依據筆者初步歸納，對梁漱溟政治思想的研究大致經歷了以下五個階段：

第一階段爲梁漱溟《東西文化及其哲學》發表時期。這本在當時引起東
西方學者廣泛關注的著作，時人稱其爲「震古爍今之著作」，說它「把東西兩
半球的學者，鬧個無寧日」〔註6〕。梁漱溟因這本書的發表而名聲大噪，引起
各家各派激烈爭論，概覽各派觀點：一是保守主義者的讚譽。如嚴既澄是「差
不多全體贊同」〔註7〕梁漱溟的思想。惡石對梁漱溟詮釋孔子「仁的生活」及
其認識論上「以理智運用直覺，其實是直覺用理智，以理智再用直覺」的話
讚賞不已。同時對他的「文化三路向」說極其推崇〔註8〕。張君勱認爲，梁漱
溟對西中印三種文化的特點「說得很透闢」，斷定世界未來文化是「中國文化
的復興」，很有「勇氣」，對西方文化的變遷觀察很「深入」，這些都是他所「極
佩服的」，對梁漱溟所說全盤承受西方文明一節也「完全贊成」〔註9〕。不過，
他們也指出了梁漱溟思想中的扞格之處。二是自由主義者的責難。胡適從文
化共性論出發，反對梁漱溟將複雜繁多的文化「各包括在一個簡單的公式
裏」，把西、中、印三方文化弄得「整齊好玩」，犯了「籠統」的毛病〔註10〕。
吳稚暉認爲，梁漱溟的主張，從時間上看「似乎太早了點」，從作用上看「好
像幫助萬惡的舊習慣，戰勝新生命」，從地點上看，梁漱溟所主張的「中國化」
對羅素、杜威等代表的後現代發達工業國受用，但對梁漱溟等代表的前現代

〔註 6〕李石岑：《〈評東西文化及其哲學〉》，《民鐸》1922 年三卷三號。
〔註 7〕嚴既澄：《評〈東西文化及其哲學〉》，《民鐸》第三卷第 3 號，1922 年 3 月。
〔註 8〕惡石：《評〈東西文化及其哲學〉》，《民國日報》副刊《覺悟》，1922 年 3 月
　　　　28 日。
〔註 9〕張君勱：《歐洲文化之危機及中國新文化之趨向》，《東方雜誌》第 19 卷第 3
　　　　號，1922 年 2 月。
〔註10〕胡適：《讀梁漱溟先生的〈東西文化及其哲學〉》，《胡適文存》第 2 集卷 2。

農業國「不嫌早麼」？從樂利派的眼光看去，「梁先生終不免做了 17 世紀的一個廢物」。他的著作「有點害國病民的成分在內」〔註11〕。一句話，作爲中國思潮代表之一的梁漱溟是在錯誤的時間錯誤的地點提出了錯誤的論點。三是社會主義者的批判。陳獨秀主要從兩方面展開：首先從服務現實政治的需要出發，訴求歷史事實，指出道德無中西之分，只有新舊之別，道德的或不道德的現象，無論東西都普遍存在，衡量道德優劣的標準不應當是地域，而應當是「新舊」。「若說道德是舊的，是中國固有的好，簡直是夢話」〔註12〕。其次從歷史進化論觀點出發，認爲梁漱溟「把還不進化的老古董當作特別優異的文化保守起來，豈不是自閉於幽谷！」其結果只能是「保守著不思進取」，自毀民族的前途〔註13〕。

在這個時期，中國的問題都追究到文化上來，認爲文化問題的解決就是政治問題的解決，同時也是社會秩序危機的解決。學者們主要是從新舊中西的兩極對峙來評判梁漱溟。卻很少留意這對峙產生的張力所隱伏的共通的時代的底蘊，很少論及梁漱溟強調的固有文化與新社會秩序重建的關係。

第二階段爲梁漱溟探索、開展鄉村建設實驗時期。他領導開展的鄉村建設運動一度引起了國內外的廣泛關注，這自然引發了各方的激烈論爭。一是在梁漱溟及其支持者中，其弟子公竹川認爲：「梁漱溟先生的鄉村建設是他七八年來對於中國整個問題（包括政治經濟社會文化全部）一個說明解答，自有其社會觀和歷史觀。」〔註14〕梁漱溟的主要輿論陣地《鄉村建設》雜誌社也說：關於鄉村建設，「梁漱溟先生頗費了一番力氣。他確有所見。所以他對於鄉村建設方面的理論，有深厚不拔的根據」。「他不是國故派，不是守舊派，更不是復古派；他是一個最認眞，最不肯妥協的人。他不跟今人跑，也不跟古人跑，更不跟東西洋人跑。」〔註15〕連國民政府復興委員會也認定：「鄒平的鄉村建設工作，是一種有靈魂的工作，它有一種透明深刻的理論作它的根據。這種理論是他們由幾個領袖經過長時間彷徨歧途深思熟慮，然後

〔註11〕　吳稚暉：《一個新信仰的宇宙觀及人生觀》，《太平洋》第四卷第一、三、五號，1924 年 3 月 5 日出版。

〔註12〕　陳獨秀：《調和與道德》，《獨秀文存》第 2 卷，上海亞東圖書館 1922 年版第 70、72 頁。

〔註13〕　1924 年 2 月的《前鋒》上有一篇《精神生活東方一文化》的短文（「寸鐵」專欄）。

〔註14〕　參見天津《益世報·農村周刊》第 32 期。

〔註15〕　《鄉村建設》旬刊 4 卷 6、7 期之「編輯後記」。

找出來的。」〔註16〕二是獨立評論派〔註17〕的批判，這幫人是站在西方中心觀模式，肯認「現代化即西化」觀念的立場上，對梁漱溟的鄉村建設理論和實踐展開批判。吳景超在其多篇文章中反覆斷言：「生存在今日的世界中，我們只有努力走上工業化的路，才可以圖存。」同時指斥梁漱溟的鄉村建設理論是「經濟復古論」，其鄉村建設運動是反對工業化的「復古運動」〔註18〕。隨後，陳序經、賀岳僧等也紛紛發文批判梁漱溟聲援吳景超。三是中國農村派的批判〔註19〕。據不完全統計，中國農村派發表的批判梁漱溟鄉村建設的文章達50餘篇。其代表性的文章有千家駒的《中國的歧路》；孫治方的《為什麼要批判鄉村改良主義工作》；張志敏的《評梁漱溟先生的鄉村建設理論之〈方法問題〉》；李紫翔的《評梁漱溟鄉村建設理論》；等等。1935年4月，新知書店出版了千家駒、李紫翔主編的《中國鄉村建設批判》論文集，對20世紀30年代在全國各地興起的鄉村建設運動，從理論到實踐均有所批判。梁漱溟於1941年2月出版了《答鄉村建設批判》一書，作為對這種批判的回應。中國農村派對梁漱溟的批判集中如下：第一、批判梁漱溟對帝國主義和封建主義始終沒有加以足夠的重視。第二、批判梁漱溟無視中國有階級和階級鬥爭的錯誤認識。如余霖就點名道姓批判道：「梁先生以為中國因無階級，無強大之統治力，以致人民散亂。可是我們的意見恰恰相反，我們以為中國因為有了階級，所以閉著眼睛亂喊組織民眾，絲毫不會有所成就。」〔註20〕第三、批判梁漱溟無視土地重要性的錯誤。這也是鄉村建設理論的缺陷。李紫翔指出：「中國農村經濟的根本問題，是生產工具的重新分配，主要的是土地的合理分配，只有努力於土地分配問題的解決，才能滿足農民的要求，才能解除農村經濟的束縛和建設農村。」〔註21〕第四、批判梁漱溟鄉村建設的思想基礎和方法問題。首先是思想基礎的批判，即批判中國社會結構特殊論。李紫翔指出：梁漱溟以上層建築的「禮」為其鄉村建設的出發點和歸宿點，「正是倒果為因的主觀論，所謂處處注重『客觀的事實』者，不過

〔註16〕《鄒平見聞錄》，《農村復興委員會會報》2卷4號。

〔註17〕以胡適、丁文江、吳景超、陳序經等為代表，他們的文章主要發表在《獨立評論》上，故名。

〔註18〕吳景超：《我們沒有歧路》，《獨立評論》第125號。

〔註19〕以陳翰笙、李紫翔、謝暮橋等為代表的中國農村經濟研究會。因他們的文章大多發表在《中國農村》雜誌上，故名。

〔註20〕余霖：《鄉村工作的理論與實踐》，《中國農村》，2卷1期。

〔註21〕李紫翔：《農村建設運動應有的轉變》，《中國農村》，2卷4期。

是自欺欺人的謊言罷了。」〔註22〕其次，對方法問題的批判。張志敏認爲：
「他把主觀與客觀截然分開」，「完全是一種機械的唯物論，即極端的客觀論」
〔註23〕。

　　這一時期，學者們主要運用階級分析方法，分析梁漱溟的鄉村建設政治
思想。支持者認爲，通過鄉村建設可以達致秩序之路，並贊成其思想的原創
性。反對者認爲，梁漱溟否認中國存在階級對立，否認土地問題，沒有看到
帝國主義是造成中國秩序危機的根源，並認爲梁漱溟的中國社會秩序——倫
理本位、職業分途是極其錯誤的，梁漱溟的社會結構特殊論是爲帝國主義、
封建主義張目的。對梁漱溟的鄉村建設基本持否定態度，並被視作烏托邦而
遭否棄。在筆者看來，研究者們都觸及到了梁漱溟的社會政治思想，尤其是
對關於鄉村建設的理想、步驟以及具體措施都進行了分析，但遺憾的是，對
梁漱溟提出的譬如培養民眾團體組織的新習慣、從基層做起，走中國自己的
路等等正確的思想也都被拋棄了。更爲重要的是，梁漱溟在尋求秩序的途路
上所遇到的文化難題也是我們共有的難題：在時代精神和民族精神的十字架
前，我們應當怎樣選擇我們的「現代」及其「以後」？

　　第三階段爲抗戰爆發至建國前夕，梁漱溟兩訪延安，作爲中間派的關鍵
人物，其政治與社會活動自然引起了爭論。其中以毛澤東和蔡尚思的評論爲
代表。梁漱溟一訪延安期間，毛澤東與他長談八次，毛澤東肯定了梁漱溟對
中國社會認識的獨到見解，並對梁漱溟提出的黨派綜合體思想基本贊同。但
也指出《鄉村建設理論》走的是改良的路，不是革命的路，並強調改良主義
解決不了中國的問題，中國的社會需要徹底的革命。毛澤東對《鄉村建設理
論》作了簡要批註，歸納如下：第一，批評了梁漱溟關於中西社會文化的認
識。毛澤東認爲梁漱溟所說的「倫理本位」和「個人本位」之別「是資本社
會和農業社會不同的結果。」不是因爲中國沒有存在過西方中古的宗教生活
方式和現在的民族國家意識。第二，批評了梁漱溟關於中國傳統社會的基本
認識。毛澤東認爲所謂的「倫理本位的經濟」就是一種「封建經濟」，所謂「共
產」的特徵，「只是一種建立在封建剝削關係上的家庭共產主義。」在社會政
治上，梁漱溟認爲，在中國社會中，「不但整個的政治組織放在一個倫理的關
係中，抑且其政治目的亦全在維持大家的相安，——任何讓人人彼此倫理的

〔註22〕李紫翔：《鄉村建設運動的評價》，《益世報・農村周刊》，1943 年 7 月 20 日。
〔註23〕張志敏：載《中國農村》1 卷 9 期。

關係各做到好處是其政治上的理想要求，更無其它。」對此，毛澤東的批註寫道：「這種倫理政治之目的不為別的，全為維持封建剝削，不是大家相安，而是使地主階級相安，大多數人則不相安。不是各做到好處，被統治者則做到極不好處。」接著指出了所謂的「情誼關係」是梁漱溟一廂情願的道德烏托邦。在中國社會中，哪存在「彼此互以對方為重，一個人似不為自己而存在，乃彷彿為他而存在著」的「情誼關係」。第三，批評了梁漱溟關於改良主義擺脫中國危機的思想。毛澤東指出中國的危機緣自西方的侵略。而要抵制西方的入侵，「只有更高者能勝之。此更高者即是民族民主革命，革命是勝於反革命的」。中國社會擺脫危機的路徑惟有革命，而不是梁漱溟的建設文化〔註24〕。在 1948 年的《時與文》上，蔡尚思發表了《梁漱溟的整套思想及其背景》，其中在「梁漱溟政治思想」部分，蔡尚思認為：（一）在政治哲學上，梁漱溟承認一切現實全是合理的，要絕對地屈服於一切現實，因此中國政治是命定的沒有辦法；（二）在政治態度上，梁漱溟讚美封建政治近於無政府的自由，美化中國皇帝是人民的父母而與天下人為友，為意德各國法西斯領袖唱讚歌，欣賞日本封建化的政制；（三）在政治進路上，梁漱溟尋求地主政權的知識分子專政，力求與軍閥政府合作，反對打倒土劣、廢除苛政的破壞性運動，反對任何革命與武力抵抗，最痛恨共產黨，並用復古的鄉村運動去防共；（四）在政治信念上，宣揚西洋政制不合中國國情，認為中國不能產生黨團，反對積極的政治。〔註25〕

　　這一時期，研究者主要從梁漱溟的政治哲學、政治進路、以及政治信仰上展開批評研究，作為中間派的關鍵人物，其改良主義思想和政治態度遭遇到了國共雙方的批評。其實這一時期也是梁漱溟對政治進行觀察、行動和思考比較積極和主動的時期，他積極參與政治、創建黨派、斡旋於國共兩黨之間，提出了「黨派綜合體思想」以及對國民政府所謂的「憲政」一直持警惕態度，故而他關於民主、憲政、政黨的闡釋鮮有研究。

　　第四階段為建國後至 70 年代末。一是 1953 年毛澤東對梁漱溟的批判。這部分內容主要見於《毛澤東選集》第五卷中《批判梁漱溟的反動思想》一文。二是社會各界（主要是知識界）發起了對梁漱溟的批判。在 1954 年，郭

〔註24〕毛澤東對《鄉村建設理論》的批註，引自陳晉《一九三八年毛澤東與梁漱溟的一次爭論》，載《中共黨史研究》1990 年第 6 期。

〔註25〕蔡尚思：《梁漱溟的政治思想》，《時與文》第三卷第五期，1948 年 5 月 14 日。

沫若在中科院組織的批判會上發言時厲聲說道：「我過去很尊重他，稱他爲梁先生，……現在他反對黨的總路線，我們要嚴加鎮壓！」〔註26〕到1955年，馮友蘭發表文章，宣稱：「梁漱溟先生所宣傳的文化觀和『村治』理論就是典型的封建復古主義思想」。並指責梁漱溟「村治」的「本質就是在鄉村中建立武裝，保護封建秩序，又企圖用一套教育和合作制度，麻痹農民，以對抗中國共產黨所領導的農民運動，反對共產主義，反對革命」〔註27〕。吳景超也舊話重提，寫了《梁漱溟的鄉村建設理論》一文，對梁漱溟口誅筆伐。吳景超認爲梁漱溟向中共進言，是他農業救國思想的復活，從根本上說來，是反對中國共產黨、反對工業化的唯心主義思想。他認爲「工業化思想，在梁漱溟的鄉村建設理論中，是不占任何地位的。……他不但自己不主張工業化，而且還替農民說，農民根本沒有工業化的要求」〔註28〕。千家駒相繼發表了《批判梁漱溟堅持中國落後反對工業化的謬論》、《梁漱溟的鄉村建設運動究竟爲誰服務》等文。他一改30年代辯論的口吻而武斷地指出：梁漱溟的鄉村建設對帝國主義和國民黨反動派有利；對革命和中國人民有害。李紫翔則在《梁漱溟的四十年》一文中指出，梁漱溟的鄉村建設運動肩負三項反動政治任務：「第一是編造一套『共產主義不適中國』的中國特殊論」；「第二是欺騙青年，特別是左翼青年」；「第三是欺壓農民」〔註29〕。李達在《批判梁漱溟的政治思想》一文中，認爲梁漱溟在五四時期以「孔家店」和舊禮教對抗民主與科學；「從我黨成立之時起，就已和我黨處於對抗的地位」，梁漱溟那部反動的《東西文化及其哲學》著作恰在1921年10月出版，其目的就是對抗中國共產黨。隨後出版反動的《中國民族自救運動之最後覺悟》，其主要目的是「站在國民黨一邊，反共，反人民，並提出了反動的村治主義的主張」。1936年出版了反動的《鄉村建設理論》，「其主要目的是配合蔣匪幫的軍事『圍剿』來實行文化『圍剿』，他倡導了並且實行了反動的村治主義，進行了反革命活動」。在抗日戰爭時期，梁漱溟「仍然是反共反人民，擁帝擁封建。」梁漱溟寫《中國文化要義》，是「再一次掛起羊頭賣狗肉，貫徹亡國主義目的」。五

〔註26〕李淵庭、閻秉華：《梁漱溟先生年譜》，廣西師範大學出版社2003年版，第260～261頁。
〔註27〕馮友蘭：《批判梁漱溟先生的文化觀和「村治」理論》，《人民日報》，1955年的5月11日。
〔註28〕吳景超：《批判梁漱溟鄉村建設理論》，《新建設》雜誌，1955年第7號。
〔註29〕參閱李紫翔：《梁漱溟的四十年》，新知識出版社1956年版。

十年代，他投機回到北京，做中共「諍友」，然而，其「諍言」是「企圖破壞社會主義事業，破壞工農聯盟，破壞統一戰線」等等〔註30〕。三聯書店於1955、1956年出版了《梁漱溟思想批判》第一輯、第二輯；上海新知識出版社於同年出版了李紫翔的《梁漱溟四十年》；湖北人民出版社也出版了李達的《梁漱溟政治思想批判》，等等。三是「文革」時期，梁漱溟不僅遭到文攻，而且還遭遇武鬥。在1977年，為了給《毛澤東選集》第五卷的學習提供參考資料，還特出版了《胡適梁漱溟哲學思想批判》。總之，梁漱溟反共反人民反社會主義的立場是一以貫之的。

這一時期，梁漱溟是作為「反面教材」來進行批判的。尤其以他的政治思想為代表，認為梁漱溟自1921年以來就和中國共產黨處於對立地位，抗拒民主與科學，鄉村建設是封建的復古主義運動，村治也是反革命的，反人民的。在筆者看來，這段時期主要是迎合政治的需要而展開的思想批判運動。

第五階段為八十年代中後期至今。這一階段，中國大陸實行改革開放，伴隨著思想解放，學術研究實事求是風氣的恢復，重現了百花齊放、百家爭鳴局面，中國學術界興起了一股「文化熱」。梁漱溟的生平與思想再次受到學術界的關注。1986年11月，「現代新儒學思潮研究」被確立為國家社科基金「七五」規劃重點課題。與此同時，一些以梁漱溟為討論對象的學術會議也先後在全國各地舉行，其中主要的有1987年10月，由山東大學、山東社會科學院和山東鄒平縣聯合發起，在梁漱溟從事鄉村建設的實驗基地鄒平縣召開全國性的「梁漱溟鄉村建設運動學術研討會」，會上三家發起單位醞釀成立了「梁漱溟鄉村建設理論研究會」；同月由中國文化書院發起，在北京召開的「梁漱溟思想國際學術討論會」，隨後興起了「梁漱溟熱」。正如費孝通先生所分析的那樣，梁漱溟本人及其思想在八十年代的「文化熱」中所以能得到中國學術界的重視，成為人們關注、研究和討論的焦點，決不是偶然的，而是有其深刻的社會和思想根源。中國經過30年的「一面倒」，在實踐中認識到「全盤西化」是不可能的，全盤接受社會主義國家的文化也同樣行不通，從而覺悟到要求實事求是，就是要從原有的基礎上，採取群眾能接受的辦法，逐步改革傳統的社會和文化，中國才能存於現代世界，發展成為先進國家，並建立一個和平繁榮的世界秩序。梁漱溟的思想則為這種覺悟提供了認識上

〔註30〕參閱李達：《批判梁漱溟的政治思想》，湖北人民出版社1956年版。

的資源。〔註31〕

　　進入九十年代以來，「文化熱」雖已悄然降溫，但梁漱溟熱在學術界卻依然方興未艾。研究梁漱溟還在持續升溫。關於學術專著方面，1988－1993 年共約 400 多萬字的《梁漱溟全集》第一卷至第八卷由山東人民出版社出版。這是梁漱溟思想研究中的一個標誌性事件，爲人們認識研究梁漱溟提供了較爲完整的資料。隨之，一些研究專著相繼問世。就涉及政治思想方面的著作而言，據不完全統計主要有：汪東林的《梁漱溟問答錄》（湖南人民出版社1988 年版），汪東林的《梁漱溟與毛澤東》（吉林人民出版社 1989 年版），1990年百姓文化事業有限公司出版了《中國的脊梁：梁漱溟先生紀念文集》（收文90 篇），山東省政協文史資料委員會、鄒平縣政協文史資料委員會編的《梁漱溟與山東鄉村建設》（山東人民出版社 1991 年版），李淵庭、閻秉華夫婦合編的《梁漱溟先生年譜》（廣西師範大學出版社 1991 年版），鄭大華的《梁漱溟與胡適：文化保守主義與西化思潮的比較》（北京中華書局 1994 年版），曹耀明的《梁漱溟思想研究》（天津人民出版社 1995 年版），郭齊勇、龔建平合著的《梁漱溟哲學思想》（湖北人民出版社 1996 年版），善峰的《梁漱溟社會改造構想研究》（山東大學出版社 1996 年版），朱漢國著的《梁漱溟鄉村建設研究》（山西教育出版社 1996 年版），熊呂茂著的《梁漱溟的文化思想與中國的現代化》（湖南教育出版社 2000 年版），楊菲蓉的《梁漱溟合作理論與鄒平合作運動》（重慶出版社 2001 年版），劉克敵著的《梁漱溟的最後 39 年》（中國文史出版社 2005 年版）等。此外，在思想史的許多專著中涉及到梁漱溟政治思想方面的，諸如李世平的《中國現代政治思想史》（四川人民出版社 1985年版），朱義祿、張勁合著的《中國近現代政治思潮研究》（上海社會科學出版社，1998 年版），張汝倫著的《現代中國思想研究》（上海人民出版社 2001年版），何信全的《儒學與現代民主》（中國社會科學出版社 2001 年版），陳哲夫等編著的《現代中國政治思想流派》（當代中國出版社 1999 年版）以及《二十世紀中國思想史》（山東人民出版社 2002 年版）等等。2008 年又有一些傳記性著作出版和再版，譬如，汪凌著的《梁漱溟：亂世中特立而獨行》（大象出版社，2008 年版），馬東玉著的《梁漱溟傳》（東方出版社 2008 年第 2 版），馬勇著的《思想奇人梁漱溟》（北京大學出版社 2008 年版），景海峰、黎業明著的《梁漱溟評傳》（百花洲文藝出版社 2010 年第 2 版），我們從這些著作中

〔註31〕費孝通：《論梁漱溟先生的文化觀》，《群言》1988 年第 9 期。

再次窺見到梁漱溟思想的生命力。

　　就學術論文而言，筆者對收集的論文進行了的初步歸類，大致有以下幾方面：一是文獻綜述方面的論文——主要有董德福的《梁漱溟「新孔學」研究 70 年概述（上、下）》（1993 年、1994 年），熊呂茂的《近十年來梁漱溟研究綜述》（1997 年），劉岳兵的《梁漱溟研究在日本》（2003 年）；二是鄉村建設理論方面的論文——主要有趙世懷的《簡論鄉村建設派的政治主張》（1986 年），朱玉湘的《試論梁漱溟與新孔學——兼評「鄉建派」的政治思想》（1988 年），龔喜春的《評梁漱溟的鄉村建設理論》（1992 年），朱漢國的《梁漱溟鄉村建設性質新論》（1995 年）、《一份可資借鑒的遺產——論梁漱溟鄉村建設的現實意義》（1996 年），孫繼文的《梁漱溟「鄉村建設」述論》（1998 年），朱義祿的《梁漱溟鄉村建設思潮述評》（1997 年），劉國華的《梁漱溟的鄉村建設理論的民粹主義性質》（1999 年），袁洪亮的《現代化視野中的梁漱溟鄉村建設思想》（2001 年），王武嶺的《論梁漱溟的鄉村建設理論——以革命與改良的辯證關係爲視角》（2005 年），何建華的《近二十年來民國鄉村建設運動研究綜述》（2005 年），等等；三是涉及梁漱溟思想理論基礎方面的論文——主要有鄭大華的《「評判的態度」與「同情的理解」——論胡適與梁漱溟對於傳統文化的態度》（1992 年），郭齊勇的《梁漱溟的文化比較模式析論》（1988），李振綱的《梁漱溟東西文化觀論析》（1989 年），王宗昱的《評梁漱溟早期的文化觀》（1990 年），臧志軍的《試論梁漱溟的政治哲學》（1991 年），景海峰的《梁漱溟對西方文化的理解與容受》（1994 年），高力克的《梁漱溟：在歷史理性與價值理念之間》（1994 年），劉長林的《梁漱溟生命化的人性本善論述評》（1998 年），曹躍明的《論梁漱溟的多元文化觀》（1997 年）、陳來的《論梁漱溟早期的中西文化觀》（2001 年），張光芒的《論梁漱溟的理性觀》（2001 年）等等；三是梁漱溟現代化思想方面的論文——主要有李善峰的《梁漱溟對二十世紀的眞正意義》（1990 年）、《梁漱溟的現代化思想初探》（1996 年）和《現代化過程中的「習慣」重建——以梁漱溟爲個案的研究》（2004 年），徐勇的《現代化中的鄉土重建——毛澤東、梁漱溟、費孝通的探索及其比較》（1996 年）、《中國農村和農民問題研究的百年回顧》（1999 年），等等；四是涉及梁漱溟政治思想方面的論文——主要有何麗萍的《民主革命時期的梁漱溟與中國共產黨》（1993 年）、《梁漱溟爭取民主、和平的鬥爭》（1994 年），時廣東的《梁漱溟與中國抗戰》（1995 年），

季芳桐的《毛澤東與梁漱溟——試論農村革命與鄉村建設》（1994 年），郭幼茂的《評抗戰時期梁漱溟的黨派觀》（1995 年），石培玲《試論梁漱溟的抗戰建國理論》（1995 年），江繼海《梁漱溟抗戰思想評析》（1996 年），朱漢國的《簡析梁漱溟的「社會主義」》（1997 年），馬佩英的《梁漱溟政治思想論》（1997 年），楊菲蓉的《梁漱溟與社會主義》（1999 年），魏小奮的《法治化民主的精神何在？——梁漱溟思想解讀》（2001 年），許章潤的《梁漱溟論中國人的人生態度與法律生活》（1998 年）、《法的概念：規則及其意義——梁漱溟法律思想研究之一》（2004 年）、《憲政：中國的困境與出路——梁漱溟憲政思想研究》（2004 年），李文珊的《梁漱溟新儒學政治觀探析》（2004 年），史鋒銳的《梁漱溟否定「文革」第一人》（2001 年），譚特立的《梁漱溟和毛澤東的 30 年交往》（2002 年），魏繼昆的《試論民國時期梁漱溟憲政態度之轉變》（2003 年），丁祖豪的《梁漱溟與胡適政治哲學思想之比較》（2003 年），劉興軍的《毛澤東善待梁漱溟的「反調」》（2004 年），趙東輝的《淺析梁漱溟的民主思想》（2005 年），周朗生的《梁漱溟的秩序觀》以及《在傳統與現代之間：梁漱溟的憲政之道》（2008 年），等等。當然還有其他方面，限於篇幅，就不一一列出。

（二）國外研究概況

國外的梁漱溟研究：由於科學和學術沒有國界，梁漱溟不僅屬於中國，也屬於世界。他以尋求人生和社會秩序的和諧爲旨趣，他在人類面臨的困境中來思考中國問題，從某種意義上，也是對人類困境的回應。他一生致力於探求和解決跨文化的適切性問題，即傳統與現代、本土與外來、東方與西方在交融過程中對社會秩序的形塑作用。這些問題不僅是中國也是其他國家尤其是後發國家在現代化過程中必然遭遇且必須解決的問題。梁漱溟「不是站在『過去』而反『現代化』，乃是站在『未來』來『修正』資本主義」〔註32〕。他的許多思想對於診治後現代化的社會弊端有一定的啓示和借鑒意義。早在1921 年，梁漱溟出版的《東西文化及其哲學》就「把東西兩半球的學者，鬧個無寧日」〔註33〕。這正反映出梁漱溟思想研究的世界意義。

在東方的日本，對梁漱溟的研究起步較早。概括劉岳兵等學者對梁漱溟在日本的研究情況，大體可分爲以下幾個階段：一是初識時期（1922－1927）。

〔註32〕陳來：《現代中國哲學的追尋》，人民出版社 2001 年版，第 39 頁。
〔註33〕李石岑：《評〈東西文化及其哲學〉》，《民鐸》1922 年三卷三號。

早在 1922 年 5 月岡崎文夫的《梁漱溟著〈東西文化及其哲學〉》〔註34〕可謂第一篇介紹梁漱溟的文字。該文認為中國的思想界正處於「迷惘混亂的狀態」，梁漱溟的著作「通過深刻反思，由此可以看出中國思想活動的方向」。同年 10 月，小柳司氣太撰寫《支那之國民道德》〔註35〕一文。他在文中特別提到梁漱溟，並對其《東西文化及其哲學》中「必須用孔子的哲學來拯救西方文明的缺陷」這一主旨深表同情。同時作者認為西方文明如今出現的危機，需要一種有力的輔助力量——「中國的文明東洋的文化」——來開出新面目不可。1924 年，清水安三著有《支那新人與黎明運動》，書中介紹說，梁漱溟越來越為世人所認可，目前在青年學生中的名聲與胡適相比，有過之而無不及。對於科玄論戰以及梁漱溟的文化三路向理論，清水安三大體上與張君勱、梁漱溟的意見略同。第一本向西方人介紹日本和中國現代思想內容的著作《日本支那現代思想研究》也於 1927 年出版。作者土田杏村認為，此書關於中國的論述「受益於清水安三《支那新人與黎明運動》和《支那當代新人物》兩本書最多，其中專門分析了梁漱溟的文化三路向說。」二是深入時期（1928—1948）。在三四十年代日本出現的關於現代中國思想的著作中，梁漱溟的名字也頻頻出現。如神谷正男在《現代中國的思想潮流》〔註36〕一文中指出，「五四前後在北京大學與胡適並稱的梁漱溟的《東西文化及其哲學》是超越地域政治背景的傳統主義思想潮流的惟一名著。此後他轉向指導農村運動而未能夠發展其哲學，但是現在他被西方人視為中國惟一的哲學家」〔註37〕。又如小竹文夫在《現代支那思想》〔註38〕中講到，梁漱溟的思想「在其立論的根底上雖然特別能夠讓東方人產生共鳴，……僅就其在民主與科學呼聲日盛之中，批判西洋文明而推崇東方文化這一點，即使其缺乏明確的理論，也決不可忽視其影響。」在 40 年代有兩篇專門研究梁漱溟的論文頗具代表性：一篇是木村英一的《梁漱溟的思想——關於〈東西文化及其哲學〉》〔註39〕（以下

〔註34〕 該文發表在京都出版的《支那學》第二卷第九號。其中，岡崎文夫的主要著作有《魏晉南北朝史・內編》（弘文堂，1932。 平凡社東洋文庫，1989）、《南北朝に於ける社會經濟制度》（弘文堂，1935）等。
〔註35〕 該文於 1922 年 10 月發表在東京出版的《斯文》第四編第五號「孔夫子追遠紀念號」上。
〔註36〕 該文載於 1939 年 4 月《亞洲問題講座》。
〔註37〕 神谷正男：《現代支那思想研究》，理想社，1941，第 23 頁。
〔註38〕 《支那精神・世界精神史講座Ⅱ》，理想社，1940 年 5 月。
〔註39〕 《東亞人文學報》第 3 卷 3 號，1944 年。

稱「木村文」），另一篇是小野川秀美的《梁漱溟的鄉村建設論的形成》〔註40〕
（以下稱「小野川文」）。正如劉岳兵所指出：這兩篇論文基本介紹了梁漱溟
思想的面貌，為日本的梁漱溟研究奠定了堅實的基礎。概而言之：第一，兩
文第一次對梁漱溟的生平與思想作了較為全面的介紹。木村文側重於梁漱溟
的思想發展歷程，並從文化觀、哲學觀、比較哲學的原理等方面分析了《東
西文化及其哲學》。小野川文則側重於論述梁漱溟鄉村建設理論的形成及主要
內容。兩文都將東西文化論和鄉村建設作為梁漱溟一生的兩個思想顛峰，並
著力闡述兩者之間的內在聯繫。木村文指出，《東西文化及其哲學》「是他前
半生思想的頂峰，同時也是形成他後半生村治運動的理論根據之一。」小野
川文強調，梁漱溟的鄉村建設運動實際上是對其東西文化見解的實踐，鄉村
建設理論的形成過程是伴隨如何接受西方近代文化而展開的，並以「中國民
族的前途問題」的形式表現出來。梁漱溟關心的重點由文化問題移向了政治
問題。第二，兩文都重視從中國近現代思想史發展的內在脈絡和理路上來闡
述梁漱溟思想的性質和特點。木村文指出，「在具有深厚的文化遺產而如今遭
受列強的無端地侵略的災難而面臨著生存危機的中國，知識分子抱著這種深
重的憂患意識而反思自己的國家和文化的前途與命運時，首先力圖透視中國
文化的究極地位和價值，這難道不是理所當然的事情嗎？」同時，木村文盛
讚梁漱溟作為思想家的優秀素質以及他的真誠人格與愛國熱情，他的《東西
文化及其哲學》「是以東西文化比較的形式而吐露自己的經世之志，而決不是
以單純的學問研究為能事」，「從嘗試對中國思想進行新的研究和解釋這一點
上看，此書與胡適的《中國哲學史大綱》、梁啓超的《先秦政治思想史》具有
同樣的價值」。小野川文從中國現代化的道路選擇與對古代的認識的關係中來
把握梁漱溟的思想特質，認為中國的現代化是圍繞著回歸古代與否定古代而
展開的。他認為，梁漱溟所謂的古代，並非其具體相，而是被「情義」性所
純化了的理想世界。梁漱溟片面強調「情義化」的一面，尋求以「情義」為
基調的「中國式的民治」，這正是他的鄉村建設理論的根據所在。輕視身份化
與重視情義化，使得梁漱溟的思想帶有一種獨特的民主主義的性格，這雖然
與西方的民主主義有根本的不同，但其目標在於「多數勢力的開發，多數政
治之形成」。因此，小野川文認為梁漱溟思想的性質，尤其是鄉村建設運動所
標榜的「新禮俗之創造」無非是強調儒教道德的情義方面而致力於儒教的現

〔註40〕京都大學人文科學研究所《人文科學》第 2 卷 2 號，1948 年。

代復興罷了。而木村文在揭示梁漱溟的哲學觀與文化觀時，不僅注意到西方思想對梁漱溟的影響，而且更加著重強調其思想中唯識學的深厚根基。小野川文還將梁漱溟的「復古」與民族主義作了區分，指明梁漱溟的「民族自覺」雖然也是民族意識高揚的一種表現，但是其內容與民族主義不同。立足於民族主義基礎上對傳統文化的反省，沒有跳出中體西用論的窠臼。但梁漱溟的思想畢竟是以五四運動背景下的東西文化論爲根基，他有意識地強調古代的復活，其目的是爲了與西方文化的「溝通調和」〔註41〕。三是興盛時期（1948至今）。40年代之後，梁漱溟的《鄉村建設理論》、《中國之地方自治問題》等著作相繼在日本翻譯出版。《鄉村建設理論》譯本中，譯者增加了《梁漱溟氏的人物與思想》、《鄉村建設理論解說》兩篇緒論。譯者視梁漱溟爲「聖人（聖者）」、「聖俠」，而抑制不住對他的「敬慕之念」〔註42〕，在日本的一些學者心目中至今還對梁漱溟懷有這種崇敬之情〔註43〕。80年代後，在日本相關研究會的努力下，梁漱溟晚年著作《人心與人生》也被譯成日文在日本出版；他們還籌建了「梁漱溟先生教育基金會」定期獎勵優秀的中國留學生，並作爲在日本翻譯出版《梁漱溟先生全集》的部分費用；此外，成立了「梁漱溟研究會」，主要從事梁漱溟研究的組織、宣傳和聯絡工作。梁漱溟的著作和思想爲什麼會在當時的日本產生如此影響，以至這種影響爲什麼一直能夠持續到現在，這無疑是中日兩國近現代思想史上的一個很值得深入探討的問題。

在美國，較早對梁漱溟作系統研究的要數美國學者艾愷，他的研究始於20世紀60年代。艾愷發現作爲「五四」時期的代表人物之一，梁漱溟沒有受到應有的重視，不單在中國，在美國對梁漱溟的研究也很少。直到20世紀60年代初才有華裔學者周策縱在《五四運動》（The May Fourth Movement）中提到梁漱溟，並且僅限於用一頁的篇幅介紹梁漱溟早期的作品《東西文化及哲學》。1979年，美國學者艾愷的《最後的儒家──梁漱溟與中國現代化的兩難》由美國加州大學出版。艾愷爲哈佛大學博士，師從著名漢學家史華茲教授。這部耗時七年的著作，是世界上第一部系統研究梁漱溟生平思想的專著。此書出版後在西方學術界好評如潮，並榮獲當年美國的「東方學獎」。1980年，

〔註41〕 參閱劉岳兵：《梁漱溟研究在日本》，《哲學動態》2003年第6期。
〔註42〕 梁漱溟著，池田克巳譯：《鄉村建設理論》，大亞細亞建設社，1940，第5頁；第6頁。
〔註43〕 參見和崎博夫爲《鄉村建設理論》重譯本和《東西文化及其哲學》的日譯本（長谷部茂譯，農山漁村文化協會，2000）所寫的「後跋」。

艾愷第二次專程來中國訪問（第一次是在 1975 年），登門拜訪了梁漱溟，就有關問題與他作了 10 餘次長談。其中，《梁漱溟全集》第八卷收錄了那份訪談「節選」。2006 年，艾愷訪談錄音（共計 30 盒磁帶）的完整版《這個世界會好嗎：梁漱溟晚年口述》在中國大陸出版。艾愷對梁漱溟的研究著作，幾乎成了梁漱溟研究的必讀書目，正如《最後的儒家——梁漱溟與中國現代化的兩難》在中國大陸一版再版就是明證。難怪有研究者這樣說：「隨著東亞經濟的騰飛，人們似乎為梁漱溟 1921 年（作出的）世界未來文化是中國文化復興的預言，找到了新的證據。」〔註 44〕實際上，也是梁漱溟通過文化努力達到秩序之結果思想的某種肯認。

三、問題反思

　　梁漱溟政治思想個案研究九十餘年的歷史進程，向我們展示了中國的思想界、知識界和學術界不同學者或學派對待梁漱溟思想的不同的心路歷程。自 1921 年《東西文化及其哲學》發表以來，不同的學派、主義、人物對梁漱溟及其思想的歷史功過是非及其現代價值評判呈現的是紛異各樣的態勢，有貶逆排斥、有變異褒揚，也有中道維護，直到今天，論爭依然繼續。在筆者看來，這恰恰為我們研究梁漱溟思想搭建了一個思想信息交流的平臺，同時九十餘年梁漱溟研究的曲折反覆，也留下了值得探討、商榷和反思的空間。

　　學術研究環境的問題。橘生於淮南則為橘，橘生於淮北則為枳。這句古言無疑道出了環境對於植物、動物和人類的成長有重要的影響作用，有時甚至是起決定性作用（特此申明筆者不是環境決定論者）。無論從事自然科學研究還是社會科學研究都離不開學術研究環境的支持，這個環境包括硬環境和軟環境。所謂硬環境是指一個國家和社會的經濟發展水平、學術研究的經費、試驗儀器、圖書資料等方面的滿足程度；所謂軟環境是指一個國家和社會的政治狀況、文化氛圍、社會輿論、人員培訓等方面的滿足程度。良好的學術研究環境，就是這兩方面的最佳組合。我們知道，學術的靈感和思想的火花既緣於學者的熱情和衝動，又源於學者的智識和思維自覺，而衝動和自覺的獲得是需要一個良好的學術環境支持的。一旦學術環境的惡化，學術和學者就容易淪為政治和經濟的奴婢，在權力和金錢的誘壓下，學術難免成為權錢的犧牲品，學者的基本品格和自由精神就難以得到保證。在我國，學術研究

〔註 44〕善峰：《梁漱溟社會改造構想研究》，山東大學出版社 1996 年版，第 117 頁。

曾經被迫或者自覺地成為權力集團的工具，成為政治鬥爭的手段。這樣的扭曲一旦形成偏見，其生命力又是那樣頑固，還原歷史真實面貌便會異常艱難。更令人值得反思的是，在宏大的歷史洪流之中，人性之輕和歷史之重該如何兩全？人性何以總是淹沒在歷史的洪流中，歷史的悲劇何以一再重演？這是20世紀的悲劇，但願不再是中國人的宿命。回首梁漱溟研究的近百年歷史，再引頸外眺，香港、臺灣以及海外現代以來的梁漱溟研究，彷彿正好印證了這一點。這也許是梁漱溟研究囿於陳見，難有創新的一個緣由吧。當然，這裡並不是說研究學術必須保持價值無涉或價值中立，脫離國家的意識形態和社會發展需要，而是說國家與社會應該為學術研究提供一個良好的環境氛圍，讓研究者以學術為業，真正使學術研究在滿足社會發展需要的同時，也使學術本身的內在理路得到發展。

　　關於梁漱溟身上的各種頭銜或標籤。筆者在梳理梁漱溟的研究文獻時，發現附著在他身上的標籤以及所代表的主義實在太多，舉不勝舉。八十年代以來，作為現代中國思想家的梁漱溟隨著文化熱而一再升溫。雖然直接觸及梁漱溟政治思想方面的研究涉獵不多，但作為通過思想文化來解決問題的知識分子而言，其文化思想在某種程度上就是其政治思想，梁漱溟就是其中之一。

　　李澤厚指出：「梁（漱溟）作為與陳獨秀、胡適、魯迅同時的五四時期的思想領袖，相當敏銳地展示了中國近現代第二代知識分子的感受敏銳、思路開闊、建立思想範式（paradigm）的獨特精神。直到今天，談中國文化和中西文化比較，很多人便仍然停留在梁所規範所描述的框架和問題中。」〔註45〕美國學者艾愷在《最後的儒家》再版的中文版序言中說，梁漱溟與他早期的認識確有出入，他「提出的確實是建設中國的長期方案」，「梁漱溟是一個文化守成主義者，他的思想在當下不易為人們所接受。不過，一百年後回顧20世紀中國的思想家，或許只有他和少數幾個人才經得住時間的考驗，而為歷史所記住。」〔註46〕郭齊勇認為梁漱溟懂得孔子作為中國文化代表的意蘊，真正領悟了孔孟之道作為道德資源與政治資源在現代的價值；作為現代的孔

〔註45〕 李澤厚：《中國行現代思想史論》，天津社會科學院出版社2003年版，第285頁。

〔註46〕 艾愷：《最後的儒家——梁漱溟與中國現代化的兩難》，江蘇人民出版社2003年版，第3頁。

夫子、孟夫子，是中國的脊梁。作爲公眾知識分子，是社會的良知；作爲儒者，關心國事民瘼、民間疾苦，爲百姓，爲農民爭取生存條件與空間，爭取較好的政治環境。〔註 47〕董德福等認爲，梁漱溟在尋求中國現代化道路中，未走偏鋒，既打了頑固守舊派的左臉，也打了全盤西化派的右臉，在探求中國社會的現實出路上，他比同時代的許多人要高明的多。朱漢國認爲，梁漱溟的鄉村建設運動是企圖在中國尋求一條既不同於共產黨也不同於國民黨道路的第三條道路。〔註 48〕楊菲蓉認爲鄒平合作運動是一場由以梁漱溟爲代表的知識分子所提倡的、以中貧農爲主體的、以合作方式漸次達於「共營共享共有之社會資本及經濟制度」的和平建設運動。〔註 49〕陳哲夫等認爲：復古主義和改良主義是梁漱溟政治思想的靈魂。他的鄉村建設方案是復古主義、改良主義和空想主義的混合物。梁漱溟站在中國文化本位和國粹主義立場上，留戀中國古代社會倫理化的政治制度和道德觀念、自給自足的自然經濟模式以及封閉式的生活方式。梁漱溟不是改革家，更不是革命家。革命與他是無緣的。〔註 50〕張汝倫認爲，梁漱溟改造中國的方案，儘管有種種缺點，卻無不出於一種近代罕見的理想主義。它不僅要解決中國的問題，更要解決一般的人生問題。梁漱溟的政治理想，同時也是他的人生理想。它不僅針對中國，也針對現代世界。包遵信於梁漱溟逝後爲文還竟然稱「梁先生的思想和主張，實際是代表了封建主義。」〔註 51〕另有作史者在論及梁漱溟的憲政思想時則徑指「梁漱溟提倡中國的唯一出路是『禮治』，而不是民主政治和地方自治」，換言之，梁漱溟認爲中國不能實行包括憲政在內的法治，而只能實行「封建禮治」〔註 52〕。在梁漱溟研究的眾多文獻中，大多將他作爲新儒家的代表人物，置於新儒家研究的框架中來處理。尤其「最後的儒家」這個頭銜進入中國後更是不脛而走，風行於學術界、思想界、知識界，在一定程度上支配了人們對梁漱溟的認識和理解，從而，遮蔽了梁漱溟最爲重要的思想

〔註 47〕 參見汪東林：《梁漱溟問答錄》，湖北人民出版社 2004 年版，第 2 頁。

〔註 48〕 朱漢國：《梁漱溟鄉村建設研究》，山西教育出版社 1996 年版。

〔註 49〕 楊菲蓉：《梁漱溟合作理論與鄒平合作運動》，重慶出版社 2001 年版，第 191 頁。

〔註 50〕 陳哲夫等：《現代中國政治思想流派》，當代中國出版社 1999 年版，第 228～229 頁。

〔註 51〕 林道群、吳贊梅編：《告別諸神》，牛津大學出版社 1993 年版，第 168 頁。

〔註 52〕 華友根著：《中國近代法律思想史》（下冊），上海社會科學院出版社 1993 年版，第 67～68 頁。

旨趣——為求解中國問題，「切志中國問題之解決」，「出路所指，赴之恐後；一生勞攘」〔註53〕的獨特貢獻。

20世紀20年代以降，無論大陸學者還是港臺及海外學者或是其它中道人物在梁漱溟問題上都沒有眞正達成一致（即使在文革，港臺還傳來異樣的聲音）。梁漱溟尋求的中國式道路知音難覓，不是學問中人，每每被放入學問的框架中，對梁漱溟「人生問題」的過度關注，從而湮沒了他對「中國問題」的原創性思考。我們知道，保守主義、自由主義和社會主義構成了現代世界上三大主流意識形態。20世紀的中國政治思潮中，激進主義、保守主義、自由主義三家鼎立、相激相蕩。這一結論似乎已廣爲接受，成爲各方共識。但保守主義在人們心目中遠沒有激進主義甚至自由主義那麼重要，這似乎也成爲共識。因爲近代中國的時勢把馬克思主義推到了歷史的前臺，並雄辯地證明：中國共產黨以革命來挽救民族危亡、建立民主政治以及實現社會主義現代化的形式是成功的唯一路徑和必要形式。「革命」在這樣的歷史語境中就獲得了一種價值判斷，認爲革命就是一種好的、值得肯定的東西。〔註54〕在這樣的歷史境遇中，保守、改良的言說自然顯得不合時宜。故而自1921年《東西文化及其哲學》一發表，梁漱溟就被放到了共產黨的對立面；鄉村建設運動是反共運動，爲帝國主義和封建主義張目的；……學界對梁漱溟的評價大多迎合革命政治的需要，走單線的分析框架，使其思想簡單化、扁平化、迂腐化，很難得到客觀的承認。因此，保守主義人物至今也沒有一個被認爲在現代中國思想史上佔有像胡適、陳獨秀甚至嚴復所佔有的那樣重要的地位。筆者通過「中國期刊網」，分別輸入關鍵詞：魯迅、胡適、陳獨秀、梁漱溟，時間從1994年到2005年，檢索結果分別爲5952篇、1151篇、1055篇、314篇。而在「中國知網」筆者放寬時限，從1986年至2006年3月止，筆者順序進行檢索，其結果爲20265篇、3033篇、4973篇、1081篇。即使人們認可「梁（漱溟）作爲與陳獨秀、胡適、魯迅同時是五四時期的思想領袖」〔註55〕，「在討論20世紀中國的現代性經驗，……梁漱溟和陳獨秀、胡適一樣，成爲不可迴避的焦點。」〔註56〕但由於他作爲儒家或佛家的典範、文化民族主義

〔註53〕梁漱溟：《中國文化要義》，學林出版社1987年版，第2～3頁。
〔註54〕顏德如：《梁啓超、嚴復與盧梭社會契約思想》，吉林人民出版社2003年版，第239頁。
〔註55〕李澤厚：《中國現代思想史論》，天津社會科學院出版社2003年版，第285頁。
〔註56〕陳來：《現代中國哲學的追尋》，人民出版社2001年版，第3頁。

者、反現代化者、五四新文化運動和全盤西化派的抗拒者、封建復古主義者、中國共產黨領導的農民運動的破壞者、帝國主義和封建主義的幫兇等等，這些疊加在他身上的有些是錯誤的甚至荒謬的批判，雖經歲月的淘洗，他思想的缺陷和錯誤已昭然若揭。但他思想的深刻和卓見之處，也還急需人們去發掘和闡發。其實梁漱溟早就指出，現在思想不同的幾派，「其對於社會的盡力，在最後的成功上還是相成的——正是相需的。」〔註57〕

　　梁漱溟尋求秩序重建的政治思想湮沒在表面的熱鬧之中，因此，梁漱溟累次申言「我不是學問家」，「以哲學家看我非知我者」；我「是一個思想家，同時又是一社會改造運動者。」〔註58〕在風雲激蕩的新文化運動中，《東西文化及其哲學》一書，並不是梁漱溟一門心思從事哲學研究的成果，實在是在人人皆言「奴儒誤國」、「打倒孔家店」的激進潮流中，他在東西文化比較的視野中重估中國文化的價值，重估中國社會的價值。該書的出版一度引起東西方學者的廣泛關注，使中國思想界的論戰更趨激烈。面對千年未有之變局，他在一定程度上回答了當時人們心中普遍關注的問題——中國向何處去。在東西文化的比較中，他既看到了中國的危機，又肯定中國文化的價值；既肯定西方民主與科學的價值，又對現代性的種種弊病持批判態度。當時思想界把中國問題都化約到文化上，即解決了文化的出路問題，實際上就解決了中國的出路問題或政治與社會秩序問題。這是當時中國社會最大的政治問題。在政治的舞臺上，西方政製成了當權者的遮羞布，憲法被玩弄於股掌之中，出現了你方唱罷我登場之局面。在思想的舞臺上，思潮叢生、主義湧動、方案迭出，呈百家爭鳴，百花齊放之態勢。梁漱溟作為文化論爭中之較有影響的一派，是五四時代中西文化雙重危機的產物，其萌生、發展都有其歷史的和現實的客觀必然性。就學術思想理路而言，它是對唯西化論者整體性反傳統主義的有力回應，這本身無可厚非。但考慮到當時社會的需要和時代的走向，在社會主義者和自由主義者眼裏，梁漱溟難免就是「逆天下潮流而動」，是歷史的反動。由此言之，單單一本哲學書能有這樣大的能力嗎？在鄉村建設時期，梁漱溟的思想旨趣由東西文化問題轉到中華民族的前途問題上。面對軍閥混戰、社會失序、鄉村破敗、民生疾苦等問題的逼壓，有了《中國民族自救運動之最後覺悟》、《鄉村建設理論》的問世。梁漱溟明確指出，中國既不應該走「西化」之路，也不應該走「俄化」之路，

〔註57〕《梁漱溟全集》，第四卷，山東人民出版社1991年版，第739頁。
〔註58〕梁漱溟：《中國文化要義》，學林出版社1987年版，第4～5頁。

而應該走自己的路。這不是出於意識形態的需要，而是出於對戊戌以來三十多年中國思想界潮流的反思以及現代性的考量後的最後覺悟。抗爭爆發後，更是投身於救國和建國的熱潮之中……

因此，筆者認為，梁漱溟在現代中國社會政治思想領域中的獨特貢獻，與其他領域比較，一直為人所輕，至今尚未得到指認，雖然有人觸及到了梁漱溟的政治思想，但要麼較為簡略帶過，要麼是迎合政治鬥爭的需要而冠名「反動」、「保守」，從而，讓人望而生畏、不敢觸及。梁漱溟在絕大多數人看來，是當時中國思想運動的障礙，而梁漱溟則公開申明：在思想上，「我不覺得我是反對他們的運動！我不覺得我是他們的敵人，他們是我的敵人，我是沒有敵人的！」〔註 59〕我們知道，梁漱溟一向毫不隱瞞自己的立場觀點。因此他的這些表白，決不是掩飾自己的立場。改革開放三十多年來的經驗告訴我們，在社會文化深刻變動的時代，常常有自奉為改革者的人，動輒批評持不同文化觀念的人「反對改革」，而事實上，這多半反映了批評者思想的簡單，而並不能把握和理解被批評者立場的多元性和深刻性。

平心而論，梁漱溟改造中國社會政治的方案和他的其他思想一樣，儘管有種種缺點、甚至錯誤，但他的思路卻大有可取之處。在國外，不少發展中國家由於盲目學習西方的路子，結果，欲速則不達，反而拖了現代化的後腿，拉美就是一個典型的例子。如果以犧牲農村為代價，就不可能有健康穩定的發展；相反，必將帶來無數嚴重的社會問題。另一方面，新的社會組織結構不從農村培養，民主政治也無從談起。讓一群文盲來投票選舉，不啻自欺欺人。正如梁漱溟所說：「假如生產力沒有進步，文化水準沒有提高，而早行普選，不是給少數人以盜竊民意之機會，便是決大計於眾愚而誤事。」〔註 60〕這不正應驗了列寧曾說過的那句名言——文盲是站在政治之外的。

四、選題意義

通過對梁漱溟研究的歷史回顧和境況反思，我們不難發現對梁漱溟及其思想存有的誤讀、歪曲以及階級分析方法在運用過程中的泛化等弊病。在梁漱溟及其思想研究中，學術界、知識界乃至社會各界出現了如下標準的濫用：（1）出身標準（唯成分論）；（2）權威標準；（3）道德標準；（4）輿論標準；

〔註59〕《梁漱溟全集》，第四卷，山東人民出版社 1991 年版，第 743 頁。
〔註60〕《梁漱溟全集》，第六卷，山東人民出版社 1993 年版，第 484 頁。

（5）成敗標準；（6）需要標準；（7）生產力標準。這些標準本身都有一定的合理性和適用範圍，如果超出它的邊界甚至生搬硬套走極端，往往造成對歷史或現實人物評價的扭曲和失真。對歷史人物評價的客觀公正與否，直接關係到學術研究的成敗得失，也是一面透視國家與社會發展正常與否的鏡子。列寧早就指出：「判斷歷史的功績，不是根據歷史活動家沒有提供現代所要求的東西，而是根據他們比他們的前輩提供了新的東西。」〔註61〕鄧小平也說：「評價人物和歷史，都要提倡全面的科學的觀點，防止片面性和感情用事，這才符合馬克思主義。」〔註62〕歷史學家克羅齊曾言：「一切歷史都是當代史」，正是在這個意義上，我們獲得了對歷史詮釋的價值。

對現有梁漱溟思想及其研究中存有的一些疑惑、盲點的思考及其回應空間的挖掘，是梁漱溟思想研究取得突破和創新的關鍵。

首先，研究層面的拓展。已往的研究者大多將其研究滯留在文化學、哲學（史）、新儒家思想等傳統的研究層面。這無疑爲我們認識瞭解梁漱溟思想提供了豐富的學術資源。然而，梁漱溟且屢次申言，我不是「爲學問而學問」的，我是感受中國問題之刺激，切志中國問題之解決而去思想和行動。老中國之危機，政治上「總不上軌道」；「新中國之建設，必自其政治上有辦法始」。並始終關注中國「今後政治上如何是路，如何不是路」。〔註63〕這不僅是他累次的內心自白，更是他對中國政治問題的關切。這些都被吞噬在革命的洪流中，遮蔽在批判的聲浪中。近年來，中國近現代政治思想史的研究取得一系列的研究成果。但作爲20世紀中國思想史上的重量級人物——梁漱溟的政治思想的研究卻比較鮮見，這似乎與快速發展中的中國政治學不相協調。鑒於此，筆者覺得很有必要從傳統的研究層面拓展到政治學研究這一新的層面上，圍繞20世紀以來中國政治與社會轉型中梁漱溟尋求秩序的重建來解決中國危機這一最大的政治問題來深化對梁漱溟思想的研究。譬如，當前被「三農」問題持續困擾下的中國社會，社會主義新農村建設雖毋庸「照著」梁漱溟的鄉村建設模式而行，卻應「接著」梁漱溟的思索與實踐前行。無疑，這是一個重新解讀梁漱溟思想的新層面、新嘗試，也是我們認眞審視和重新評估梁漱溟的另一把鑰匙。

〔註61〕《列寧全集》，第二卷，人民出版社1959年版，第150頁。
〔註62〕《鄧小平文選》，第二卷，人民出版社1994年版，第244頁。
〔註63〕梁漱溟：《中國文化要義》，學林出版社1987年版，第4～5頁。

其次，研究方法的拓展。傳統的研究方法主要是階級分析法、歷史學的方法、解構或解析的方法。用這些方法對梁漱溟進行分析研究無疑是正確的，對我們從點上、線上甚至面上認識瞭解梁漱溟是有助益的。但由於特殊的時代環境，這些方法難免會有用偏、用差、用錯的時候，這也造成了對梁漱溟思想的誤讀。為重新認識和考察梁漱溟思想，筆者認為，除了正確運用原有的研究方法外，還必須運用政治學和社會學的方法。在歷史人物的研究上，採用「鳥瞰」和「蟲眼」相結合的方法。所謂「鳥瞰」就是以宏觀的眼界從整體上把握具體問題，確保把研究對象放在一定的歷史環境中去考量。與此同時，在研究過程中，也需要細緻、翔實的微觀研究，即可謂「蟲眼」。對研究對象的具體政治行為中所展現出來的政治理念，進行必要的積累和爬梳，從中發現其內在規律性，做到具體問題具體分析。

最後，研究視角的轉換。傳統的研究視角主要是從文化、哲學、鄉村建設、新孔學、新儒家等圓點式或線段形的解析，此外就是從面上對梁漱溟的生平事迹的傳記和學術思想的述評。在這方面，前學們的研究取得了不少成果。就政治思想而言，現在的一些研究僅僅是就某個時期的某個事件進行了闡釋，這對認識梁漱溟政治思想的全貌顯然是不夠的。有感於此，筆者把研究的時限延伸其晚年，試圖在更全整的意義上來認識其思想。在數次閱讀《梁漱溟全集》後，筆者深深感到：梁漱溟一生（即使在文革期間），其學術、政治思想、文化和態度都是一以貫之的。當然，這裡並不是說梁漱溟的學術思想文化是一成不變的，而是強調其主旨的一貫性、連續性和穩定性。就變化的方面而言，如，梁漱溟早年崇尚西方的民主與憲政，三四十年代懷疑、旁觀、另探索民主與憲政，七十年代後，重申憲政與法治，從一定意義上說，他經歷了肯定——否定——否定之否定這樣一個痛苦的揚棄過程。而並不像一般人所認為的那樣：梁漱溟是民主、憲政與政黨的反對者。梁漱溟的形象是鮮活的，思想是複雜的，要認識這個鮮活的複雜體，就需彌補點上、線上、面上的不足，進而達到對體的認識。筆者始終認為必須抓住梁漱溟一生關注的兩大問題也許才能真正求解梁漱溟：一個是社會問題，即秩序危機的問題，表現為轉型中國的政治與社會脫序（政局動盪、社會紊亂，猶如孫中山所說的「一盤散沙」）；一個是人生問題，即文化危機的問題，表現為傳統斷裂、意義失落與認同危機。這兩大問題實際上是「中國向何處去？」這一危機問題的兩面。但這兩面實際上就是秩序的兩面，只不過一面是顯型的，一面是

隱型的。正如 E・希爾斯所指出，傳統是一個與秩序密切相關的概念，「它使代與代之間、一個歷史階段與另一個歷史階段之間保持了某種連續性和同一性，構成了一個社會創造和再創造自己的文化密碼，並且給人類生存帶來了秩序和意義。」〔註64〕正是據於這樣的考慮，筆者確定了以「尋求秩序」為研究的新視角，通過這一視角來揭櫫梁漱溟的政治思想。這一個方面實現了研究視角的創新，從而揭示出梁漱溟秩序重建思想的內在理路。正如梁漱溟所指出：「我一向喜歡行動而不甘於坐談。有出世思想，便有出世生活；有革命思想，便有革命行動。特別為了中國問題，出路所指，赴之恐後」。〔註65〕我想，這也許更加符合梁先生的原意吧。

　　據於這樣的意圖，筆者經過反覆斟酌和篩選，最後選擇了《尋求秩序：梁漱溟政治思想研究》作為博士論文題目。希冀把梁漱溟放入一個世紀的長時段中，嘗試性地進行一次有意義的學術考察。

〔註64〕〔美〕E・希爾斯：《論傳統》，上海人民出版社1991年版，第3頁。
〔註65〕梁漱溟：《中國文化要義》，學林出版社1987年版，第4～5頁。

第二章 梁漱溟尋求秩序的歷史考察

時代並跟不上梁先生，人家卻說梁先生跟不上時代。

——唐君毅

我彼時總夢想著如何而可以使西洋政治制度到中國來實現，從十五歲起一直到二十餘歲都是如此，所謂「策數世間治理，則矜尚遠西」者是也。

——梁漱溟

眾所周知，一個思想的孕育乃至完成，無不與當時政治現實有關，一個大思想家產生，沒有沒他的政治背景，無不與政治有關涉。因此，沒有一個思想家沒有其政治思想。近代中國思想家無不有其政治思想，或實行政治家，或實行參加政治運動之人物，此乃時代使然也。[註1]心理學研究表明，一個人的思想和行為的取向，往往離不開人格性情的深刻影響。在具體研究梁漱溟社會政治思想之先，有必要對梁漱溟童年和少年成長的時代背景、家世淵源、性格情感和教育類型等進行考察，因為這常常在思想研究中要麼被忽略、要麼幾筆輕輕帶過，而事實上它是對思想者思維模式和行為方式發生影響的重要因素之一。正如徐大同先生指出：在思想家的研究中，「我們必須改變研究其思想與其所處背景脫節的現象，而應將二者有機地結合起來。」[註2]

〔註 1〕 郭占波：《近五十年中國思想史》，山東人民出版社 1997 年版，第 6 頁。
〔註 2〕 汝信：《新時期中國政治學發展 20 年：1980－2000》，中國社會科學出版社，2001 年版，第 22 頁。

一、秩序饑荒的時代背景

（一）社會背景鳥瞰

公元 1893 年，甲午戰爭爆發的頭一年，在北京安福胡同一個新生命出世了。此乃本文的主人公──梁漱溟〔註 3〕。梁漱溟出世後的 70 天，在湖南韶山另一個生命誕生了，他就是一代偉人毛澤東。為了中國問題，兩個人曾走到一起並連續徹夜長談；同樣為了中國問題，兩位年近「耳順」的老人在北京懷仁堂公開衝突後又分開了，至死未曾謀面。這一段撲朔迷離的歷史公案，並不像艾愷所說的那樣：一個是居高臨下的，是中國未來化身的馬克思主義者；一個是微不足道的儒者，是歷史的幽靈。其實，他們不是為了個人的恩怨糾葛，而是為了關係到國家基礎的工農關係而交鋒的，這與他們在生命歷程中鑄就了的各自不同的品格、信仰不無關係。

眾所周知，無論是「時勢所造之英雄」或「造時勢之英雄」（意為時勢所造且能以己之力繼續造時勢之主動式英雄），抑或「致力於造時勢而不得的悲劇英雄」，都離不開「時勢所造」。那麼，造就梁漱溟思想生命的是怎樣的「時勢」呢？這不能不回到早年梁漱溟生活的那個社會和時代。

1、甲午戰爭──華夏秩序觀和華夷觀念的崩潰

梁漱溟出生後第二年，爆發了甲午戰爭，結果中國戰敗，朝野驚駭。傲慢威嚴的中央之國呈現出一幅「四萬萬人齊落淚，天涯何處是神州！」「滿腔都是血淚，無處著悲歌」的淒涼場景。康有為在上書中說：「夫以中國二萬里土地，四萬萬之民，比於日本，過之十倍……坐受剝削，恥既甚矣，理亦難解」〔註 4〕。梁啟超說：「吾國四千年大夢之喚醒，實自甲午戰敗，割臺灣二百兆以後始也。」〔註 5〕寶成關先生研究後指出：甲午戰爭的慘敗標誌「『堂堂華夏』敗於『蕞而夷邦』，破碎了國人的『天朝夢』」；「最後一個朝貢國的喪失，使華夏秩序觀失去了賴以存在的實體基礎。」〔註 6〕華夷觀念走向最後

〔註 3〕 梁漱溟（1893～1988 年），該名是他進入同盟會主辦的《民國報》任編輯兼外勤記者時，總編輯孫炳文為他寫一扇面，上款題「漱溟」二字，遂以此為字，延用一生。

〔註 4〕 康有為：《上清帝第三書》，《康有為政論集》，上冊，中華書局 1981 年版，第 140 頁。

〔註 5〕 梁啟超：《戊戌政變記》，《飲冰室和集》，《專集》，第一冊，中華書局 1989 年版，第 181 頁。

〔註 6〕 寶成關：《西潮與回應──近四百年思想嬗替研究》，吉林人民出版社 2004 年

的崩潰。可見，中華民族的眞正覺醒實自甲午戰敗始。

鴉片戰爭以前，中國處理對外關係的基本原則——華夷觀念，以其爲基礎建立起來的對外關係模式——朝貢制度——都非常穩固。隨著西方殖民主義者的東來，原先清王朝的藩屬國已紛紛淪爲西方列強的殖民地和保護國。俄國吞併了浩罕，英國佔領了緬甸，日本吞併了琉球，法國奪去了安南，僅餘的朝鮮也淪爲「蕞而島國」的殖民地。華夷秩序觀的實體基礎喪失殆盡，而華夷文化觀也就成了昨日黃花，正所謂「皮之不存，毛之焉附」。在此背景下，秩序問題和文化觀念問題較已往任何時候都更加凸顯。

2、戊戌變法——政治秩序和文化變革的先聲

《馬關條約》簽訂的消息傳到北京，正在北京參加會試的全國舉人（公車）異常憤怒，要求清政府拒絕批准條約，繼續抗戰。康有爲聯合18省的舉人共同上書，組織大規模請願活動。他們集議於明代先烈楊繼盛的故宅松筠庵，康有爲以一書二夜之力，草成一萬八千字的長書，這就是著名的「公車上書」。簽名者凡一千三百人，「遍傳都下，士氣憤湧」。雖然公車上書的直接目的未達到，但它揭開了變法維新的序幕，開啓近代中國民主運動的先聲。然而維新變法僅僅存活了 103 天就失敗了，它留給後人無盡的思考。有人將戊戌失敗歸因於向舊勢力的妥協，有人將戊戌失敗歸因於改良主義的方法，有人將戊戌失敗歸因於激進主義的方法，……梁啓超在流亡日本著《戊戌政變記》，這樣描繪百日維新中維新人士面臨的處境：「改革黨人乃欲奮螳臂而與之爭，譬猶孤身入重圍之中，四面楚歌，所遇皆敵，而欲其無敗衄也，得呼？」〔註7〕而正開始讀書的梁漱溟被父親告知：「洋務西學，新出各書，斷不可以不看。蓋天下無久而不變之局」〔註8〕。封建王朝的外圍秩序被打破了，面臨危機的封建統治者所尋求的改革自然不希望觸動其統治利益，不願意看到內部秩序的打破。

3、辛亥革命——封建秩序和文化觀念形式上的破產

爲了救國，早在1895年，孫中山組織廣州起義，但未及發動就被破壞；在1900年，維新派唐才常領導自立軍起事，慘遭殺害，孫中山發動的惠州起義，

版，第146～147頁。

〔註7〕中國近代史資料叢刊《戊戌變法》I，第269頁。

〔註8〕李淵庭、閻秉華：《梁漱溟先生年譜》，廣西師範大學出版社2003年版，第5頁。

也在血戰半月後被迫解散。1905 年，中國同盟會成立，孫中山親自爲機關報寫了《發刊詞》，第一次揭櫫了民族民權民生的三民主義學說。同盟會成立後，大大小小的武裝起義烽煙四起，其中黃花崗起義最爲著名。這次起義的失敗，使同盟會的「菁華」「付之一炬」（黃花崗 72 烈士多是同盟會在各省的骨幹人物）。整個社會變革思潮日漸磅礴，革命黨的暗殺、起義不斷；以西太后爲首的頑固派爲消弭革命以保她的江山社稷，也大倡「變法」；康梁等立憲派也大力鼓吹立憲思潮，鼓動變法；梁漱溟認爲在政治改造運動上，「可以用種種手段，而莫妙於俄國虛無黨人的暗殺辦法。」〔註9〕整個封建秩序已陷於危機四伏、風雨飄搖的絕境。在政治與社會轉型的關鍵時期，革命派和立憲派展開了一場歷時近兩年的激烈論戰，一個以《民報》爲輿論陣地，一個以《新民叢報》爲輿論陣地，實際上，雙方都是爲了同一個救亡目標，只不過是在共同追求民主的目標下對中國民主道路模式的不同選擇。這一論戰對後來中國的民主運動產生了深遠影響（正在上中學的梁漱溟就深受《新民叢報》和革命黨人的影響和感染）。這些爭論雖然早已塵埃落定，但其中關涉的問題依舊擊打著現代中國人的魂靈。辛亥革命是中國運用近代西方政治制度振興中華的第一次偉大嘗試。它是對封建王權、官權、紳權、封建等級制度和君主獨裁政治等舊秩序的斷然否定，對自由、民主、平等、共和等新秩序的嚮往和追求。

4、五四運動──傳統文化從內容到本質的斷裂

辛亥革命之後，中國社會政治並沒有根本好轉，相反「社會結構正在一天一天崩潰解體，固有之統一不可規復，而一個新的統一正未易得。」〔註10〕面對「無量頭臚無量血，可憐換得假共和」〔註11〕的慘酷現實，1916 年由陳獨秀創辦的《新青年》（1915 年創刊時名爲《青年雜誌》）發起了思想文化改造運動；1917 年由胡適和陳獨秀倡導新文學運動（是年，梁漱溟應蔡元培之邀到北京大學擔任講席，主講釋迦、孔子兩家學術）；1919 年 5 月 4 日由學生示威遊行引發民族主義運動。總起來說，這是一次偉大的思想解放運動。在民主與科學的洶湧浪潮衝擊下，什麼綱常名教，聖人賢哲，什麼金科玉律，偶像崇拜，什麼僞君子，假道學，舊風俗，舊習慣，全都失去了昔日的光彩，

〔註 9〕 李淵庭、閻秉華：《梁漱溟先生年譜》，廣西師範大學出版社 2003 年版，第 13 頁。

〔註10〕 《梁漱溟全集》，第六卷，山東人民出版社 1993 年版，第 977 頁。

〔註11〕 蔡濟民：《書憤》，《民立報》，1912 年 9 月 13 日。

一一被送到了絞刑架上。正如魯迅所言：「無論是古是今，是人是鬼，是《三墳》、《五典》，百宋千元，天球河圖，金人玉佛，祖傳丸散，秘製膏丹，全都踏到他。」〔註12〕梁漱溟也說：

> 我們所看見的，幾乎世界上完全是西方化的世界！……幾乎我們現在的生活，無論精神方面、社會方面和物質方面，都充滿了西方化，這是無法否認的。所以這個問題的現狀，並非東方化與西方化對壘的戰爭，完全是西方化對於東方化絕對的勝利，絕對的壓服！……東方化對於西方化步步的退讓，西方化對於東方化的節節斬伐！到了最後的問題是已將枝葉去掉，要向咽喉去著刀！而將中國化根本打倒！〔註13〕

這就是梁漱溟生活的社會與時代。在這種情勢下，一向傾心東方古人之學的梁漱溟在精神上頗有一種壓迫：一方面對陳獨秀、李大釗、魯迅諸君對先進青年的引導，梁漱溟是極其讚賞的，對「當時北大最出風頭的人物」〔註14〕胡適倡導的白話文，梁漱溟也積極肯定；另一方面對「極端崇拜以至迷信西方文化，又不加分析地鄙薄我們固有的民族文化」〔註15〕的新派人物有所保留。因此，梁漱溟認為在20世紀中國政治思想的舞臺上，馬克思主義、自由主義、保守主義三大政治思潮的分野和激蕩是必然的，因為在他看來，「我有我的精神，你們有你們的價值，凡成為一派思想的，均有其特殊面目、特殊精神。……其對於社會的盡力，在最後的成功上還是相成的；──正是相需的。」〔註16〕這反映出了梁漱溟對五四思想的複雜性、多元性和變動性的看法，意識到了五四「民主」、「科學」方案的不同版本〔註17〕。對極端崇拜進

〔註12〕《魯迅全集》，第三卷，人民文學出版社1998年版，第36頁。
〔註13〕梁漱溟：《東西文化及其哲學》，商務印書館1999年第2版，第12頁。
〔註14〕李淵庭、閻秉華：《梁漱溟先生年譜》，廣西師範大學出版社2003年版，第39頁。
〔註15〕李淵庭、閻秉華：《梁漱溟先生年譜》，廣西師範大學出版社2003年版，第40頁。
〔註16〕李淵庭、閻秉華：《梁漱溟先生年譜》，廣西師範大學出版社2003年版，第39頁。
〔註17〕余英時曾言，長期以來人們不是落入「反封建」、「反帝」等套語的牢籠，就是陷入「民主」「科學」「民族主義」「反傳統主義」等熟悉觀念的窠臼。，這種教條化的詮釋範式，顯然已經無以闡釋五四「民主」、「科學」方案的不同版本。現實與理論的反差，這也留下了啟蒙之痛，「『自由』、『平等』、『民權』的口頭禪，在大多數社會思想裏，即使不生復古的反動思潮，也就為人所厭

而迷信西洋文化、斷然否棄中國文化的思潮進行回應，投身於復興中國文化、重建社會與政治秩序的思想改革運動遂成為其政治思想的主旨。

（二）家庭環境分析

家庭是社會的細胞，父母是子女的第一位啟蒙老師。梁漱溟從家庭中受到什麼樣的薰陶呢？

就家世淵源而言，梁氏家譜可追溯到元朝之時。其祖先為元朝宗室後裔，蒙古族。元亡，末代皇帝順帝攜皇室親貴逃回漠北即現在的蒙古，他祖上這一系沒有走，留在河南汝陽，地屬大梁（開封），故改漢姓梁，取自「孟子見梁惠王」一語。到清朝乾嘉年間，第十九代梁垕由河南遷至廣西桂林居住。故後來梁漱溟即以廣西桂林為自己的隸籍。梁垕之子寶書為道光二十年進士，歷任直隸、正定等地知縣和遵化知州，此後全家便在北京住下，沒有再回桂林。梁寶書為漱溟曾祖，其嫡長子即梁漱溟的祖父梁承光（1831～1867）。承光先是供職內閣中書，後補為山西永寧知州。時捻軍勢盛，因力防捻軍而勞累過度，年 36 歲卒於任所，誥授朝議大夫。承光早逝，其幼子梁濟（1859年出生，1918 年留下遺書自盡於淨業湖）即有嫡母劉氏和生母陳氏共同撫育。突遭變故的梁家，境況衰敗，孤兒寡母避債埋名寄人籬下，艱難度日。

從族源和血統上說，梁家本為元朝宗室，但中經明清兩代五百餘年，「不但旁人早不曉得我們是蒙古族，即自家人如不由譜系記載，也無從知道了」〔註18〕。且幾百年來與漢族通婚，兩種血統不斷融合，自然具有了中間性。梁漱溟的母親是生在北方的，而外祖父張家則是雲南大理人，是白族，祖母是貴州畢節劉家的。在中國來說，南方人和北方人，不論氣質上或習俗上都頗有些不同的。所以，「由雲南省人來看我們，則每當我們是北方人，而在當地北方人看我們，又以為是來自南方的了」〔註19〕。這樣由北而南，又由南而北的交匯融通，

聞」。張灝所言：「就思想而言，『五四』實在是一個矛盾的時代：表面上它是一個強調科學，推崇理性的時代，而實際上它卻是一個熱血沸騰、情緒激蕩的時代，表面上『五四』是以西方啟蒙運動主知主義為楷模，而骨子裏它卻帶有強烈的浪漫主義色彩。一方面『五四』知識分子詛咒宗教，反對偶像；另一方面，他們卻極需偶像和信念來滿足他們內心的饑渴；一方面，他們主張面對現實，『研究問題』同時他們又急於找到一種主義，可以給他們一個簡單而『一網打盡』的答案，逃避時代問題的複雜性。」

〔註18〕《梁漱溟全集》，第二卷，山東人民出版社 1990 年版，第 663 頁。

〔註19〕〔美〕艾愷：《最後的儒家——梁漱溟與中國現代化的兩難》，江蘇人民出版社 2003 年版，第 12 頁。

梁家後代難免兼有南北兩種素質、氣質和稟賦，而富有一種中間性。

　　從社會階級成分上說，梁家三代入仕爲宦，寶書尙有清名，承光亦是大有行節的，都是從前所謂舉人或進士出身的，承光有《淡集齋詩抄》行世，梁漱溟編其父文爲《桂林梁先生遺書》刻印，外祖父亦是進士而做官的。祖母、母親都讀過不少書，能爲詩文。這是所謂「書香門第」和「仕宦之家」。但梁家入仕，並不成氣候，寶書做外官（對京官而言）卸任，無錢而有債。承光來還債，債未清而身故，濟那時只有七八歲，靠祖母開蒙館教幾個學生度日。父到十九歲，便在「義學」中教書，生活依然清貧，到了 40 方入仕，「又總未得意，境況沒有舒展過」〔註 20〕。因此，梁家幾代身上沒有沾染世宦習氣，而市井瑣碎，民間疾苦，親身經歷倒不少。加之梁濟的時代已是清末大變局，外患內憂裏挾而來，這個已走下坡路的家庭更是處在風雨飄搖的大環境中。

　　就父親的影響而言，梁漱溟最初的思想和做人深受其父尙俠、認眞、不超脫的影響，以至青少年時期的梁漱溟在性格特徵方面秉賦了他父親的性格氣質，譬如憂患意識、個人節操、專心致志、自強不息等，後來父親給他取字「肖吾」。梁漱溟後來分析了父親和他這兩代人氣質、秉性的相關性時，認爲與家世雜融的中間性不無關係，甚至認爲其父梁濟的自殺行爲亦可溯源於此。在回憶童年時，梁漱溟寫道：在父親人格涵育下，「使我幼稚底心靈隱然萌動對社會對國家的責任感，而鄙視那般世俗謀衣食利祿底『自了漢』。」〔註 21〕艾愷認爲，「梁濟如何結束自己的一生是解釋梁漱溟事業開始的關鍵」；「梁漱溟和父親關係中那震痛人心的時刻，決定了梁漱溟一生的基本方向、他的人格及個性的形成」〔註 22〕。這顯然看到了梁濟在梁漱溟身上的印迹是深刻的、難以抹去的；但未免有所誇大，實際上梁漱溟自 14 歲以後，便「自有思想見解」，喜歡用頭腦思考實際問題，更深受社會上流行的種種思潮以及青年朋友的影響。

　　就教育的型式來說，1898 年，6 歲的梁漱溟開始接受啓蒙教育。有趣的是，在父親的要求下，梁漱溟在讀了《三字經》之後，沒有接著去誦讀四書五經，而是開讀《地球韻言》。該書是一本介紹世界歷史、地理的啓蒙讀物，內容多是

〔註 20〕鄭大華編：《梁漱溟自述》，河南人民出版社 2004 年版，第 1 頁。

〔註 21〕〔美〕艾愷：《最後的儒家——梁漱溟與中國現代化的兩難》，江蘇人民出版社 2003 年版，第 12 頁。

〔註 22〕〔美〕艾愷：《最後的儒家——梁漱溟與中國現代化的兩難》，江蘇人民出版社 2003 年版，第 13 頁。

一些歐羅巴、亞細亞、太平洋、大西洋之類。第二年，梁漱溟便被父親送到北京第一所洋學堂上學。這所「中西小學堂」是新派人物創辦的中英文雙語學校，這在 19 世紀末，可是一件新鮮事。然好景不長，「義和團」舉事，專殺信洋教和念洋書的人，學堂被迫關門，梁漱溟愛不釋手的課本《英文初階》、《英文進階》等也唯恐被搜出來當成「二毛子」而付之一炬。「庚子之變」之後，新勢力又擡頭，學堂復興。輟學在家的梁漱溟於 1901 年轉入南橫街公立小學堂讀書，次年又轉入「蒙養學堂」。該校是以上海商務印書館編印的教科書教學生，並有英文，男女同校的新式教育。兩年後，再度輟學在家，由父親請來的教師授課。後來，到江蘇旅京同鄉會辦的江蘇小學堂就讀，直至小學畢業。可見，梁漱溟的小學教育在內容上是新式的，但在形式上是輾轉不定和支離破碎的。1906 年梁漱溟考入順天中學堂。它是北京最早的新式中學之一，不僅採用西方的組織形式，設置了科學、數學和外語等課程，而且超越了中國傳統意義上的學校，把各地的青年學生聚集在一起。後來成爲學界名流的張申府、湯用彤都曾與梁漱溟同學於該校，他們與梁漱溟年齡相仿，但年級卻稍低。在這期間，梁漱溟的功利主義思想日趨凸顯，對中國傳統文化抱一種輕慢的態度：國文講義懶得看，國文課不聽，僅僅花點功夫翻閱了一遍段玉才所注的《說文》；對老莊、蘇東坡等爲代表的哲學、藝術、文學等作品，他「全不以爲然」，甚至認爲是「誤人騙人」而「無一不厭惡」；至於什麼「民族精神」、「傳統文化」等「大而不當」的話更是厭聽；他堅信救中華民族走出苦難逆境的決不是務虛的詩文，而是務實的功利。〔註23〕正如他多次所說：「約十四歲光景，我胸中已有了一個價值標準，時時用以評判一切人和一切事。這就是凡事看它於人有沒有好處和其好處的大小。假使於群於己都沒有好處，就是一件要不得的事了。掉轉來，若於群於己都有頂大好處，便是天下第一等事。以此衡量一切並解釋一切，似乎無往不通。若思之偶有扞格窒礙，必輾轉求所以自圓其說者。一旦豁然復有所得，便不禁手舞足蹈，顧盼自喜。此時於西洋之『樂利主義』、『最大多數幸福主義』、『實用主義』、『工具主義』等等，尚無所聞。卻是不期而然，恰與西洋這些功利派思想相近。」〔註24〕

自學，從某種意義上說，梁漱溟是一個自學成家的典範，沒有上過大學，更沒有喝過洋墨水，而能被延聘爲北京大學的教授，完全仰仗他好用心思，

〔註23〕汪東林：《梁漱溟問答錄》，湖北人民出版社 2004 年版，第 31～33 頁。
〔註24〕《梁漱溟全集》，第二卷，山東人民出版社 1990 年版，第 677～678 頁。

肯自學之功。梁漱溟在小學堂讀書時，就養成了自學的習慣，《啓蒙畫報》和《京華日報》是他那時的課外讀物。〔註25〕進入中學後，梁漱溟的自由度更大，他擁有當時爲普通中學生所難得的得天獨厚的條件，這就是從日本傳遞進來的《新民叢報》（梁漱溟看到時，該雜誌已停刊）六巨冊和《新小說》（月刊）一巨冊，總共有五六百萬字。兩種雜誌均有流亡於日本的梁啓超所主編。梁啓超在二十世紀初，曾一度執中國思想界之牛耳。少年梁漱溟深受梁啓超立憲思想之影響，在《新民說》中關於社會政治思想部分，曾在《新民叢報》連載，梁漱溟閱後，覺得很「切合」自己當時的思想需要，獲益匪淺。另有一本梁啓超與胡漢民、汪精衛等討論中國是應實行革命共和或實行君主立憲的論文集《立憲派與革命派之論戰》的厚書，梁漱溟亦曾反覆閱讀，對其內容十分熟悉。此外，梁漱溟常讀的還有《北京日報》、《順天日報》、《帝國日報》，以及外地的《申報》、《新聞報》、《時報》、《國風報》、《民報》、《獨立周報》和《甲寅》雜誌等大量報刊。正如他後來所說：「我的自學，最得力於雜誌報紙。許多專門書和重要典籍之閱讀，常是從雜誌報紙先引起興趣和注意，然後方覓它來讀的。即如中國的經書以至佛典，亦都是如此。其他如社會科學各門的書，更不待言。」〔註26〕

　　綜上所述，梁漱溟思想的發端乃至初步形成剛好歷經從甲午戰爭到五四運動中國政治和社會激烈轉型、秩序危機的時期。在這期間，兩種思想危機開始湧現。一方面是民族救亡的危機意識，從甲午到「五四」，中國的政治秩序由一個大一統的帝國瓦解爲軍閥的割據，國家名存而實亡。同時，外來的侵略在這近 30 年間，也進入空前的升級；由以往間歇性的列強侵略變成連續性的侵略。中國被瓜分成殖民地的威脅，迫在眉睫，這就是秩序危機。另一方面是文化危機，從華夷觀念的崩潰到儒家傳統的核心思想（此處的核心思

〔註25〕《啓蒙畫報》、《京話日報》、《中華報》係彭翼中在梁巨川的資助和參與下創辦的。其中，《啓蒙畫報》創辦於 1902 年，是中國人在北京創辦的第一份報紙。讀者主要是 10 歲左右的兒童。全部用白話文，圖文並茂，通俗易懂。內容主要有科學知識；歷史掌故、名人軼事；寓言童話、民間故事；等等。梁漱溟是一期未漏，幾乎成癮。而《京話日報》則以一般市民爲讀者對象，其內容主要是新聞和論說。新聞以本地（北京）社會新聞占三分之二，國內外大事占三分之一。論說主要是指責社會病痛，鼓吹某種主張和社會運動，有的放矢，絕無敷衍空洞之作。由於是白話文，梁漱溟通過閱讀，知道了國內外發生的許多大事，對當時的社會也有了一定瞭解。

〔註26〕梁漱溟：《我的努力與反省》，灕江出版社 1987 年版，第 14 頁。

想是指儒家價值觀的基本結構和以天人合一為本位的宇宙觀的思想組合。）
的解紐。這種思想解紐所產生最直接的後果是基本價值取向的動搖，間接的
後果是文化認同取向和終極意義取向的失落。因為中國傳統文化，與任何其
他的文化一樣，自己構成一個「精神的意義世界」〔註27〕，當支撐這個「意
義世界」的基本價值觀和宇宙觀解紐時，文化認同取向和終極意義取向也會
因此錯亂而失效，造成精神上的空虛失落與情緒上的彷徨無主。到了五四，
內外交織的民族危機達於高峰，在秩序危機和文化危機的重壓之下，具有迫
切關懷的知識分子急需尋求一套思想和信仰作為共識和共信的基礎，以認識
方向，團結意志。於是乎，進化論思潮、科學主義思潮、無政府主義、基爾
特社會主義、托爾斯泰的理想主義、馬克思社會主義、自由主義等等，各種
思潮和主義紛然雜陳。正如張灝所說：「秩序危機不僅僅意味著作為西方擴張
結果的社會政治秩序的崩潰，而且是傳統意義世界的瓦解，它已到了中國基
本的東方符號系統受到懷疑和挑戰的程度。可以這樣說，當這種危機加劇時，
敏感的心靈自然感到有必要設計新的世界觀，用以恢復其周圍認知和道德的
統一以使世界恢復秩序。」〔註28〕

　　梁漱溟個體生命成長的關鍵時期莫不感受到中國問題的刺激。如其所
說：「我生為中國人，恰逢到近數十年中國問題極端嚴重之秋，其為中國問題
所困惱自是當然。我的家庭環境和最挨近的社會環境，都使我幼小時便知注
意這問題。我恍如很早便置身問題之中，對於大局時事之留心，若出自天性。」
〔註29〕在「我少年時，在感受中國問題刺激稍後，又曾於人生問題深有感觸，
反覆窮究，不能自己。人生問題較之當前中國問題遠為廣泛、根本、深徹。
這樣便不為現實問題之所圍。自己回顧過去四十餘年，總在這兩個問題中沉
思，時而趨重於此，時而趨重於彼，輾轉起伏雖無一定，而此牽彼引，恰好
相資為用。」〔註30〕面對傳統文化的式微、政治秩序的紊亂，梁漱溟漸漸意

〔註27〕張灝認為，東方象徵主義的作用就是保持這個意義世界中的內聚力和秩序。
　　　　這種作用體現為讓中國人得以形成某種思想框架和觀念，而且這種思想框架
　　　　和觀念可以把自我、社會和宇宙視為一個富有意義的整體秩序。每一個生活
　　　　其中的人都能認知到自我與社會的關係，尋到自己的位置，體會其中的意義
　　　　和價值。
〔註28〕張灝：《危機中的中國知識分子──尋求秩序與意義》，山西人民出版社1988
　　　　年版，第251頁。
〔註29〕《梁漱溟全集》，第三卷，山東人民出版社1990年版，第4頁。
〔註30〕《梁漱溟全集》，第三卷，山東人民出版社1990年版，第5頁。

識到：「對最大多數人有最大好處」實際上是一條模糊不清的標準。因爲在政治上，許多卑劣行徑都是打著多數人的名號幹的，它不僅肯定了多數人侵吞少數人利益的不證自明的合理性，而且爲某些可以利用多數人名義專幹爲少數人謀利益之事的人提供了方便門徑。梁漱溟對功利的講求所導致的思想變化，就政治思想而論，存在著突破他崇尚的梁啓超以及父親梁濟君主立憲政治理想的現實可能性。

二、尋求秩序的思想軌跡

（一）對近代西方民主政治的崇尚

面對尋求西方的滾滾浪潮、激揚文字的共和立憲之爭，許多中國人達成欲救中國、必學西方的共識。梁漱溟的政治思想實濫觴於此。正如梁漱溟後來回憶說：「我從前是非常之欽佩西洋近代政治制度，認爲西洋政治制度是非常合理的，其作用是非常巧妙的。我彼時總是夢想著如何而可以使西洋政治制度到中國來實現，從十五歲起一直到二十餘歲都是如此，所謂『策數世間治理，則矜尚遠西者』是也。」〔註31〕

1、熱心於君主立憲運動

梁漱溟公開承認：「我在清末時爲一立憲論者」〔註32〕，「熱衷於君主立憲運動」〔註33〕。因爲近代西方政治制度不僅合理而且巧妙。其合理性在於：第一、在這種制度下，「公眾的事大家都有參與做主的權」，「人人都有份預聞政治」〔註34〕，即公民權。儘管這種權力在事實上爲資產階級操縱把持，但這種意向可貴。第二、「個體的事大家都無干涉過問的權」〔註35〕，即自由權。對於這兩項權力的規定是西方憲法中唯一重要的原則，它充分體現了「民治（Democracy）」。相反，在中國舊制度下，公眾的事情無人敢於過問，個人的權力無半點保障，「眞是野蠻已極！」西方這種制度的巧妙性在於：第一、在這種制度下，立法、司法、行政三權分立，相互制約，「使你爲善則可以，爲惡則不容易。」〔註36〕第二、實行競選，權力在多數人手中，只要你才足勁

〔註31〕《梁漱溟全集》，第二卷，山東人民出版社 1990 年版，第 18 頁。
〔註32〕《梁漱溟全集》，第二卷，第 19 頁。
〔註33〕《梁漱溟全集》，第三卷，第 4 頁。
〔註34〕《梁漱溟全集》，第五卷，山東人民出版社 1992 年版，第 134～135 頁。
〔註35〕《梁漱溟全集》，第五卷，第 135 頁。
〔註36〕《梁漱溟全集》，第五卷，第 137 頁。

眾，德能服人，決不會被淹沒。「才智之士，得盡其用」〔註37〕，「政象常新」，如「流水不腐，戶樞不蠹」〔註38〕。總之，「這種政治制度如此合理，如此巧妙，真使我不能不迷信它」〔註39〕，「熱心於這種運動」〔註40〕。

梁漱溟崇尚君主立憲的緣由很多，但並不像有的人那樣簡單的歸因於父親梁濟或梁啓超及其《新民叢報》。其實，主要是梁漱溟理性的選擇。對此，他曾說，我的「理論和主張，不待言是從立憲派得來的，然一點一滴皆經過我的往復思考，並非一種學舌。」〔註41〕這種「往復思考」的一個重要結論是「西洋政治制度安排最妥善者莫如英國」〔註42〕，它避免了政治與社會秩序的危機，保持了政治制度、文化的延續性。其次，梁漱溟認為，當時中國「最關緊要的是政治改造問題而不是對滿洲人報仇問題」，「如果認作是報仇問題，則推翻滿人，趕回滿人到關外去固當也。」〔註43〕顯然，梁漱溟注意到當時所謂的「排滿」、「仇滿」革命中的民族問題，以及「驅除韃虜，恢復中華」這八個字的解釋的不明晰性。如吳玉章所言：辛亥革命「把一切的仇恨集中在滿族統治者身上，……而沒有真正提高全國人民的民族意識。結果放過了一個真正的民族敵人——外國侵略者」〔註44〕，這使許多人誤以為革命的唯一任務只是推翻清王朝。因此，梁漱溟認為：革命派「對於社會秩序大有不利」〔註45〕，他們「有些宣傳品主於煽動排滿感情的，我不喜讀。」〔註46〕此外，梁漱溟忠實於信仰的品格也是不能忽視的重要因素之一。

2、投身於民主共和革命

面對民主革命的浪潮和君主立憲的吶喊，清政府於 1906 年 9 月宣佈所謂的「預備立憲」。為加快立憲步伐和真心實意立憲，從 1910 年起，資產階級立憲派連續發動了三次每次都有數十萬人參加的大規模的請願運動。這就使

〔註37〕《梁漱溟全集》，第五卷，第 138 頁。
〔註38〕《梁漱溟全集》，第五卷，第 139 頁。
〔註39〕《梁漱溟全集》，第五卷，第 140 頁。
〔註40〕《梁漱溟全集》，第五卷，第 134 頁。
〔註41〕梁漱溟：《憶往談舊錄》，中國文史出版社 1987 年出版，第 19 頁。
〔註42〕《梁漱溟全集》，第二卷。1990 年版，第 19 頁。
〔註43〕《梁漱溟全集》，第二卷，1990 年版，第 19 頁。
〔註44〕吳玉章：《辛亥革命》，中國人民大學出版社 1960 年版，第 17 頁。
〔註45〕梁漱溟：《在晉講演筆記》，1922 年山西省教育會雜誌臨時附刊，第 15 頁。
〔註46〕梁漱溟：《我的努力與反省》，灕江出版社 1987 年版，第 31 頁。

本來不願實行君主立憲的清朝統治者非常惱火。1910 年 11 月 4 日，清政府決定對請願活動予以鎮壓。清政府這一行動，使君主立憲派極度失望。這樣，原來對清廷還抱有最後一線希望的人們也徹底絕望了，許多傾向立憲的人轉而同情並參與革命，梁漱溟看到這些，「深感時局如此，憲政肯定無望，革命便是惟一出路了。」〔註 47〕於是，轉移到了革命的立場。不久，辛亥革命爆發，梁漱溟「出校即作革命活動」〔註 48〕，在甄元熙〔註 49〕的介紹下加入了「京津同盟會」〔註 50〕。他入會的第一個行動，是不顧家庭和輿論的反對，毅然剪去了長辮，以示與清廷的決裂。他還經常去同盟會的聯絡點——設在北京東單三條的一間沿街而門面很小的雜貨店——聽消息，議國事，傳送革命書刊；有時也守店面賣貨；曾奉派到京郊購置一批帶玻璃罩的煤油燈。聯絡點的負責人是甄元熙。

　　父親梁濟得知兒子參與京津同盟會，顯然並不贊同。他告誡說：「立憲足以救國，何必革命？倘大勢所在，必不可挽，則疇不望國家從此得一轉機。」〔註 51〕不過，他對梁漱溟參與的革命活動，卻並沒有進行過多的干涉。1911 年 12 月 25 日，迫於各方面的壓力，宣統皇帝下詔遜位。當梁濟談到其「以政權還諸國民，長受國民優禮」之語時，意味深長地說：「誠得如此，亦是好事，然來日大難，負荷伊誰？」〔註 52〕對於革命後湧現出來的成色不等的所謂議員黨人，梁濟並不信任，厭薄之情溢於言表。梁漱溟則站在革命的立場而加以祖護。

〔註 47〕汪東林：《梁漱溟問答錄》，湖北人民出版社 2004 年版，第 35 頁。

〔註 48〕梁漱溟：《檢討我的立場、觀點和過去一切行事》（未刊稿）1952 年。

〔註 49〕甄元熙，字亮甫，廣東臺山人，是孫中山的忠實信徒，積極宣傳革命。1919 年、1820 年間，曾在廣東任大元帥府秘書，後去美國，在舊金山辦報。對梁漱溟的思想轉變有一定影響。

〔註 50〕京津同盟會是京津保定地區的革命組織 1911 年冬汪精衛，邀胡鄂公、白逾桓、彭家珍和李石曾等人在天津組織了中國革命同盟會京津保支部。汪精衛任支部長，下設參謀、財政、軍事、交通四部。這個團體後來組織過許多活動，如 1912 年 1 月中旬，張先培等四人以炸彈刺殺袁世凱失敗；幾天以後，又有同盟會的軍事部長，四川人彭家珍為挽回其不利影響，單槍匹馬刺殺清廷的頑固派良弼成功，自己也到場壯烈犧牲。這些不畏犧牲的舉動對於鼓舞南方革命派的鬥志，打擊清廷頑固派的囂張氣焰，無疑有積極的意義。詳見汪東林：《梁漱溟問答錄》，湖北人民出版社 2004 年版，第 32～38 頁。

〔註 51〕《梁漱溟全集》，第一卷，山東人民出版社 1989 年版，第 583 頁。

〔註 52〕《梁漱溟全集》，第一卷，583 頁。

　　隨著清帝退位，南北議和，京津同盟會成員便不再擺弄手槍、炸彈，而投身於各種政治活動了。梁漱溟被派到同盟會主辦的《民國報》〔註53〕工作，擔任編輯兼外勤記者。1912 年 8 月，同盟會改組為國民黨。梁漱溟也由同盟會會員轉為國民黨黨員。1913 年春，《民國報》改為國民黨本部的機關報，而梁漱溟也繼續為中國的憲政而盡力，並堅信「只要憲政一上軌道，自不難步歐美日本之後塵，為一近代國家」〔註54〕。梁漱溟在作新聞記者期間，「所有民元臨時參議院、民二國會的兩院，幾乎無日不出入其間」〔註55〕。也就是上至總統府、國務院、各黨派總部，下至學校、團體、街頭巷尾，都有他活動的身影，找人採訪、親歷了 1912 年袁世凱一手導演的「北京兵變」，袁世凱在北京舉行的臨時大總統宣誓就職大典，同盟會改組為國民黨的成立大會和 1913 年的中華民國第一屆正式國會召開等一系列重大的政治事件。正所謂「許多政治上人物，他不熟悉我，我卻熟悉他」〔註56〕。梁漱溟思想上歷經了從迷信立憲到立憲無望，轉而投身民主共和革命，「漸曉得事實不盡如理想。對於『革命』、『政治』、『偉大人物』等等，皆有不過如此之感。有些下流行徑、鄙俗心理，以及尖刻、狠毒、兇暴之事，以前在家庭、在學校所遇不到底，卻時時看見了」〔註57〕。梁漱溟深深地陷入了信仰的危機。

　　此時的胡適（後來中國自由主義之代表人物），正在大洋彼岸攻讀博士學位，並在康乃爾大學與哥倫比亞大學參與支持真正美國式的總統選舉。而毛澤東在一度加入行伍參加革命之後，隨著清帝退位，他以為革命已經結束了，更為切近的是選擇職業，尋求如何能使國家強大起來的辦法。他入過商業學校、中學，卻都不滿意。於是，便擺脫現實，到長沙省立圖書館讀書。而熊十力在參加武昌革命之後，1913 年後回到家鄉德安。後住在九仙嶺陽居寺和

〔註53〕《民國報》是革命黨人創辦的一份報紙，原創刊於天津，後遷北京，地址在順治門外大街西面（即今宣武門內路西）。社長是甄元熙，總編輯為孫炳文。該報與同盟會的機關報一樣，宣傳同盟會的政治主張，它每天對開三大張，除政治要聞版報導國內外大事和經濟、文化、教育及社會新聞等版面外，還開闢了若干專欄，如有三位同盟會女會員何素卿（蘇北人）、杜宜君（南京人）、任維坤（河南人）共同編輯的「婦女專刊」，每天占報紙一角，宣傳關於解放婦女的主張，提倡女權、女學等，辦得比較有特色。

〔註54〕《梁漱溟全集》，第二卷，第 688 頁。

〔註55〕李淵庭、閻秉華：《梁漱溟先生年譜》，廣西師範大學出版社 2003 年版，第 25 頁。

〔註56〕李淵庭、閻秉華：《梁漱溟先生年譜》，第 25～26 頁。

〔註57〕李淵庭、閻秉華：《梁漱溟先生年譜》，第 25～26 頁。

敷陽山積慶寺，沉浸於先秦諸子和商務印書館翻譯的西方哲學書籍，長達一年半之久。正如熊十力後來回憶這段思想歷程時所說：

> 我自讀了《群學肄言》，便感覺中西政治思想根本不同。卻是極端贊成西洋的思想，所以曾經實行參預革命的工作。到了辛亥武昌起義，革命黨也曾掌握過南方許多省。而新官僚氣味重得駭人，暴露浮囂侈靡淫佚種種敗德。一時輿論都感覺革命只是換招牌。而過去腐惡的實質，不獨絲毫沒有改變，且將愈演愈凶。〔註58〕

鑒於革命後政壇上的種種混亂與爭鬥。譬如革命黨中即有人「發憤宣傳無政府學說，以爲敝屣功名之倡」〔註59〕；有人則垂青於佛教，認爲「非弘揚佛法，無以爲制治清濁之原」〔註60〕。在這樣的大背景下，梁漱溟思想也發生著轉變，並一度陷於精神危機之中。

3、激進於社會主義

大約在民國元年底二年初，梁漱溟偶然從家裏舊書堆中，撿得小冊子《社會主義之神髓》〔註61〕，書中有關於反對財產私有制的話引起了他的共鳴，並不斷思索這個問題，最終他對社會主義產生了濃厚的興趣。他認爲，社會上人與人之間的生存競爭所導致的人間慘劇皆是由於財產私有所引起的。因此，要免去引起人間種種罪惡的生存競爭，「拔本塞源，只有廢除財產私有制度，以生產手段歸公，生活問題基本上由社會共同解決。」〔註62〕這就是「社會主義」。是年冬，梁漱溟依據自己的認識和思考撰成《社會主義粹言》，自己寫於蠟紙，油印數十本贈人。〔註63〕這是梁漱溟頭一次接觸到有關社會主義的理論，卻引發了他對人間公平、正義等社會問題進一步的思考。沿著這樣的思想路徑，梁漱溟把問題的矛頭直接指向了社會制度的合理性上去了，這與自由主義思想家把所有問題都集中到人的行爲合理性上有異曲同工之妙。

〔註58〕熊十力：《英雄造時勢》，《獨立評論》第 104 號，1934 年 6 月 10 日。

〔註59〕馮自由：《革命逸史》第 2 集，北京：中華書局 1981 年版，第 194 頁。

〔註60〕曹亞伯：《武昌革命眞史》上冊，上海書店 1982 年影印版，第 146 頁。

〔註61〕幸德秋水是日本最早的社會主義者，死於獄中，《社會主義之神髓》爲其所著，張溥泉（繼）翻譯，光緒三十一年出版。

〔註62〕《梁漱溟全集》第二卷，第 690～691 頁。

〔註63〕《社會主義粹言》稿已不存，今存《槐壇講演之一段》是梁漱溟 1923 年爲曹州第六中學之演講，曾述及其中「社會主義之必要」一章的大意。六中學生崔君萬秋所作筆記，初載於六中刊物上，後載於《北京大學日刊》，現已收錄《梁漱溟全集》第四卷。

我們知道，要求人的行爲合理，就涉及到這種行爲得以發生的那種社會條件的合理性問題。自由主義強調「個人有自由意志」、「使個人擔干係，負責任」，但若將其運用到社會問題上，如果不是肯定社會制度的基本合理性，便只能是那種「無可奈何」的「獨善的個人主義」。它既忽略了社會本身的不平等，又完全推卸了個人的社會責任。如果人們將「改造個人」與「改造社會」直接等同起來，認爲「個人是社會上無數勢力造成的。改造社會須從改造這些造成社會、造成個人的種種勢力做起。改造社會即是改造個人」〔註64〕，那麼，個人又歸結到「自由意志」之上，改造個人與改造社會難免雙雙落空。通過「廢除私有財產製度」來消滅人間罪惡的烏托邦念頭，則淵源有自。在中國，古有「合食通才」的夙願；在西方，謀劃消滅私有財產製度的烏托邦方案也層出不窮。在這裡，不必說存在著將人及其行爲化約爲完全受客觀環境支配，沒有選擇創造能力的普通動物的傾向，問題在於，無論社會發展到何種程度，都無法提供一個不承認個體能力、素質與主觀努力程度的差異的社會制度。那種抹平一切人與人之間差異的做法，在現實實踐上，不是激勵和養育懶惰、無知和無能，又能是什麼呢？

因此，無論是自由主義者，還是梁漱溟的思想，都不能不對現實妥協。梁漱溟並沒有去尋求建立這種大同社會的極端途徑與具體辦法，而是如自由主義者一樣，回到了個體生命。這是梁漱溟頭一次接觸到有關社會主義理論，當時只是有感於社會現實情況而一度激進於社會主義，但「那時思想，僅屬人生問題一面之一種理想，還沒有扣合到中國問題上。換言之，那時只有見於人類生活需要社會主義；還沒有見出社會主義在中國問題上，有其特殊需要。」〔註65〕因此，並未細究。但社會主義的理論卻在他心中留下了很深的印象。若干年後，隨著他對中國問題的看法日漸成熟，社會主義的問題才在他關於中國文化、政治與社會的分析中佔據了重要的地位以及1949年決定留在大陸。但在當時並未給他很大的影響。除上所述，還有一個因素是梁漱溟對江亢虎〔註66〕發起主持的所謂「社會黨」頗有微詞。此等人的言論，梁漱

〔註64〕《胡適作品集》，第六冊，臺北遠流出版公司1986年版，第138頁。

〔註65〕李淵庭、閻秉華：《梁漱溟先生年譜》，廣西師範大學出版社2003年版，第29頁。

〔註66〕江亢虎是光緒庚子後北京社會上倡導維新運動者之一，與梁家素有來往，梁漱溟深知他的爲人。梁漱溟認爲江亢虎創制社會黨完全出於投機，雖有人附和，但他並不理會。後來江亢虎在日僞時期汪精衛的南京僞政府任考試院副

溟亦「不願入耳」〔註67〕。

在革命實踐中，梁漱溟目睹耳聞了政治生活中的種種醜惡現象，加上他對民生疾苦的同情和關注，面對理想的救世方案不斷地遭遇黑暗現實的踐踏和蹂躪，內心的焦慮和緊張、矛盾和衝突致使他極度苦悶和失望，甚至兩度企圖自殺。希冀出世、歸心佛法。實際上，不惟梁漱溟、章太炎、魯迅、李大釗以及許多熱血青年都曾因辛亥革命的失敗及民國初期政治生活中的種種醜惡現象而悲觀失望過。章太炎當時在家信中寫道：「今日所觀察者，中國必亡，更無他說。余只欲避居世外，以作桃源，一切事皆不聞不問，於心始安。」「要之，自所懷者，惟有一死，次則出家為沙門也。」〔註68〕魯迅後來也回憶說，他「見過辛亥革命，見過二次革命，見過袁世凱稱帝，張勳復辟，看來看去，就看的懷疑起來，於是失望，頹唐得很」〔註69〕。李大釗對革命也失去了信心，乃至打算入佛出世〔註70〕。梁漱溟由迷信君主立憲轉而投身於民主革命，甚至一度激進於社會主義，是他早年政治思想和政治實踐的一次歷練，也是他政治思想轉變的標誌。這對他以後投身於中國問題、尋求濟世方案有重要的影響。

4、梁漱溟的憲政宣言：吾曹不出如蒼生何

1916年8月，梁漱溟結束了隱居生活，與沈鈞儒等人一起到南北統一內閣司法部任職，重新回到現實中。第二年由於北洋政府的「府院之爭」〔註71〕，張耀曾下野。梁漱溟此時正巧家中有事，要去一趟南方，便隨張耀曾離開了司法部。在由南返北途中，梁漱溟親眼目睹了軍閥混戰蹂躪地方百姓的暴行，滿腔憤怒的他急匆匆地返回北京，立即寫下了著名的政論《吾曹不出如蒼生

院長。
〔註67〕鄭大華編：《梁漱溟自述》，河南人民出版社2004年版，第24頁。
〔註68〕1913年1月4日、1915年4月6日家書，湯治鈞：《章太炎年譜長編》第452、497頁。
〔註69〕魯迅：《自選集・自序》，《南腔北調集》。
〔註70〕《李大釗選集》，人民出版社1959年版，第1～3頁。
〔註71〕「府（總統府，即總統黎元洪）院（國務院，即國務總理段祺瑞）之爭」因中國參加一戰問題更形激化，黎元洪下令解除段祺瑞的職務，段祺瑞一怒之下拂袖而去。張勳見有機可乘，親率他的「辮子軍」星夜兼程開進北京，把黎元洪趕下臺，同時宣佈溥儀復辟。然而，段祺瑞很快平了這一短暫的復辟鬧劇，成了再造共和的英雄，並以馮國璋繼任總統，自己再任國務總理，改組北洋政府。

何》，自印數千份散發。這篇沒有廣泛流傳的時政論文還是在一定範圍內受到關注。剛歸國的胡適博士閱讀此文後，在當日的日記中寫道：「梁先生這個人將來會革命的。」〔註72〕另一位也曾負籍歐洲，並精通數種外語（包括古代語言）的「奇人怪傑」辜鴻銘先生翻閱了此文後，搖晃著腦袋，自言自語稱讚道：「有心人哉」〔註73〕。

梁漱溟在政論中指出了當時凸顯的九大問題：法律之破壞、統一之破壞、兵火之創傷、營業之損失、金融之窘迫、閭閻之騷擾、水旱之災難、風俗之敗壞、學術之不講。尤其是底層社會更是苦不堪言，「嚴冬寒冽，街頭乞丐累累相逐，每一觸目，此心如飲苦藥。」〔註74〕並認為「今日之病只此武裝的勢力是病。政治上既悉屬武裝的勢力，其向外發展而彼此相遇，則為法律之破壞，統一之破壞，兵火之創刈乃至其餘等症狀；向內則政治之腐敗，直至無政治，為金融之窘迫，閭閻之不安，天災之不防救，風俗之敗壞、學術之不講等症狀。總之不但政府對於人民應有之措施俱廢，抑其腐敗更遭吾民莫大之苦痛。」〔註75〕造成此局面的一個重要原因在於「吾曹」政治上的缺位。所謂「吾曹」就是自認為自己是好人的人，尤其是像自己這樣的「好人」置身於政治之外，或潛心於佛法，或逍遙於山林，或埋首於故紙堆中，未能承擔起「君子」的社會責任。因此，梁漱溟指出，欲「改造今日不可安之局面」其關鍵在於「吾曹其興起」〔註76〕。「一言以蔽之曰非戰，曰組織國民息兵會。」〔註77〕就是「吾曹」入世，以「非戰」為宗旨和理念，組織「國民息兵會」。怎樣做呢？梁漱溟認為，一是依靠遍及各省府州縣的商會和教育會，使之成為「非戰」的宣傳機構；二是以「非戰」兩字為宗旨，廣結同情，以「息兵」兩字為努力之目標；三是在輿論宣傳上傳播非戰主義，在行動上要求各路軍閥罷兵，永不許戰爭見於國內；四是只要息兵，其餘政治上的問題概不過問。〔註78〕在梁漱溟看來，當時社會上流行的各種改革措施和方案，諸如發揮北洋軍閥的勢力，平定西南，統一全國；以西南為共和

〔註72〕《梁漱溟全集》，第五卷，第 5 頁。

〔註73〕汪東林：《梁漱溟問答錄》，湖北人民出版社 2004 年版，第 59 頁。

〔註74〕《梁漱溟全集》，第四卷，山東人民出版社 1991 年版，第 524 頁。

〔註75〕《梁漱溟全集》，第四卷，第 526 頁。

〔註76〕《梁漱溟全集》，第四卷，第 525 頁。

〔註77〕《梁漱溟全集》，第四卷，第 527 頁。

〔註78〕《梁漱溟全集》，第四卷，第 533 頁。

的保障，只有興兵護法，共和政治才能轉入軌轍；民間疾苦，外侮日逼，唯有調和南北雙方，以共謀國是；以聯邦制泯除舊嫌，別開新局面；等等，都沒有抓住問題的根本，結果不僅不能解決問題，反而「驅入亂途」，引起更大的社會災難和秩序危機。因此，中國前途之「活路」唯在於「吾曹其興起」〔註79〕。

梁漱溟倡導組織「國民息兵會」的政治主張，一方面反映了廣大民眾厭惡戰爭、期盼和平的強烈願望；另一方面是呼籲「好人」行動起來，投身於「息兵」運動，通過「息兵開講理之端」，以實現「國民結合又是民的勢力之初基」〔註80〕。梁漱溟的這些設想，對於軍閥而言，無疑是，一廂情願、竹影掃塵，但是對梁漱溟而言，意義非同尋常。《吾曹不出如蒼生何》是他由出世轉爲入世、再續憲政的宣言書，是梁漱溟社會政治思想的重要轉折點，也是他尋求未來中國政治與社會變革方案的雛形。這就「預示了他未來社會改造中所採取的『梁漱溟式』的方案」。〔註81〕例如倡導憲政，反對武力政治；重視社會輿論對現實政治的干預作用；要求社會精英組織起來，形成介於敵對雙方之外的第三力量，調停和干預它們的爭端；反對武力政治，尤其反對以武力從事政爭，認爲憲政與武力相謬，政治應取決於「民意」，取決於「理的勢力」；通過對民眾尤其是基層民眾的教育以喚起覺悟、啓蒙思想；認爲政治的有效手段應在民意上作功夫。

1922 年 4 月，正在北大任教的梁漱溟與李大釗、胡適、蔡元培、丁文江等人一起簽署了題爲《我們的政治主張》的宣言，主張好人有責任拋棄政治分歧積極投身於政府的事務中去。這包含了梁漱溟在《吾曹不出如蒼生何》中所表達的思想和觀點：中國之所以壞到這般田地，原因主要在於「好人自命清高」，而「政治改革的第一步在於好人須要奮鬥的精神」，其奮鬥目標是「憲政的政府」、「公開的政府」、「計劃的政府」。〔註82〕宣言還提出了制定憲法、裁兵裁官、實行直接選舉制和財政公開等具體主張。宣言成了此後十幾年中國自由政治的標準（準則）。梁漱溟思想深處所堅持的仍然是：「只要憲政奠定了，任何問題無不可以在憲政內求解決。何況中國還沒有歐美那樣社

〔註79〕《梁漱溟全集》，第四卷，第 541 頁。

〔註80〕《梁漱溟全集》，第四卷，第 536 頁。

〔註81〕善峰：《梁漱溟社會改造構想》，山東大學出版社 1996 年版，第 32 頁。

〔註82〕胡適、梁漱溟等人《我們的政治主張》，載《東方雜誌》19 卷 8 號，1922 年 4 月 25 日。

會問題，只須在產業開發之初，運用社會政策得宜，不難達成理想。」〔註83〕在1922年以前，這一思想態度，梁漱溟一直是堅定的。

（二）對近代西方民主政治的省察

1、初步覺悟

1922年後，梁漱溟對於從前的政治主張漸漸懷疑而不得解。在初步省察中，他發現歐洲近代民主政制在中國的悲慘命運，不是軍閥和政客等少數人造成的，而在於中國根本缺乏其生存的習慣。比如，袁世凱解散國會稱帝，北洋軍閥破壞約法，其病不在於袁世凱等個人，而在於中國的大多數民眾沒有與西洋政治制度相適應的政治習慣。一種政治制度與民眾的政治習慣關係重大。新政治制度不是搭一個空架子就能夠建立起來的，「制度是依靠於習慣。」〔註84〕中國要實行西方政制，唯有改變過去的舊態度，學習西方人那種「過問」、「注意」、「爭持」和「干涉」的態度，否則「國家的奠定簡直無從說起」〔註85〕。但梁漱溟還是遲疑，並不十分堅定。他尚無決心去做這種「從頭上來」的長期工作，「還希望眼前能有一個對付的辦法可以使國家略好」〔註86〕。於是，梁漱溟內心陷入深深的煩悶和焦慮之中。他既對北洋軍閥政府不滿，同時又指責、拒絕參加革命。1924年暑期，梁漱溟因不滿當時學校教育而辭去北大教席，赴山東辦學。第二年春，因山東政局變化，梁漱溟回到北京，與一些青年朋友共住共學。就在同時，南方革命空氣高漲。梁漱溟的好友李濟深、陳銘樞和張難先來信，以革命大義相責勉，促其南下，而他此時對中國大局之出路正處於疑悶中，「自己胸中猶豫煩悶無主張，要我跟他們一起幹，還不甘心；要我勸他莫幹，更無此決斷的勇氣，則去又何用？」〔註87〕

對「以農立國」論的懷疑也是梁漱溟煩悶的誘因。1923年春，梁漱溟在山東曹州中學演講時，曾提出「以農立國」的主張。陳獨秀警告他這是小資產階級的幻想，梁漱溟本人也懷疑是主觀上的烏托邦，不敢自信。1924年，王鴻一和米迪剛創辦《中華報》，該報研究部準備根據以農立國理論擬定一建國方案，梁漱溟拒不參加。後來，王鴻一等人寫出一本《建國芻言》，內有《中

〔註83〕《梁漱溟全集》，第六卷，第489頁。
〔註84〕《梁漱溟全集》，第二卷，第19頁。
〔註85〕《梁漱溟全集》，第四卷，第680～681頁。
〔註86〕《梁漱溟全集》，第二卷，第25頁。
〔註87〕李淵庭、閻秉華：《梁漱溟先生年譜》，第67頁。

華民國治平大綱草案》，第一條規定傳賢民主國體；第二條規定農村立國制。梁漱溟對此疑慮重重，並提出三點批評：第一，衡諸內外形勢，全部不能引於今日；第二，對固有精神和未來文化不無相關，對付今日國際資本主義侵略壓迫，也是不適宜的；第三，根據這種主觀簡單的理想，不能解決中國的經濟問題。〔註88〕在《建國芻言》出版時，王鴻一請梁漱溟作序，他未答應。1926 年，王鴻一再次懇請梁漱溟撰文介紹他們的主張，梁漱溟也「曾發憤決要將我所贊成的意思表示一點，但依然作不出。」〔註89〕

　　梁漱溟的覺悟還得益於共產黨。他十分關注南方的革命運動，通過其弟子他意識到共產主義對中國青年的巨大誘惑力，並說：「我對西洋近代政治制度，於迷信過多少年後，起了深重的懷疑；正當懷疑的當兒，來了共產黨；自然不易再迷信進去」，「實待共產黨方啟發了我們。」〔註90〕對於「不負責任的非革命的國民黨、胡適一類喪失靈魂的自由主義者以及那些文不對題的保守主義者們都提不出一個真正可供選擇的方案」〔註91〕而感慨，假若自己不能為青年人提供一個真正令人滿意的行動綱領，則他們必定跟著共產黨人走。梁漱溟這次激動人心的覺悟使「數年往來於胸中的民族前途問題，就此新經驗後，從容省思，……悟得了什麼？並不曾悟得什麼多少新鮮的。只是消除了懷疑的雲翳，透出了坦達的自信；於一嚮之所懷疑而未能遽然否認者，現在斷然否認了；於一嚮之有所見而未敢自信者，現在斷然地相信了！否認了什麼？否認了一切的西洋把戲，更不沾戀！相信了什麼？相信了我們自有立國之道，更不虛怯！」〔註92〕至此，梁漱溟認為，西方政制不是靈丹妙藥和急救仙方，而是最後的成果。〔註93〕可見，梁漱溟並未與近代西方政制徹底決裂，只是說它不是「立國之道」，並不是說中國未來不能實現它。中國實現的路徑應該由鄉村復興改良運動進而達於西方政治制度，這就是梁漱溟的覺悟。

　　之所以是「初步覺悟」，是因為梁漱溟所崇尚民主憲政制度被當權者一而再、再而三的玩弄於股掌之中。晚清政府敷衍憲政、袁世凱破壞憲政和北洋軍

〔註88〕韋政通：《現代中國思想家》第八輯，臺灣巨人出版社 1978 年版，第 27 頁。

〔註89〕梁漱溟：《中華民族自救運動之最後覺悟》，中華書局 1935 年版，第 15 頁。

〔註90〕梁漱溟：《中華民族自救運動之最後覺悟》，第 13 頁。

〔註91〕〔美〕艾愷：《最後的儒家——梁漱溟與中國現代化的兩難》，江蘇人民出版社 2003 年版，第 112 頁。

〔註92〕李淵庭、閻秉華：《梁漱溟先生年譜》，廣西師範大學出版社 2003 年版，第 72 頁。

〔註93〕梁漱溟：《談中國憲政問題》，《憲政》（重慶版）1944 年 1 卷 2 期。

閥玩弄憲政，加之一戰後，以羅素爲代表的西方有識之士以及以孫中山、梁啓超爲代表的一大批虔誠向西方尋找眞理的先進中國人，都認爲西方的資本主義社會不是盡善盡美的，於是他們的思想軌迹由「虔誠」轉向「懷疑」，梁漱溟否認了「西洋把戲」，但尙不能提出自己的救國方案，故名之曰「初步覺悟」。

2、最後的覺悟

在否棄了西洋把戲後，梁漱溟以 1927 年 5 月離京南下，與好友李濟深會面，並表達了對國民黨的看法：「依靠國民黨，國家是不能統一的，黨是沒有前途的。」〔註 94〕隨後，梁漱溟就去黃良庸的家鄉（新造細墟）去歇暑，並直到年終。在此期間，一方面，梁漱溟拒絕了南京政府任他爲廣東省政府委員的任命，拒絕了李濟深安排的廣東教育廳長的職務，拒絕了中山大學哲學系的邀請，但同意任廣州省立第一中學校長，希望能利用它作爲訓練鄉村改革工作人員的試驗場所；另一方面，梁漱溟在農村目睹了共產主義者在動員農民方面的成功，使他深信「農民運動是中國目前必須有的，誰忽視了農民運動，他就不能理解目前的形勢。」〔註 95〕梁漱溟敏銳地洞察到中國問題解決之關鍵在農村、在農民。這促使梁漱溟盡快公開和實踐其「鄉治」主張。

1927 年廣州起義後，梁漱溟對李濟深說：「中國在最近的未來，將不能不是些分裂的小局面。此起所以然，是在超個人的法，或超個人的黨，都無從建造的起來。在每個小局面中握有權力的人，下焉者便爲禍於地方，上焉者或能作些個建設事業。這都不是我期望於你的。我期望你能替中國民族在政治上經濟上開出一條路來，方爲最上。如何去替民族開這條路出來，則我所謂『鄉治』是已。」〔註 96〕李濟深沒有全部地接受梁漱溟的見解，但同意他在廣東搞鄉治試驗。梁漱溟的「鄉治」，其目的在於培養中國人新的政治習慣，從而爲實現中國民主政治制度而培養新的政治習慣鋪平道路。正如他後來所說：「此時我已不再熱心某一種政治制度表面之建立，而完全注意習慣之養成」，「當我注意到養成新政治習慣時，即已想到『鄉村自治』問題」〔註 97〕。

〔註 94〕 李淵庭、閻秉華：《梁漱溟先生年譜》，第 72 頁。

〔註 95〕 〔美〕艾愷：《最後的儒家——梁漱溟與中國現代化的兩難》，江蘇人民出版社 2003 年版，第 113 頁。

〔註 96〕 李淵庭、閻秉華：《梁漱溟先生年譜》，廣西師範大學出版社 2003 年版，第 73 頁。

〔註 97〕 李淵庭、閻秉華：《梁漱溟先生年譜》，廣西師範大學出版社，2003 年版第 73 頁。

　　1928 年夏，梁漱溟向廣州政治分會建設委員會提交了《請辦鄉治講習所建議書》。這是梁漱溟公開其鄉治主張的第一份文獻。如果說《吾曹不出如蒼生何》是梁漱溟回歸現實政治、關注基層民眾、倡行民主憲政的應時宣言，那麼，《請辦鄉治講習所建議書》則是梁漱溟尋求中國民族自救運動的實踐宣言。梁漱溟在建議書中指出，近三十年來，中國人大談大搞變法維新，「以爲法一變則有新局面新事實產生」〔註98〕，其實，他們不懂得「社會所眞正循由者係習慣而非法令」〔註99〕。以英國爲例，「英國不必有成文之憲法，而憲政之美，一世稱盛」〔註100〕。而返觀中國，「先後有約法憲法以及湖南浙江各省憲之頒行，皆如雲煙過眼」〔註101〕，無一點成功。僅就選舉一事而言，中國人數千年來過慣了「閉門生活，鮮問公益」〔註102〕。一般人則消極怕事，不敢出頭，所以大多數人將自動放棄選舉權，拒絕過問政治。選舉法雖頒佈，但無實際意義。梁漱溟認爲，中國固有的風氣習慣極爲嚴重，要想創立一種新的西方式的政治制度，就必須向中國社會投入眾多的「因子」〔註103〕，培養國民的新政治習慣。「非養成新習慣，無以運行新法制。」〔註104〕這種中國化的地方自治必須從一村一鄉的小區域開始，這是由於中國社會是一村落社會。此外，還強調了「固有之習慣心理」〔註105〕之引導和「解決農村經濟問題」〔註106〕的緊迫。這標誌著梁漱溟社會政治思想體系的初步形成。

　　1930 年 6 月，梁漱溟在《河南村治學院旨趣書》中，第一次公開提出了他關於鄉村建設思想的基本原則。此文開篇即說道：「中國社會一村落社會也。求所謂中國者，不於是三十萬村落其焉求之。」〔註107〕雖然西方也有村落，但它不是村落社會。從這一點出發，梁漱溟闡明了他對這兩種有其基本態度且歷史地決定的截然相反的文化的看法。他強調：中國「不能」也「不應」成爲一個「近代國家」。因爲：第一、帝國主義不允許中國工業和資本主義的發展；

〔註98〕　《梁漱溟全集》，第四卷，1991 年版，第 832 頁。
〔註99〕　《梁漱溟全集》，第四卷，1991 年版，第 832 頁。
〔註100〕　《梁漱溟全集》，第四卷，1991 年版，第 833 頁。
〔註101〕　《梁漱溟全集》，第四卷，1991 年版，第 833 頁。
〔註102〕　《梁漱溟全集》，第四卷，1991 年版，第 833 頁。
〔註103〕　「因子」之說，詳閱《梁漱溟全集》，第二卷，1990 年版，第 20～21 頁。
〔註104〕　《國聞周報》5 卷 35 期。
〔註105〕　《梁漱溟全集》，第四卷，1991 年版，第 835 頁。
〔註106〕　《梁漱溟全集》，第四卷，1991 年版，第 836 頁。
〔註107〕　《梁漱溟全集》，第四卷，1991 年版，第 911 頁。

第二、中國不應該走西方國家的路，因為它會導致帝國主義、階級鬥爭、經濟上的不平等和工業化城市的畸形發展。他說：「歐化之弊，畸形的發達一言盡之矣，由其經濟上組織之欠缺，而富力集中於都市，集中於少數人以形成一殊強階級，而社會乃病。由其政治上組織之欠缺，而權力集中於國家政府，以從事野心的武力與外交，而世界乃病。」〔註108〕第三、最為重要的是，中國人的精神與西方的制度和都市工業社會的習慣不相容，中國人要認識到「其強未必良，其弱未必惡」的道理。最後，梁漱溟在《中國民族自救運動之最後覺悟》中指出：中國「今日之『窮且亂』，正由三十餘年間唯尚『利與力』而來」〔註109〕，時至今日，該迷途知返矣！「一民族真生命之所寄，寄於其根本精神，拋開了自家根本精神，便斷送了自家前途。」〔註110〕這就是梁漱溟最後的覺悟——中國固有精神與西洋文化的長處二者為具體事實之溝通調和以形成新秩序。在領導從事鄉村建設運動過程中，梁漱溟又寫下了《我們政治上的第一個不通的路——歐洲近代民主政治的路》、《我們政治上的第二個不通的路——俄國共產黨發明的路》、《鄉村建設理論》等著作。在1927～1937年，在為中國尋求一個異乎國民黨和共產黨的藍圖的那些探索中，梁漱溟和他的山東鄉村建設研究院一直走在最前列。梁漱溟也由此成為三十年代最具影響力的鄉村建設領袖和理論家，同時也形成了一股較有影響的政治思潮。

（三）對憲政救國思潮的冷眼靜觀

西方憲政在梁漱溟的眼中是既合理又巧妙，但試圖通過憲政達到救國目的，梁漱溟對這種抱著實用的態度對待西方憲政很不感冒。因為無論從何種意義上去理解憲政，憲政在西方都是其社會文化演生的一個自然結果。按照馬克斯·韋伯的說法，西方是由基督教的新教倫理培養出了資本主義精神，並取得了其他非西方文明不能比擬的物質財富和力量。因此在中國憲政實踐問題上，特別是在三四十年代，梁漱溟始終堅持不附和，不參與，另探索的態度。

在1929年，胡適等人發起的「人權運動」，這是民國時期憲政運動的重要組成部分。對此，梁漱溟不予理睬，如他後來所說，假如「倒退廿年我必

〔註108〕李淵庭、閻秉華：《梁漱溟先生年譜》，廣西師範大學出版社，2003年版，第80頁。
〔註109〕《梁漱溟全集》，第五卷，第109頁。
〔註110〕《梁漱溟全集》，第五卷，第109～110頁。

算一份，倒退十五年（約法初被破壞後）我或者更熱心，但此時卻無意附和。個人自由之神聖觀念，『不自由毋寧死』的口號，中國人本缺乏。」〔註111〕到了1934年，國民黨施行「結束黨治」、「還政於民」的伎倆，制定《中華民國憲法》（史稱《五五憲草》），當國民政府公佈該憲法草案徵求國人「批評意見」時，梁漱溟針鋒相對，以「中國此刻尚不到有憲法成功的時候」爲題撰文，在《大公報》上公開發表。他認爲：「按理說，正在建設新國家的中國人，對於這組織國家的根本大法，應當如何注意，如何熱心討論。然而今之憲法草案似乎並沒有得到它所應有的際遇。」〔註112〕1939年9月，國民參政會通過了「實施憲政案」。此時，梁漱溟不在戰時首都重慶，正冒著危險，在皖、蘇、魯、冀、豫、晉六省戰區巡歷。他說：「關於此次憲政潮，只不過是在野派感受國民黨排斥壓迫的一種反應」，「我如在場，決當建議以別種方式求黨派關係好轉，而勸阻其事。」並說「這是一場空歡喜，國民黨決不會踐言」〔註113〕。10月，梁漱溟回重慶之時，重慶的「憲政運動正在熱鬧」，張申府等友人邀約梁漱溟預聞其事，他「皆固執地拒絕」〔註114〕，「一概謝不參加」〔註115〕。同年11月29日，梁漱溟與蔣介石晤談後回寓途中，王世杰即誤會其「反對中國行憲政」，而以「你是否認爲中國永不須要憲政呢」相詰問〔註116〕，而到了1943年，國民黨當局再次以實施「憲政」爲名，推進所謂的「憲政運動」，並煞有介事地成立了「憲政實施協進會」，蔣介石親任會長，邀請包括梁漱溟在內的各方人士參加。當時梁漱溟正在桂林，雖然國民政府「累電相召」，可其「固辭不赴」，他的回覆說：「憲政可以爲遠圖而非所謂急務」，「憲政雖爲遠圖，而民主精神則眼前所急需。」〔註117〕

　　由上可知，梁漱溟對於憲政態度的轉變是明顯的。早年崇尚西方憲政，20年代後期冷漠憲政，但這絕不意味著與憲政決裂，他屢次強調憲政非急務，非救國方案，但可以爲遠圖，是中國未來社會的希望。他正在探索中國

〔註111〕《梁漱溟全集》，第六卷，第498頁。

〔註112〕《梁漱溟全集》，第五卷，第466～467頁。

〔註113〕李淵庭、閻秉華編著：《梁漱溟先生年譜》，廣西師範大學出版社，2003年版，第158頁。

〔註114〕《梁漱溟全集》，第六卷，第498頁。

〔註115〕《梁漱溟全集》，第六卷，第717頁。

〔註116〕具體經過，詳見梁漱溟：「我努力的是什麼——抗戰以來自述」，《梁漱溟全集》，第六卷，第253頁。

〔註117〕《梁漱溟全集》，第六卷，第718頁。

式的憲政路徑，如他所說：「鄉村運動便是我的憲政運動。」〔註118〕正如張君勱在《中華民國民主憲法十講》的劈頭一講中指出：「我們要知道，有了憲法，國家也不一定就能走上和平的途徑。法國革命之後，忽而皇帝，忽而君主，忽而共和，就可證明一篇有關憲法的文章是靠不住的」，〔註119〕可爲明證。

（四）投身抗戰與國內和平

中日之戰全面爆發後，梁漱溟不得不中止他心儀的鄉村建設運動，並應南京國民政府之邀，作爲無黨派和社會賢達代表參加了「參議會」。隨後兩年，他訪問過延安，與毛澤東等中共領導人進行了多次會談。儘管在中國社會問題的看法上有很大差異，但對戰時中國重大問題，兩人卻有相近的看法，如持久的游擊戰問題，農民的動員問題。離開延安後，梁漱溟奔走於全國各地，視察防務，沿途所見觸發了他對農民苦難更深切的同情和對社會改造緊迫性的認識，他說：「我有兩個特別深的感想，第一個感想便是中國老百姓太好。爲了抗戰他們所受的苦難……他們沒有怨恨國家，怨恨中央之意……我的第二個感想是……將民生之窮苦、風俗之固陋看得更真切……這樣的人民、這樣的社會，無法自存於現代，再明白點說，我更要反對內戰和一切妨礙國家建設、社會進步的事……從這感想中更加強了我對平素主張的自信。」〔註120〕他清醒地意識到：中國當前最迫切的問題是民族危機而非文化危機。如果不能戰勝日本侵略者，中國的現代化會化爲烏有，同樣，如果不能實現民族團結和民主政治，那麼打敗侵略者也是無法實現的夢想。從中華民族的整體利益出發，梁漱溟提出了「對內社會改造對外民族解放」（過去是「社會改造和民族自救」）的新目標，並以此爲參與政治活動的準則。並認爲在對日作戰中，解決政治民主和政黨問題是當務之急，它是實現全民族聯合的先決條件，爲此，他考察了中外政黨制度，提出了中國的政黨制度應該是建立「下分上合，一多相融」的黨派綜合體思想。

中國農民、農村問題一直是梁漱溟一生理論和實踐所關注的焦點。在九·一八事變尤其是華北事變以後，面對日本侵略戰爭的威脅，梁漱溟從鄉村建設的角度提出了他的國防思想。他認爲決定戰爭勝負的因素不是武器，而是

〔註118〕《梁漱溟全集》，第六卷，第498頁。
〔註119〕張君勱：《中華民國民主憲法十講》，商務印書館1947年版，第163頁。
〔註120〕《梁漱溟全集》，第六卷，246～247頁。

士兵的素質，一旦日本發動瘋狂的全面戰爭，中國的正規軍肯定不會進行有效的抵禦，只有動員農民進行持久的防禦戰，才能贏得戰爭的主動權。因此，「挽救中國危難，非鄉村工作不可」〔註121〕。這一觀點與毛澤東的「兵民乃勝利之本」思想頗爲相近。抗戰全面爆發時，山東鄉建實驗縣達 70 餘個，培養了 4000 餘名鄉建幹部，是年秋，日本進攻山東時，大約有 50 多個民團被動員起來，進行了武裝抵抗，有一批鄉建幹部和民團被編入國民黨第三戰區，爲抗敵鬥爭做出了貢獻。在抗戰中，梁漱溟繼續把自己看作農村、農民在中央的代言人，強調只有組織動員農村人口才能抵抗敵人。還以鄒平模式爲藍本提出了戰時鄉村改革方案，進行鄉村改造。從中國持久抗戰的角度看，他的鄉村改革設計對廣大農村落後狀況的改善，對中國最大多數人口的動員和全民抗戰的實行無疑是有價值的。但國民黨對此仍懷有戒心，反應冷淡，「除公文往來復去而外，事實上並無下文。」〔註122〕

爲了切實推行兵役制改革〔註123〕，使國家在戰時能得到優良的兵源，同時也爲了讓百姓免受舊兵役之苦，梁漱溟不僅四處奔走呼號，發起成立了兵役問題座談會，而且親自起草了一份具體的兵役改革方案，要求政府實施：一是征兵前對農民進行教育和宣傳，以激發群眾的抗戰熱情；二是「創造一種依法辦事的氣氛，群眾必須瞭解法律的內容和要點，這樣他們才能保護其執行，要求其執行」〔註124〕；三是選拔那些「滿懷熱情，瞭解群眾」的基層幹部來完成具體的實施工作，只有這些得到群眾信任的人「才能誠心誠意，公正不偏地處理其事。」〔註125〕方案還提出了保護軍人家屬的正當權益，改善入伍者待遇，懲罰軍政官員的腐敗行爲等條款。在整個抗戰期間，梁漱溟一直勇於致力於兵役改革工作，但總是遭到國民黨的反對〔註126〕。在 1944 年政府終於設立了兵役部，但並沒有減少以往工作中

〔註121〕《山東鄉村工作的進展》，《四川教育》1937 年 8 月，轉引自《梁漱溟傳》第 209 頁。

〔註122〕梁漱溟：《我努力的是什麼》，《光明報》1941 年 10 月 12 日。

〔註123〕舊中國的兵役制是社會的一大人爲之害，美軍將領韋第梅爾（Wedemeyer）曾說：「對中國人來說，征兵如同饑荒和洪水（不過更規律些而已：每一二年一次），被人民視爲一種騙局。饑荒、水旱之災和征兵的關係就如同水痘和瘟疫的關係一樣。」梁漱溟對此頗有感觸。

〔註124〕《國民參政會議史料》，臺北 1962 年版。

〔註125〕《國民參政會議史料》，臺北 1962 年版。

〔註126〕〔美〕艾愷：《最後的儒家——梁漱溟與中國現代化的兩難》，江蘇人民出版

的弊病，國民政府依舊一意孤行，嚴重的兵役負擔和軍隊內部的腐敗最終使其失盡了民心。

對於國民黨在抗戰中的表現以及在民主化問題上的偽善，梁漱溟深感失望。特別是在 1938 年他投給《大公報》的文章不允許發表，認為他的立場與共產黨「甚近似」。實際上，梁漱溟的主要思想是：由於中國的社會不具備立憲民主的條件，要靠一紙文件改變一切，那只是幻想；在最近的將來，西式的立憲民主根本就不能實現；中國雖然不存在西方意義上的那些階級，但也的確存在各自不同的利益需求群體，並且各個政治團體的最終理想是彼此相異的；目前，面臨同一個敵人的威脅，為了打敗外部的敵人並協力實施內部改造，他們必須實現全民族的聯合；在政黨問題上，實行既非多黨制，也非一黨制的「二重組織」，強調「一多相融」和「一中有多，多上有一」的黨派綜合體。梁漱溟積極參與了中國民主同盟的創建和組織活動。其中，在中華民國三十週年紀念日那天，他在《光明報》(《光明日報》的前身) 對外發佈了中國民主政團同盟的政治綱領〔註 127〕。這個綱領的政治構想與梁漱溟 1938 年和 1939 年的基本思想大抵一致。它是呼籲國民黨改革自身、放棄政治獨裁的「一份聲討書」。對此國民黨迅速作出敵對反應：在國內，千方百計地加以壓制，不准其報紙發表中國民主政團同盟成立的消息和評論。在香港，孫科發表演說，誣衊該盟在渝成立的組織是招搖撞騙，「在公在私俱絕無所聞」，「絕無其事」，並發動國民黨在港的報刊大罵梁漱溟等民主人

社 2003 年版，第 213 頁。

〔註127〕該綱領共計十條：(一)「貫徹抗日主張；恢復領土主權之完整；反對中途妥協」；(二)「實踐民主精神，結束黨治；在憲政實施以前，設置各黨派國事協議機關」；(三)「加強國內團結，所有黨派間最近不協調之點，亟應根本調整，促進於正常關係」；(四)「督促並協助中國國民黨切實執行抗戰建國綱領」；(五)「確立國權統一，反對地方分裂，但中央與地方權限適當之劃分」；(六)「軍隊屬於國家，軍隊忠於國家，反對軍隊中之黨團組織，並反對以武力從事黨爭」；(七)「厲行法治，保障人民生命財產及身體之自由，反對一切非法之特殊處置」；(八)「尊重思想學術之自由，保護合法之言論出版集會結社」；(九)「嚴行避免任何黨派利用政權在學校中及其它文化機關推行黨務」，「政府一切機關，實行選賢與能之原則」，「不得以國家收入或地方收入，支付黨費」；(十)「厲行後方節約運動，切實改善前方待遇」，「力謀民生之改善」，「健全監察機關，切實為各種行政上弊端之澄清」。詳見《中國民主同盟簡史 1941～1949》，群言出版社 1991 年版，第 10～11 頁。

士爲「第五縱隊」〔註128〕。此外，還策動港英當局搜查了梁漱溟的住所。與國民黨的態度完全相反，中共中央機關報《解放日報》及時作了報導，於10月28日發表了題爲《中國民主運動的生力軍》的社論，盛讚民主政團同盟宣佈的綱領強調了「抗戰到底，加強團結，保障人權，結束黨治，革新內政的必要」，並認爲中國「民主運動得此推動，將有更大的發展，開闢更好的前途。」〔註129〕

　　1941年12月香港淪陷後，梁漱溟等回到內地，繼續進行活動。然而，正當1945年8月，日本宣佈投降時，梁漱溟又意識到中國自身眞正存在的危機開始了。11月，當內戰的陰影重新籠罩在地平線上時，梁漱溟又趕赴重慶，「再盡力於反對內戰運動以至參加1946年的舊政協會議。」〔註130〕將全部精力投入調解工作。然而，蔣介石的和談鬧劇，使梁漱溟等第三勢力陷於絕境，梁漱溟最後驚歎：「一覺醒來，和平已經死亡了！」〔註131〕11月，他最後一次宣佈隱退，回到重慶北碚的勉仁中學〔註132〕。而大批原在國統區的民主人士和知識分子，在1948年和1949年間都紛紛北上，去迎接一個新政權的誕生。當然，也有一些人選擇南下，去了臺灣，還有很少的人選擇了到國外。梁漱溟卻從來沒有想過要離開中國。正如他曾說：「雖有人來請我去香港，但我主意已定，不論國共兩黨勝負如何，我作爲一個生於斯、長於斯，並自問爲中國的前途操過心、出過力的炎黃子孫，有什麼理由跑到香港去呢？」〔註133〕梁漱溟的回答讓我們想到了陳寅恪，當年他也是認爲香港是殖民地，所以他不去，而選擇留在廣州。不過，陳寅恪從此再也沒有北上，這是與梁漱溟不同之處，但兩位大師此後爲捍衛中國文化所表現出的氣節和風骨，卻是驚人的類似。

〔註128〕詳見「赴港創辦《光明報》」，《梁漱溟自述》，河南人民出版社2004年版，第85～94頁。

〔註129〕《中國民主運動的生力軍》，《解放日報》，1941年10月28日。

〔註130〕李淵庭、閻秉華編著：《梁漱溟先生年譜》，廣西師範大學出版社2003年版，第195頁。

〔註131〕李淵庭、閻秉華編著：《梁漱溟先生年譜》，第208頁。

〔註132〕勉仁中學是梁漱溟1940年創辦的，1941年遷到北碚。1946年底，梁漱溟回到北碚，即聘請民主同盟成員，中央大學畢業的楊新德先生爲校長。楊新德當時是一個愛國青年，可惜1957年化爲右派，「文革」中去世。由楊推薦，經梁漱溟同意，學校還吸收了一批共產黨員和進步教師到校任教。後來，梁漱溟又創辦了勉仁國學專科學校。1948年又改名爲勉仁文學院，先後招生數百人。

〔註133〕汪東林：《梁漱溟問答錄》，湖北人民出版社2004年版，第133頁。

（五）建國後重申憲政、法治

1949 年 10 月 1 日，在舉行開國大典的天安門上，周恩來曾感慨地說：今天盛會，可惜少了兩個人，一個是邵明叔，一個是梁漱溟。〔註 134〕在這樣一個改天換地的時刻，梁漱溟爲何還留在重慶呢？概括他本人對這段歷史的回憶以及他對自己 1946 年年底來到重慶的解釋可知，自政府倡導和平以來，梁漱溟與其他第三方面代表即奔走於國共兩黨之間，致力於促進和談，以實現和平建國。但政治鬥爭的複雜性遠遠超過梁漱溟的預想，而最後內戰的全面爆發更使他對政壇中的是是非非感到厭倦——爲了在國共兩黨之間調解、斡旋，他費盡力氣，最後卻兩面都得罪，而內戰最終還是不可避免，這讓他感到非常沮喪和失望。〔註 135〕於是他迅速決定退出政治，回到學術之中，重新開始撰寫《中國文化要義》。過著半隱居生活的梁漱溟公開聲明，今後三年（47\48\49）對國事所抱持的原則是「只發言，不行動；只是個人，不在組織。」〔註 136〕出於對中華民族命運的關注，1949 年初，梁漱溟以個人名義在重慶的《大公報》上接連發表多篇文章，寫信給有關方面，希望他們能夠以民族利益爲重，迅速實現和平。不過，梁漱溟依然以第三者身份出現，卻不能不引起國共兩黨的不滿。在國民黨方面，自然是因爲梁漱溟把內戰的責任歸結爲他們一方的緣故；而共產黨一方的不滿，則在於梁漱溟呼籲要停下來不要再打，顯然有悖於「將革命進行到底」的指導思想。梁漱溟一貫堅持認爲：

> 中國文化是以意欲自爲調和持中爲根本精神的。偏激與惰後都
> 不行。……眞正統一中國的方法也只能是適應中國文化之根本精神
> 的中和。〔註 137〕

對於時局，他認爲如果能以民族利益爲重，拋開黨派之爭，則以和平方式解決爭端，實現政治與社會秩序的根本好轉，無疑是最好的結局。當初國民黨背信棄義，發動內戰，固然應當譴責。如今既然大勢已去，則共產黨方面應該「有力量而不用」，「武力用到今天恰好，不可再用」。〔註 138〕而應努力爭取實現和平建國，造福蒼生。同時，他對將來共產黨領導下的自己處境，

〔註 134〕白吉庵：《物來順應——梁漱溟傳及訪談錄》，山西人民出版社 1997 年版，第 146 頁。

〔註 135〕《梁漱溟全集》，第六卷，山東人民出版社 1993 年版，第 796～798 頁。

〔註 136〕《梁漱溟全集》，第六卷，第 796 頁。

〔註 137〕《梁漱溟全集》，第六卷，第 804 頁。

〔註 138〕《梁漱溟全集》，第六卷，第 810 頁。

似乎也有清醒的認識：「過去國民黨與我作對，我到不能與他硬來時，就讓他一下。——我知道他必不會長久。今天我知道共產黨要來了，而我對他只能『和而不同』。」〔註139〕「我爲什麼要這樣呢？我知道國民黨是不行了，今後惟一強大勢力將在共產黨。過去我祈求全國合作，主要是對國民黨而說話，今後將須對共產黨說話。……只有明白擺出來，我止於說話而不繼之以行動，止於是個人而無組織爲後盾。那麼（沒有力量）不足重視，抑或不引起敵視；他就可能放平了心來聽我的話，對我的話才聽得入。這便是我的一番用心。同時，我知道我此時的言論主張在盟內未必全同意。要我受拘束於組織而不得自由發言，我不甘心；使組織因我而受到破壞，尤非道義所許。所以最好是赤裸裸一個人，披瀝此心以與國人相見。」〔註140〕

　　可以說，正是如何認識和改造中國社會方面的分歧，注定了梁漱溟後半生的悲劇命運。也就注定要出現本書導言所描寫的那驚心動魄的一幕。對於53年梁漱溟與毛澤東的公開衝突，艾愷認爲，「最好是把梁漱溟先前反對政府的評論理解爲古老傳統中的清流之勇。」〔註141〕一個傳統的、迂腐的、最後的儒者固執地堅持他那無望的主義的形象在我們的腦海中更加強化了。殊不知，近年來西方政治思想、學術界的熱門話題之一——承認的政治，在半個世紀前梁漱溟就有了自己的理解和表述。對於什麼是民主精神，恐怕今天大多數中國人的回答無非是：憲政、多黨制、普選制、權力分立與制衡等民主的制度。然而，這只是民主之用，民主之體乃是民主的精神。梁漱溟顯然更看重後者。因爲民主與科學出於人心同然，所以是普遍的，而制度是工具性的，因地制宜，不足以成爲世界化。〔註142〕所以梁漱溟的「最後覺悟」乃是堅持民主的精神的不放棄，結合中國文化的特點，走中國自己的憲政之路。而並非一定要照搬西方的政治制度或民主憲政模式。什麼是民主、什麼是憲政？梁漱溟更有其獨特的理解。作爲保守主義的、開歷史倒車的梁漱溟，在對民主和憲政的理解上，絲毫不遜於自由主義者。更值得一提的是，他還有自己的創見。有關民主與承認之解釋，與近來西方政治思想與學術界正熱門探討的承認的政治的熱門話題有許多暗合之處。

〔註139〕《梁漱溟全集》，第六卷，第970～971頁。

〔註140〕《梁漱溟全集》，第八卷，第428頁。

〔註141〕〔美〕艾愷：《最後的儒家——梁漱溟與中國現代化的兩難》，江蘇人民出版社2003年版，第2頁。

〔註142〕《梁漱溟全集》，第四卷，第743頁。

在梁漱溟心中的憲政遠圖，隨著時光的推移，也漸漸變爲急務。在 1970年，全國政協直屬組討論爲四屆人大的召開而準備的《憲法草案》時，在學習發言時，人人都說「憲草」好的情況氛圍中，梁漱溟卻出人意料地提出了自己對「憲草」的兩點看法：一條是接班人及其名字不宜寫進憲法，一條是國家主席不可不設〔註143〕。梁漱溟對民主與法治的堅持也是一以貫之的。在「批林批孔」運動中，梁漱溟的態度也是鮮明的，堅持不批孔，但批林，並說出了自己對林彪、劉少奇、彭德懷諸人的眞實看法——林彪沒有路線，批林就是批他不是人，是個鬼！而劉少奇、彭德懷有路線，他們有自己爲國家、民族前途設想的公開主張，他們的錯誤只是所見不同或所見不對。〔註144〕這更是觸犯了最敏感的政治問題。如果說梁漱溟反對批孔還只是思想問題的話，則反對批林就上昇到反對「文革」、反對「無產階級專政下的繼續革命」這個「偉大理論」的高度。因此，責難、批判鬥爭接踵而至，當主持人追問梁漱溟對批判鬥爭的感想時，他竟脫口而出：「三軍可奪帥也，匹夫不可奪志。」梁漱溟的最後答覆，讓在座的人都愣了。會議的主持者只好勒令他作出解釋。他當即解釋說：

> 我認爲，孔子本身不是宗教，也不要人信仰他，他只要人相信
> 自己的理性。我只是相信自己的理性，而不輕易去相信別的什麼。
> 別的人可能對我有啓發，但也還只是啓發我的理性。歸根結底，我
> 還是按我的理性而言而動。因爲一定要我說話，再三問我，我才說
> 了「三軍可奪帥也，匹夫不可奪志」的老話。吐露出來，是受壓力
> 的人說的話，不是得勢的人說的話。「匹夫」就是獨自一個，無權無
> 勢。他的最後一著只是堅持自己的「志」。什麼都可以奪掉他，但這
> 個「志」沒法奪掉，就是把他這個人消滅掉，也無法奪掉！〔註145〕

這就是梁漱溟的宣言書！是他以一己之力挑戰當時統率整個中國社會思想的誓言！即使在今天看來也堪稱經典。

在 1977 年的 2 月 22 日，距毛澤東去世僅僅半年，梁漱溟訪雷潔瓊，談話重點在「毛主席思想中的法律觀」〔註146〕。而在毛澤東逝世前四個月的 1976

〔註143〕參閱汪東林：《梁漱溟問答錄》，湖北人民出版社 2004 年版，第 275～280 頁。
〔註144〕參閱汪東林：《梁漱溟問答錄》，湖北人民出版社 2004 年版，第 267～270 頁。
〔註145〕《梁漱溟全集》，第八卷，山東人民出版社 1993 年版，第 955 頁。
〔註146〕《梁漱溟全集》，第七卷，山東人民出版社 1993 年版，第 429 頁。

年 5 月 3 日，梁漱溟作有《英國憲政之妙》一文，其至深感觸至深祈盼，於此
彰顯無遺。在重新研讀了因訪雷潔瓊而作的《毛主席對法律作如是觀》後，梁
漱溟在文尾寫道：「毛主席逝世兩年後，法制與民主的呼聲漸起，其前途必逐步
展開，無疑也。」〔註 147〕正是基於此一背景，梁漱溟自 70 年代起，多次經由
會議發言等途徑倡言法治與憲政。在 1978 年政協會議討論憲法時，他更是大聲
疾呼「今後應該尊重憲法，多靠憲法而少靠人，從人治漸入法治」，中國人治的
路已經走到了盡頭。「今後的一段是真正的立憲，要多依靠憲法。」〔註 148〕梁
漱溟的憲政觀幾十年一以貫之，人們在研究漱溟的思想時均未暇於梁漱溟晚年
這一重大變化，不得謂全，更失之於確。而在筆者看來，這是理解梁漱溟政治
思想的一個至關要緊之處。

〔註 147〕《梁漱溟全集》，第七卷，第 430 頁。
〔註 148〕《梁漱溟全集》，第七卷，第 456 頁。

第三章　梁漱溟政治思想的邏輯起點

> 對於西方文化是全盤承受，而根本改過，就是對其態度要改一改。
>
> ——梁漱溟

> 不論是往時的專制獨裁還是近世的共和立憲，雖然已很不同，而其內容有不合理之一點則無異。這就是說他們對大家所用統馭式的辦法有似統馭動物一般。……現在這種法律下的共同過活是很用一個力量統合大家督迫著去做的，還是要人算帳的，人的心中都還是計較利害的，法律之所憑藉而樹立的，全都是利用大家的計較心去統馭大家」
>
> ——梁漱溟

　　眾所周知，任何偉大的思想家和社會活動家，當其思考社會政治問題、從事社會政治實踐時，都不能不有自己價值維度、理想信念、甚至行動方案，他們對於社會政治領域中的事物也不能不持贊成或反對、選擇或排斥、讚美或譴責的態度。不作價值判斷試圖保持「價值中立」或「價值無涉」也是不可能的。那麼是什麼支持他們作出選擇判斷，除了現實之因外，最後不得不追尋到他們哲學思想上。所以，要研究梁漱溟一生致力於尋求秩序的政治思想，不得不回到他的哲學世界。撲其思想，筆者發現梁漱溟政治思想在某種程度上是其哲學思想的闡發，進而轉化為社會政治活動中的指導思想或行動理念。正如有的研究者曾說：「伴隨著梁漱溟哲學思想的改變，他的政治思想也趨於保守。」〔註1〕此觀點的對錯姑且不論，但作者看到了哲學思想與政治

〔註 1〕曹躍明：《梁漱溟思想研究》，天津人民出版社 1995 年版，第 130 頁。

思想的深刻關涉無疑是正確的。在梁漱溟的哲學思想中，筆者不難發現人性觀、文化觀和政治觀是梁漱溟政治思想以及他從事政治活動的內在支持。此外，現實的秩序饑荒、傳統斷裂所導致的內心焦慮與緊張以及意義與認同危機也是梁漱溟政治思想的動因。

一、哲學的理論分析

梁漱溟認爲，中國人一向憧憬的合理的人世生活與社會秩序的最高價值，一言以蔽之，曰「和諧」。而和諧之所以可能，根本即在於人性本身存在善端，從而具備特稟的「理性」能力。這就是「人之所不同於其他動物，卻爲人人之所同者，即人類的特徵而已」〔註2〕。在梁漱溟看來，人不但有人性，而且「人性善」〔註3〕，推而言之可謂：人生向上、社會至善。這可謂梁漱溟的人性觀。

（一）人性的前提預設：人生向上、社會至善

1、人心、人生、人性

在梁漱溟看來，「人心，人生，非二也」〔註4〕，但在具體運用中又各有其所指：人生是指人類的生活，亦指人類的實踐活動；人心是指人類生命從機體本能中解放出來的那一面，即不爲生活問題打量計算之人類特性，梁漱溟謂之「無私之感情」；本能是指人類個體生命受種族遺傳而與生俱來的生活能力或其傾向；理智即人的心思作用「知」的一面，是一種後起的反本能的傾向，功利、算計是其基本特徵；理性即人的心思作用之「情」的一面，是從反本能傾向發展起來的人類特徵，故而是非本能、非衝動、超理智的無私的感情的所好，亦即向上之心。梁漱溟認爲，人心的客觀本質在於它秉承了宇宙大生命那種無目的和向上奮進不已的天性，面對自然和人生具有一種反乎本能、超越理智（即功利）的無私感情，此乃向上之心。對這一觀點梁漱溟一直信仰並堅持著，即使在人性似乎爲階級性所遮蔽的歲月中，梁漱溟肯定地指出：「人性肯定是有的。——毛澤東在其強調人的階級性時，必先肯定說：人性『當然有的』，其立言可謂確當得體」〔註5〕。之所以說人性肯定是有的，梁漱溟提出了三方面的根據。其一、人「有基本相同的心理功能爲其

〔註2〕柳友榮：《梁漱溟心理學思想研究》，安徽人民出版社2004年版，第89頁。

〔註3〕梁漱溟：《梁漱溟全集》，第三卷，第536頁。

〔註4〕梁漱溟：《人心與人生》，學林出版社1984年版，第4頁。

〔註5〕《梁漱溟全集》，第三卷，第534頁。

發展之心理基礎或素質，古語『性相近也，習相遠也』，其謂此乎。」〔註6〕在人性起源問題上，他指出了人不但與動物一樣，有相同的自然屬性，而且有基於這種自然屬性的心理傾向，即有一種人文傾向存在。其二、他指出，人的階級性在人性之後，階級性消滅之後又出現人性，是公認的理論，這也說明人性是有的。其三、認為「階級性之不足於限制人，而人之原自有人性也」，那種「自覺轉變性即人性也」〔註7〕。基於此，他認為，人性最顯著的特點是「最富有活變性（modifiability）與夫極大之可塑性（plasticity）」〔註8〕。

梁漱溟在風雨如晦的歲月中，不僅探討了人性的起源與存在，而且說明了後天環境中人性的「活變性」與「可塑性」。正如他所說，人「自身且為後天產物矣，則人性又焉得有先天之可言邪？」〔註9〕在人性上，「最大的誤會是把所謂性看成一個已成的呆板東西。」〔註10〕而應該把人性看成是一種傾向，一種善的傾向是後天發展的趨向。儘管梁漱溟早年沒有這一觀念，但他指出人性有後天的發展所決定，又與他早年所堅持的人性本善思想相吻合。

綜而言之，人性、人心與人生是密不可分的。人之所以為人除了人性外，還在其心，「何為心？心非一物也。其義則主宰之義也。主謂主動，宰謂宰制。對物而言，則曰宰制；從自體而言，則曰主動。其實一義也」〔註11〕。而人心這種特性源於人的生命本性，它不僅具有三種特徵——主動性、靈活性和計劃性，而且還具有三個層次——本能、理智和理性。理論的探求是為了指導實踐，在梁漱溟看來，心性（人心、人性）理論就是以人生問題為圭臬，即要解決三大問題：「一、人對物的問題；二、人對人的問題；三、人對自身生命的問題。」〔註12〕

2、人生向上：善本乎通、惡起於局

梁漱溟認為，所謂人生向上就是人類應遵循那無目的、不斷向上的人心的本質而存在、而生活。對此，他分梳兩面：一方面運用歷史唯物主義

〔註6〕　《梁漱溟全集》，第三卷，第534頁。
〔註7〕　《梁漱溟全集》，第三卷，第535頁。
〔註8〕　《梁漱溟全集》，第三卷，第536頁。
〔註9〕　《梁漱溟全集》，第三卷，第532頁。
〔註10〕　《梁漱溟全集》，第七卷，第950頁。
〔註11〕　《梁漱溟全集》，的三卷，第582頁。
〔註12〕　《梁漱溟全集》，第三卷，第653頁。

的原理，論述了人類的體質、心智和性情，從整個人類歷史來看，是在發展變化之中的；另一方面，他又雜糅儒、佛及柏格森的生命哲學思想，提出「宇宙生命本體論」的概念，作爲其人生哲學的基礎，將人性善設定爲向著生命本原前進的一種趨向。他說：「人性之云，意謂人情趨向。趨向如何非必然如何，而是較多或較大地可能如何。事實上，人之有惡也，莫非起於自爲局限，有所隔閡不通。通者言其情同一體，局者謂其情分內外。肯定了惡起於局，善本乎通，而人類所代表的宇宙生命本體恰是一直向著靈通而發展前進，昭昭其可睹，則人性善之說復何疑乎？」〔註13〕故而，他在闡釋孟子的性善說時，指出孟子所說的性善不是已然的善，而只是將然的善，也就是現在向著好的傾向。他反對人們將性看成是一個呆板的東西，把善惡好壞看成是已然的。他說：「性即是指現在人性的傾向，這個傾向即是善；……其實生命本來是一個活的傾向，……始終是一個將要善。」〔註14〕梁漱溟明確指出向善是人的本性，惡不是人的本性。在人性善惡問題上堅持一元論，比胡適、陳獨秀善惡二元論徹底。在梁漱溟看來，善是活，是自由，惡是死，不是自由。由於凡惡都是衰退，都是偏於死，所以生命的本性是向善，「但說性善，並不妨礙人之有惡事。即使一個好人都沒有，性還是善。因本來是傾向，故不妨礙後來的事實。以前的人，不知道他是一個傾向，總喜歡作一個呆定的東西看，故總說不通。說孟子講性善，是善的一元論。但惡從何而來？則又將主張善惡二元論矣。根本不知道宇宙人生本來只是傾向與變化。」〔註15〕

如何使人性向善的將然傾向變成人生的現實行爲？梁漱溟認爲，關鍵是要使人的這種向善的生命本性保持在活動、自由、靈通、向上的狀態。怎樣做呢？首先要保持一種不認定、不計較利害、樂觀豁達的人生態度，「行至之間於內有自覺（不糊塗），於外非有所爲而爲，斯爲道德」〔註16〕，「道德之眞義應在人莫不有知是知非之心，即本乎其內心之自覺自律而行事」〔註17〕。所謂無所爲而爲，就是除了生命自然向上的、爭取自由靈活的、不要有所爲，所謂知是知非就是深刻認識「善本乎通、惡起於局」的道理，使人心保持自

〔註13〕 《梁漱溟全集》，第三卷，第 661 頁。
〔註14〕 《梁漱溟全集》，第七卷，第 951 頁。
〔註15〕 《梁漱溟全集》，第七卷，第 955～956 頁。
〔註16〕 《梁漱溟全集》，第三卷，第 725 頁。
〔註17〕 《梁漱溟全集》，第三卷，第 705 頁。

覺常在、不爲物役以及與宇宙生命同體。那麼生命本性的體現——善才會向著通達的方向發展。

其次要發揮人的自覺能動性，協調理智與理性。梁漱溟受毛澤東《論持久戰》的啓發，對人心方面的能力主要包括主動性、靈活性和計劃性等總和所反映的人的自覺能動性，從哲學的角度進行了闡發。他認爲主動性是源於生命本身所固有的生動活潑有力，向上的「整個人生亦正是要歸於爭取主動而已」〔註18〕。而「靈活性就是生命不受制於物而恒制乎物的表現」〔註19〕，計劃性是人類才有的能力。只有它們的協調配合才能使人性保持一種本善的境界，使人生向上奮進不已。同時，出於奮進的人生要時時協調發展理智與理性。梁漱溟在《東西文化及其哲學》講的理智，是與直覺相對，而後來在《人心與人生》中講的理智是與本能相對，理智的發展使人類超越了一般動物本能式的個體生存、種族繁衍兩大問題，使人類作爲類生命能將生命本性所內涵的生命力擴大，再擴大；靈活，再靈活；自由，再自由。從而使人不爲身體的本能所需要的物所累、所役，使人心能顯示出清靜的本性。在這裡，理智實際上含有理性的成分。但後來，他將兩者作了區別。他認爲，理智興起於人對物的需要和利用，理智靜以觀物，所得爲「物理」，沒有主觀好惡，所發展出來的是科學知識，而理性則見於人的感情好惡和意志取捨上，所得爲「情理」，物理是對物的，情理是對人的。「理智不過是人的生活方法，是工具，是手段；其得出的（物理）知識既未有任何行動方嚮之決定，更缺乏行動力量」〔註20〕，決定人行動方向的是人的理性，故而說人是理性的動物。他說「今日科學發達，慮智日周，而人類顧有自己毀滅之虞，是行爲問題，不是知識問題，是理性問題，不是理智問題」〔註21〕。但他並沒有把兩者對立起來，而是協調理智與理性，既要發展工具性的理智，又要發展方向性（價值性）的理性。

最後要正確對待人生欲望。梁漱溟在回顧自己的思想變遷時說，他少年時對人生觀就有了自己的思考，已經考慮到「人世間的是非善惡必在利害得失較量上求得其最後解釋」〔註22〕。早年他傾向於功利主義，以爲人們都是趨利避害、去苦就樂的，必須肯定欲望並順著欲望走；後來他傾向於佛家的

〔註18〕　《梁漱溟全集》，第三卷，第539頁。
〔註19〕　《梁漱溟全集》，第三卷，第546頁。
〔註20〕　《梁漱溟全集》，第七卷，第274頁。
〔註21〕　《梁漱溟全集》，第三卷，第130頁。
〔註22〕　《梁漱溟全集》，第三卷，第590頁。

出世思想，覺悟到人生所有種種之苦皆從欲望來，必須沒有欲望才沒有苦，因此對消除欲望，達到徹底無欲之境的思想比較欣賞，自己並身體力行，吃素不婚。再後來，他逐漸意識到通過人的欲望來理解人類生命和人行為並不能真正解釋得通，這都是表面現象，而本能衝動才是根本。正在這時，梁漱溟注意到了西方思想，羅素、柏格森的觀點讓他耳目一新，特別是欣賞羅素將人的衝動分為「佔有衝動」和「創造衝動」，但不滿於資本主義發展了前者，抑制了後者，這在某種程度上又讓他認取中國思想之真義。

3、社會至善：和諧與秩序

梁漱溟對個體的人，如何以身從心，自覺向上，保持人性本善和人生向上進行了思考。但人不是孤立的人，而是社會的人，如何使社會至善從而使整個人類向善的方向發展，梁漱溟也給予的相當的關注。在「五四」時期，梁漱溟既反對無政府主義不要政府的主張，也對主張用刑賞來統馭人們的共同生活不以為然。他說：

> 不論是往時的專制獨裁還是近世的共和立憲，雖然已很不同，而其內容有不合理之一點則無異。這就是說他們對大家所用統馭式的辦法有似統馭動物一般。……現在這種法律下的共同過活是很用一個力量統合大家督迫著去做的，還是要人算帳的，人的心中都還是計較利害的，法律之所憑藉而樹立的，全都是利用大家的計較心去統馭大家。〔註23〕

他斷言這種「統馭式的法律在未來文化中根本不能存在。」〔註24〕在梁漱溟看來，未來社會中人們要從事協作共營的生活，並傾向於社會主義代替資本主義。

梁漱溟認為未來社會不靠刑賞，而是「靠著尚情無我的心理」。培養這種心理的關鍵就是要復興禮樂。因為禮是「人群的自然要求，並不是人情外面假的形式。凡是行常的禮都是如此。這種動作都是我們情的表示，如分賓主，分長幼，都是情的自然要求」〔註25〕。正是基於不是強迫和被動的禮，而是自然、主動的表示，梁漱溟不贊成荀子把人的耳目之欲、好利之心說成是性惡的根據或者禮實行的根據。禮的根本在於表示表達人的感

〔註23〕 《梁漱溟全集》，第一卷，山東人民出版社1989年版，第521頁。
〔註24〕 《梁漱溟全集》，第一卷，第521頁。
〔註25〕 《梁漱溟全集》，第七卷，第956頁。

情，對人向善的作用不是由外向內的強迫或被動過程，而是由內向外的自覺和主動過程，是人們生命流動的自然結果：「禮便是指生命之恰到好處」，「禮者不是指儀節之禮，而爲生命之理」〔註26〕即禮是在情感調和、心情柔和時候的自然行爲。人們在社會生活中自然自覺地用禮來節制、規範自己的行爲，社會就會走向和諧與良善。至於「樂」呢？梁漱溟認爲包含兩方面的意思：一是指人的性情在充滿音樂的生活中得到陶冶，使人處於一種生機活潑狀態之中；二是指一種達觀的生活態度。通過禮樂的薰陶，使人人尋到「孔顏樂處」，自然向善。正是基於此，他說：「故善不但是由自然，而實在非自然不行。只能從活潑發出，從容自在，不能勉強一爲斟酌損益，即不是也。」〔註27〕爲此，他提出了禮樂代宗教的主張。他說：「如果要使人的行爲合理，全在培養愉快的心理。一切嚴重教訓以利害威迫人不得爲惡或引誘人使之爲善，都根本上與人的生活不生關係，並不能使人變惡爲善，而反給人一種不良的印象，就是傷害人的生機，妨礙心理的愉快」〔註28〕，其結果是爲善不足，爲惡有餘。因此，積極的正面的培養人的愉快而又活潑的心理，使人在社會中互以對方爲重，實現人身心的和諧、人際的和諧，進而實現社會至善。從而克服「中國文化之最大偏失，就在個人永不被發現這一點上。一個人簡直沒有站在自己立場說話機會，多少感情要求被壓抑，被抹殺」〔註29〕之缺點。

（二）文化的路向選擇：未來中國文化的復興

近代以降，在中國文化傳統式微、西方強勢文化入侵的情勢下，對「中國向何處去？」的論爭，最後都化約到文化論爭上。梁漱溟亦然，在東西文化的比較上，梁漱溟獨闢蹊徑，認爲「生活中呆實的作品算是文明，生活上抽象的樣法是文化。」〔註30〕以「意欲」（will）這個概念爲核心，對文化的本質、類型和未來走向作了系統的考察，形成了自己獨特的文化觀。

1、文化的本質：生活的樣法

梁漱溟認爲：「一家民族的文化原是有趨往的活東西，不是擺在那裡的死

〔註26〕《梁漱溟全集》，第七卷，第 933 頁。
〔註27〕《梁漱溟全集》，第七卷，第 968 頁。
〔註28〕《梁漱溟全集》，第四卷，第 677 頁。
〔註29〕梁漱溟：《中國文化要義》，學林出版社第 1987 年版，第 259 頁。
〔註30〕《梁漱溟全集》，第一卷，第 381 頁。

東西。」〔註31〕所謂文化，「不過是那一民族生活的樣法」〔註32〕。為什麼這樣說呢？梁漱溟對「生活」和「意欲」兩個核心概念作了探討。

什麼是生活？梁漱溟認為生活就是無窮無盡的意欲以及它不斷的滿足和不滿足的過程。意欲的不同導致了生活樣法的差異，梁漱溟說：「通是個民族通是個生活，何以他那表現出來的生活的樣法成了兩異的彩色？不過是他那為生的樣法最初本因的意欲分出兩異的方向，所以發揮出來的便兩樣罷了。然則你去求一家文化的根本或源泉，你只要去看那文化的根源的意欲，這家的方向如何與他家的不同。你要去尋這方向怎樣不同，你只要〔由〕他已知的特異彩色推他那原出發點，不難一目了然。」〔註33〕實際上，文化的差異被奠基於生活樣法的差異，而生活樣法的差異又被奠基於意欲的差異，所以，意欲才是「文化的根源」。

意欲的內涵如何？梁漱溟認為，由於「表層的生活」即是在「某範圍內的『事』的相續。」在他看來，事就是人們的一問一答。問不已答不止，人們不斷地探問和追求，自然形成事的相續。人們這種不斷地探問和追究，也就是人類一種抽象的自我實現，即意欲。梁漱溟說人們「探問或追尋的工具其數有六，即眼、耳、鼻、舌、身、意。」在這些工具背後，「則有為此等工具所自產出而操之以事尋問者，我們叫他大潛力，或大要求，或大意欲——沒盡的意欲。」〔註34〕

從意欲的滿足與否，梁漱溟提出了人類生活中的三大問題，即人對物、人對人以及人自身生命的問題。第一大問題處理的是物我關係，只有意欲向前，征服自然才行。第二大問題是處理人我關係，只有向內用力，反求諸己，才能求得內心的和諧與滿足。第三大問題處理的是身與心，靈與肉、生與死的關係，只有通過禁欲主義的修煉，才能解脫自己。在此基礎上，梁漱溟考察了世界各民族的生活樣法。關於世界各民族生活的種種方面，梁漱溟認為總括起來，不外三個方面：「（一）精神生活方面，如宗教、哲學、科學、藝術等是。宗教、文藝是偏於感情的，哲學、科學是偏於理智的。（二）社會生活方面，我們對於周圍的人——家族、朋友、社會、國家、世界——之間的

〔註31〕《梁漱溟全集》，第一卷，第 346 頁。
〔註32〕《梁漱溟全集》，第一卷，第 352 頁。
〔註33〕《梁漱溟全集》，第一卷，第 352 頁。
〔註34〕《梁漱溟全集》，第一卷，第 377 頁。

生活方法都屬於社會生活方面，如社會組織，倫理習慣，政治制度及經濟關係是。（三）物質生活方面，如飲食、起居種種享用，人類對於自然界求生存的各種是。」〔註35〕從此三方面觀察東西文化，就可以發現如下結果：在精神生活方面，東方人還在講古代的形而上學，而西洋人對此則已展開了批評和反思。此種現象，確實西洋人比我們多進了一步的結果。在社會生活方面，東方所有的政治制度、家庭和社會都比西方少走了一步。在物質生活方面，東方尤不及西方。故而，在文化的三個方面中，東方化都不及西方化，「西方文化是有意欲向前要求的精神產生『塞恩斯』與『德謨克拉西』兩大異彩的文化。」〔註36〕

2、文化的路向：未來中國文化的復興

梁漱溟的文化觀是一種「深度文化觀」，他所追求的不是一個文化外在的、可以歸納出來的「樣法」，而是某種內在的、只能體會的「意欲」。生活的本質就是意欲的內在要求和環境的外部障礙的矛盾鬥爭。生活的過程也即「意欲」之滿足與不滿足的無盡連續。而文化作爲「生活的樣法」，是人類解決「意欲」要求與環境障礙之矛盾的方法。文化的差異體現了各民族解決生活問題之方法的不同，它最終是由「意欲」的不同趨向及其所代表的人生態度決定的。〔註37〕

根據「意欲」的不同趨向，梁漱溟認爲，人類社會發展將依次遇到前述三大問題，而歷史發展的常態便是：「當第一個問題之下，持第一種態度走去，成就其第一期文化；而自然引入第二問題，轉到第二態度，成就其第二期文化；又自然引入第三問題，轉到第三態度，成就其第三期文化」〔註38〕。相應地，人類社會歷史發展的常態就爲西方文化、中國文化、印度文化三大時期。他據以劃分這三大時期的標準是：「人類生活中所遇到的問題有三不同，……所秉持的態度（即所以應付問題者）有三不同。」〔註39〕這三大問題是（1）人對物的問題；（2）人對人的問題；（3）人對自身生命的問題。而三種態度（所謂態度，也就是意欲之所向，亦即意欲的指向性。）依次爲：

〔註35〕《梁漱溟全集》，第一卷，第 339 頁。
〔註36〕《梁漱溟全集》，第一卷，第 353 頁。
〔註37〕參閱梁漱溟：《東西文化及其哲學》，商務印書館 1999 年第 2 版，第 32～33 頁。
〔註38〕梁漱溟：《中華民族自救運動之最後覺悟》，中華書局 1935 年版，第 64 頁。
〔註39〕梁漱溟：《中華民族自救運動之最後覺悟》，第 63 頁。

（1）兩眼常向前看，逼直向前要求去，從對方下手改造客觀環境以解決問題，而滿足於外者；（2）兩眼常轉回來看自家這裡，反求諸己，盡其在我，調和融洽我與對方之間，或超乎彼此之對峙，以轉換主觀自適於這種境地為問題之解決，而滿足於內者；（3）以取消問題為問題之解決，以根本不生要求為最上之滿足。〔註40〕

他又將這三種態度依次命名為：西洋態度（或第一種態度）、中國態度（或第二態度）、印度態度（或第三態度）。對這三種態度，梁漱溟也曾用「有對」與「無對」一組範疇來加以表述。他認為，第一種態度的核心是「有對」，第二、三種態度的核心是「無對」〔註41〕。

梁漱溟進而指出：「西方化是以意欲向前要求為根本精神的。」〔註42〕「中國文化以意欲自為調和持中為根本精神的。印度文化以意欲反身向後要求為其根本精神的」〔註43〕。西方文化以意欲向前要求為根本精神，乃是肯定現世，而向外積極追求意欲的滿足。人類最基本的滿足，為物質欲望的滿足，為了滿足衣食住行的物質欲望，乃發展出戡天役物的科學。西方文化一旦走上科學之路，便事事皆是科學化的模式，起初是自然界的事物，其後乃種種社會人事，上至國家大政，下至社會一般事務，都要用科學方法去分析。因為對社會人事有這種科學精神，該計較的要計較，該爭求的要爭求，乃至不惜對社會種種權威的反抗，奮力爭持，從而亦造就了民主。由此可說，「西方文化是由意欲向前要求的精神，產生科學與民主兩大異彩的文化。」〔註44〕其次，中國文化以意欲自為調和持中為根本精神，乃是遇到問題不去要求解決，改造局面，在這種境地上求自我的滿足，即以適應世界和追求意欲和環境的平衡和諧為旨趣。至於印度文化以意欲反身向後要求為根本精神，是遇到問題就想根本取消這種問題或要求，以超越世界和追求精神的終極解脫為精義。〔註45〕

梁漱溟提出的「文化三路向」說，主觀上是要反對西化派的文化一元論，而強調各民族文化的特殊性，避免了掉進東西文化先進與落後問題的窠臼。

〔註40〕梁漱溟：《中華民族自救運動之最後覺悟》，第63頁。
〔註41〕梁漱溟：《中華民族自救運動之最後覺悟》，第75頁。
〔註42〕梁漱溟：《東西文化及其哲學》，第33頁。
〔註43〕梁漱溟：《東西文化及其哲學》，第63頁。
〔註44〕《梁漱溟全集》，第一卷，第353頁。
〔註45〕《梁漱溟全集》，第一卷，第381頁。

文化的未來走向是梁漱溟研究的主旨，正如他說：「我們講未來文化，並不是主張世界未來應當用某種文化，只指示現在的情形正朝著某方面去走。」〔註46〕爲此，他揭示出人類文化的發展歷程，認爲人類進化的順序是從西方到東方，主張未來世界文化不是西方化，而是東方的中國文化和印度文化的相繼復興。他指出：「照我的意思人類文化有三大步驟，人類兩眼視線所集而致其研究者也有三個層次：先著眼研究者在外界物質，其所用的是理智；次則著眼研究者在內界生命，其所用的是直覺；再其次則著眼研究者將在無生本體，其所用的是現量；初指古代的西洋及在近世之復興，次指古代的中國及其將在最近未來之復興，再次指古代的印度及其在較遠未來之復興。」「而此刻正是從近世轉入最近未來的一過渡時代也。」〔註47〕在此一過渡時代，梁漱溟提出了我們現在應持的態度：「第一，要排斥印度的態度，絲毫不能留；第二，對於西方文化是全盤承受，而根本改過，就是對其態度要改一改；第三，批評的把中國原來的態度重新拿出來。」〔註48〕爲什麼要持這種態度呢？梁漱溟認爲：

> 怎樣促進最近世界未來文化的開闢，是看過四外情形而知其必要；但這是第一路文化後應有的文章，也是唯他所能有的文章；照中國原樣走去，無論如何所不能有的，何況走印度的第三路？第一路到現在並未走完，然單從他原路亦不能產出；這只能從變化過的第一態度或適宜的第二態度而得闢創；其餘任何態度都不能。那麼，我們當然反對第三態度的提倡。〔註49〕

也就是說，最近未來的文化不是西方文化，更不可能是印度文化，只能是創造性地吸收西方文化後的中國文化的復興。梁漱溟主張對西方文化的吸收應當是有修正的吸收，「因爲那西洋人從來的人生態度到現在已經見出好多弊病，受了嚴重的批評，而他們（指陳獨秀）還略不知揀擇的要原盤拿過來。雖然這種態度於今日的西洋人爲更益其痛苦，而於從來的中國人則可以救其偏，卻是要修正過才好。」〔註50〕如何在吸收的同時有所修正呢？梁漱溟說：

> 現在只有先根本啟發一種人生，全超脫了個人的爲我，物質的

〔註46〕《梁漱溟全集》，第一卷，第488頁。
〔註47〕《梁漱溟全集》，第一卷，第504頁。
〔註48〕《梁漱溟全集》，第一卷，第523頁。
〔註49〕《梁漱溟全集》，第一卷，第535頁。
〔註50〕《梁漱溟全集》，第一卷，第531頁。

歆慕，處處的算帳，有所為的而為，……只有這樣向前的動作可以
彌補了中國人夙來短缺，解救了中國人現在的痛苦，又避免了西洋
的弊害，應付了世界的需要，完全適合我們從上以來研究三文化之
所審度。這就是我所謂剛的態度，我所謂適宜的第二路人生。〔註51〕

由此可見，梁漱溟的主張，其實是「當下的西方文化」和「未來的東方
文化」，並且這種思想並非從文化的民族性出發，而是從文化的普遍性出發，
是從人類作為整體而面對的問題出發。所以「未來的東方化」並不是他的復
古的夢想，而是對人類未來所面對的問題的一種言之成理的預見。故而，他
把理想人生歸結到孔子的人生態度，根本不意味著他想在政治、經濟、社會
上「復古」；他所謂未來是中國文化的復興，並不妨礙他在當下主張全盤承受
西方化；而他在當下主張採取第一路向，與他提防資本主義弊害和主張未來
實行社會主義亦無矛盾。

（三）政治的理想建構：團體組織、理性政治

梁漱溟結合人性觀和文化觀，從其宇宙觀出發，進而推論出他對人類社
會政治發展所持的根本態度和觀點，進而建構自己嚮往的理想政治。

1、政治發展：物欲本位的政治走向理性的政治

政治發展是人類社會政治不斷從低級走向高級，由必然王國走向自由王
國的一個長期過程。一般學者都把政治發展理解為從傳統政治系統向現代政
治系統的轉變過程，大多數政治學家對政治發展的研究難以擺脫其價值觀的
影響，他們或把發達國家的模式作為參照系，認為發展中國家的政治發展就
是趨向於發達國家政治模式的過程；或者依據發達國家政治發展的經驗提出
主觀構想。也有一些政治學家認為政治發展沒有統一的模式，政治發展並不
意味著西方化，不同類型的國家以及處於不同發展階段上的國家，應採取不
同的政治發展模式。梁漱溟對政治發展的理解顯然屬於後者。

梁漱溟將人心的本質（理性）看作是客觀存在的事實，把人心本質的不斷
擴展看作是人類歷史進化的必然趨勢，並由此將人類社會歷史的發展劃分為「身
的文化」和「心的文化」，將政治的發展劃分為「物欲本位政治」〔註52〕和「禮
樂政治」，將革命劃分為「由身出發的革命」和「由心出發的革命」等等高低

〔註51〕《梁漱溟全集》，第一卷，第538～539頁。
〔註52〕《梁漱溟全集》，第二卷，第260頁。

不同的發展階段。人們在從事社會政治改造時，應當依據人心的客觀本質和
人生向上的原則，自覺順應歷史、社會、政治演化的順序，以促進人生向上、
倫理情誼爲新社會政治的建構和運行原則，以創新的政治模式取代東西方所
有的傳統政治模式。梁漱溟將人類歷史發展的常態推向政治發展。歷史發展
的常態便是：「當第一個問題之下，持第一種態度走去，成就其第一期文化；
而自然引入第二問題，轉到第二態度，成就其第二期文化；又自然引入第三
問題，轉到第三態度，成就其第三期文化」〔註 53〕，相應地，政治發展的常
態應是：由物欲本位政治、法律政治或理智政治走向禮樂政治、倫理政治、
理性政治，政治的最後結局便是政治的消亡。

　　最後、梁漱溟將人生態度看作是歷史發展的根本動力。他斷言是不同的
人生態度孕育出不同的文化、不同的物質文明和精神文明形態。同樣，他也
把人生態度的變更，看作是實現文化轉型的契機。同樣的定理也被他推之於
政治發展動力的說明。有關中國社會政治結構的重建，他寫到：「態度神情實
爲生活習慣的核心，而法律制度不過是習慣的又一進步。」〔註 54〕「不同之
文化，實源於不同之人生態度。西洋近代政治制度之辟造，雖有種種條件緣
會之湊合，然語其根本，則在新人生態度。」〔註 55〕具體說來，他認爲，西
洋民主政治，其憲法、法律的產生，其競選、政黨政治、普選、公民權利等
等，都源於第一種人生態度。在展望人類政治發展前景時，他以爲，人生態
度的轉變將引導整個人類進入第二期文化，而依據第二種人生態度，理性政
治模式將成爲人類新的普遍的政治模式。因爲他認爲，人心和理性在現實社
會階段、階層中有其物化形態。譬如在現代中國社會中，知識分子的功能便
相當於「心」的功能，「中間力量」便是「理」的力量。根據人生向上的原則，
他主張在現實政治中應該充分發揮他們的主導作用。

　　梁漱溟的歷史、政治發展觀實際上是他的「心性觀」和「文化路向」說
在社會政治領域的闡發。他的第一種態度、第一期文化和第一期政治模式，
暗合著他所說的人的本能、理智所造成的種種局限和爭鬥；而他所說的第二
種態度、第二期文化及其政治模式則是人性和人心中理性的發揚光大。人的
理性的開發和躍升是實現理想社會和理想政治模式的首要途徑。梁漱溟由人

〔註 53〕梁漱溟：《中華民族自救運動之最後覺悟》，中華書局 1935 年版，第 64 頁。
〔註 54〕《梁漱溟全集》，第二卷，第 242 頁。
〔註 55〕梁漱溟：《中華民族自救運動之最後覺悟》，第 133 頁。

心、人生出發來探討社會政治，顯示出他對政治本質的洞察和深刻把握。政治的實質不外乎是人與人之間的社會利益關係的調整。人心、人生自然應是探討政治的起點。任何高明的思想家都不能不有對「人」的基本看法。當然，梁漱溟的人性論和文化觀有失之偏頗之處，由於這一學說是其全部政治學說的中軸和基石，因而它的缺陷也就無可避免地導致了整個政治學說體系的缺陷。但梁漱溟提出惟有依據中國文化這種特殊的文化精神，才能創造出適合自己的政治制度的觀點無疑是正確的。正如梁漱溟所言：「如果是欲望的人生，就可說是動物的生活；禁欲的人生，就可說是神佛的生活；從中國人看，這兩邊恰好都不是人生。」〔註56〕因此，未來中國的政治不是西方的物欲本位的政治，只能是中國的理性政治。

2、團體組織：政治、教育、經濟三者的合一

在梁漱溟的政治詞彙中，「團體」與「社會」兩大概念的劃分常常是不那麼嚴格的，有時混用。此外，他所說的「團體」既可指國家，也可指某一地方自治單位。梁漱溟認為團體是人類在事實環境中演化出來的，「人類當初有團體，不從有意識的結合。」〔註57〕故而契約說於史無稽。他說：「團體當初原非民主的；民主的團體，是團體生活的進步。」〔註58〕從某種意義上說，國家是人類社會中最強大的團體。團體在趨向進步的過程，出於團體構成分子的要求，遂產生了處理社會團體成員間的關係準則。這種關係準則可謂「政治上的民主」，即團體生活中所需要之民主。

近代以降，民主逐漸演化成一種世界精神，以民主程序來處置社會成員與社會團體間的關係，幾乎成為近代政治發展的標記之一，民主政治是幾代中國人夢寐以求的理想。梁漱溟對此也不例外，並對民主有其獨到的理解。他認為民主就是：「一、承認旁人；二、平等；三、講理；四、尊重多數；五、尊重個人自由。」〔註59〕梁漱溟認為，對於人類社會和民族國家而言，「民主是一種精神或傾向，而不像是一件東西，所以難以斬截地說它有沒有」。「精神是一，因而各點容易相連而見；但各時各地社會生活卻多不同，因而其所表現者就有出入，又非必五點齊備。」〔註60〕對於中國來說，自古就富於民

〔註56〕《梁漱溟全集》，第二卷，第262頁。
〔註57〕《梁漱溟全集》，第六卷，第263頁。
〔註58〕《梁漱溟全集》，第六卷，第263頁。
〔註59〕《梁漱溟全集》，第六卷，第125頁。
〔註60〕梁漱溟：《中國文化要義》，學林出版社1987年版，第251頁。

主精神，但政治上則不足，即缺乏政治的民主。揆度其意，不外兩個目的，其一在於否定西方資本主義的議會政治是民主政治的唯一模式，認爲不走西方的道路、不採納西方的模式，依然可以建立中國的民主政治；其二意指中國文化中蘊含著民主的根本精神。因爲在他看來，與西洋近代國家那樣的民主相比較，中國民主有兩點最爲闕失：一是缺乏政治上的民主，特別是民有、民享、民治中，缺乏民治（By the People）；二是缺乏近代法律上之民主，特別是缺乏個人本位權利觀念〔註61〕。

　　梁漱溟對民主的理解有發人深思之處，他沒有放棄民主，更沒有反對中國的民主化。他認爲在民主的態度上，全盤西化和完全守舊都是「死路」，一是拋開自家文化移植西方民主制度，其結果必然夭折，因爲無根的東西是不能生長的；二是拒絕西方民主只能是自閉幽谷，因爲沒有新鮮血液的輸入必然衰竭。故而只有立基於中國的文化和態度演化出來的民主才是「活路」。當然，梁漱溟對民主之理解問題也不少。譬如，他忽視了民主具有必不可少的國體含義；忽視了民主並不只是一種精神，在一定國體的基礎上，它在政體形態方面也是可以確指的。如議會、憲法、選舉、政黨等等，都可以具體地衡量其有無及程度，豈能說「難以斬截地說它有沒有」；還有他所列的五點特徵雖不完備，但都是民主的必要條件，離開其中的任何一點，都不可能建立民主政治。如其所說，缺乏第四、第五點的傳統中國也算有民主，這種看法是難以爲人們所首肯的。「多數決定」是民主程度中的決定性環節，任何民主都不可缺少這一環節。如果一項政治決策可以離開享有法權的多數人的認可而成立，這哪裏還有什麼民主可言？對個人自由的尊重也是民主政治的必要前提，如果公民沒有個人選擇上的自由，任何決策都不可能是公民眞正意志的體現。實際上，梁漱溟之所以要對民主含義作出種種限定，將它理解爲「一種精神」，將它的「第一根本點」歸結爲「相互承認」，除了前述的兩個目的之外，更重要的目的在於他要以他所主張的「相對論的倫理主義」來作爲處置社會成員與社會團體間關係的準則。這就是其稱作的「倫理情誼」或「勻稱關係」，其含義爲：每一方應推己及人，互以對方爲重。社會成員應尊重社會團體，社會團體應尊重每一個社會成員。他認爲如此才可以產生均衡，如此才是正常的人類社會〔註62〕。

〔註61〕梁漱溟：《中國文化要義》，第252頁。
〔註62〕《梁漱溟全集》，第二卷，第253頁。

　　梁漱溟心目中的理想政治模式是「人治的多數政治」。所謂「人治」，指的是「尊師尚賢」，它既不是封建的王權政治，又不同於他所說的取決於「多數決」的「法治」；所謂「多數政治」，指的是多數人對政治「主動和有力地參加」，對團體的事情「能把力氣用進去，能用心思智慧去想」〔註63〕。他認為，這種「人治的多數政治」，並非是不民主的，因為一方面它實行的是「相對論的倫理主義」這一「民主」準則，另一方面它又強調「多數人」的積極參與。但同時，他又認為，這種政治模式也不是西方民主式的，因為它不實行「多數決」。梁漱溟之所以以「人治的多數政治」為其理想政治模式，這首先與其哲學的出發點──人性、人心和人生之論有關。他寫道：「如果把人生看成就是在滿足欲望，把政治看成就是為滿足大家的願望」，那就只能實行多數決。「但如果把人生看作是向上的，不看重生活，而另有其所重之處，……就將要走到另外一個方向，將要看重如何更合理……。此時天然的就要走入少數領導的路，而非多數表決的路。」〔註64〕

　　梁漱溟之所以提出這一主張，還與他對現代政治發展中「行政技術化」現象的觀察不無關係。梁漱溟認為現代政治發展導致兩大趨勢：一是「團體對個人生活的干涉越來越到細微處，個人越不得隨便」；二是「因科學的進步，每一條事情都漸成為一種科學，任何事情都放在專門學術裏去，所以任何事情的處理都要靠專門技術才行。這兩種趨勢相聯結，結果就有了所謂『學者立法』、『專家立法』、『技術行政』、『專家政治』等名詞」。〔註65〕對這種行政技術化傾向之洞察，表明了梁漱溟的開闊視野和敏銳的追蹤觀察力。當然，「人治的多數政治」離開了「多數決」就是一個矛盾的命題。因為「多數政治」的實質只能在於「多數決」。離開了決定權，人民的主權就無法實現，「有力」、「積極」的政治參與只能是政治服從。「力氣用進去」也好，「心思智慧去想」也好，幹的、想的在一定條件下只能是如何體會精英們的「雄才偉略」和「良苦用心」，如何實現精英們構劃的「宏偉藍圖」，而絕不是如何實現人民的意願。離開了「多數決」就不可能有「多數政治」。

　　梁漱溟認為，一個理想的政治團體，應同時具有教育和經濟的功能。他明確提出了團體的政治、教育、經濟三者合一的原則，即「政教合一」、「政

〔註63〕《梁漱溟全集》，第二卷，第 292 頁。
〔註64〕梁漱溟：《鄉村建設理論》，鄒平鄉村書店 1937 年版，第 148 頁。
〔註65〕《梁漱溟全集》，第二卷，第 289 頁。

經合一」。所謂「政經合一」指的是：團體（社會、國家）同時應該是經濟組織，應該承擔起管理經濟的責任，建立合作經濟，實現經濟生活社會化〔註66〕。正如他總結說：

> 將來的政治大概其主要內容就是經濟和教育了，所謂國家一面是經濟的團體，一面亦就是教育的團體，本來人生亦只經濟和教育兩樁事：經濟是生活；教育是生活的向上發展。所謂政治，在這裡不過表現個人意志和團體意志的那些事，可是意志的內容是什麼呢？還不外經濟和教育罷了。……『政治、經濟、教育三者合一，』到此乃眞合一了；人類生活亦才正常合理化了。〔註67〕

確實，在任何社會的經濟、政治和文化發展中，都有一個人生態度的問題。人生意向不作大的變化，社會政治的眞正發展是難以成立的。在建設一種新的社會政治構造的同時，確實也應該注意培育一種與之相適應的人生價值取向。只是這種新的人生哲學必須通過相應的社會實踐才能培養產生；這種新的人生態度與社會實踐之間是一種辯證發展的關係。我們否定的是：以爲某種人生態度可以離開經濟、政治、社會和文化環境的演進而單獨出現；以爲新的人生態度是消除一切舊的社會政治構造，締造一切新的社會政治構造的決定性環節。梁漱溟是在覺解中國古史的秘密和洞察西方政治弊病的雙重關照下，尋求建構中國的理性政治。

二、歷史的實證分析

（一）秩序饑荒引起的焦慮與緊張

在人類理想生活的訴求中，秩序無疑是其中不可或缺的東西。在某種意義上，人類「首要的問題不是自由，而是建立一個合法的公共秩序。」〔註68〕「對於任何一個社會共同體而言，秩序都是最爲基本的價值，正是有了秩序，人類的公共生活才成爲可能。」〔註69〕也正因爲有了秩序，人類的公共生活才成爲事實。秩序進入人類社會政治生活可謂亙古恒久、源遠流長。近現代以來，面

〔註66〕《梁漱溟全集》，第二卷，第 563～564 頁。

〔註67〕《梁漱溟全集》，第二卷，第 564 頁。

〔註68〕〔美〕塞繆爾・P・亨廷頓著，王冠華等譯：《變化社會中的政治秩序》，生活讀書新知三聯出版社 1989 年版，第 7 頁。

〔註69〕周光輝：《政治文明的主題：人類對合理的公共秩序的追求》，載於《社會科學戰線》，2003 年第 4 期，第 186 頁。

對日益增多的變動、衝突和危機，人們對秩序的研究和關注就顯得尤爲緊要。現代西方的學者們對秩序進行了深入的探尋，其中以馬克斯·韋伯、E·博登海默、哈耶克等的秩序觀和秩序理論最具代表性。英國社會學家科亨從總體上對西方學者關於秩序的理解作了歸納：「（1）社會的可控性，即存在於社會體系中的各種調控因素，包括限制和禁止性因素等。（2）社會生活的穩定性，如某一社會持續地維持某種狀態的過程。（3）行爲的互動性，這是指人們的行爲具有相互引起、相互補充和配合的特點，因而不是偶然的、無序的。（4）社會生活中的可預測因素，因爲在無序狀態中，人們便無法預測社會活動的發展變化，難以進行各種活動。」〔註70〕在我國，對秩序的研究也取得了進展，譬如，張文顯教授認爲：「秩序意味著社會中存在著某種程度的關係的穩定性、結構的有序性、行爲的規則性、過程的連續性；事件的可預測性，以及財產和心理的安全性。」〔註71〕王惠岩先生認爲：從秩序的起源上看，「秩序是一定生產方式和生活方式的社會固定形式，並不是任何人或神所主觀確定的偶然性和任意性的形式。」在本質上，「秩序的核心內容是階級統治，即政治統治」，「把衝突保持在『秩序』的範圍以內。」〔註72〕他們均強調秩序對於社會與政治生活的的重要性，沒有秩序，人類的生活簡直不可想像。

然而，鴉片戰爭以降，秩序危機的問題較以往任何時候更強烈地進入了一些學者和思想家的視野。譬如龔自珍認爲當時清代社會已到了「日之將夕，悲風驟起」的「昏時」，「山中之民有大聲音起，天地爲之鐘鼓，神人爲之波濤」〔註73〕，呼籲統治者「更法」，改革。魏源更是以大無畏的勇氣提出了「師夷之長技以制夷」的口號。李鴻章概括當時的情形爲「數千年來未有之變局」，「數千年來未有之強敵」〔註74〕。正如寶成關先生在研究這段歷史後指出：在西學東漸的過程中，戰爭成了西學東漸的最強勁的助推器，其中尤以鴉片戰爭、中日甲午戰爭和八國聯軍侵華爲最，致使中國社會秩序激烈變動和危機，反映到思想上則爲觀念衝突，意義危機〔註75〕。爲尋求解決秩序危機的

〔註70〕邢建國等：《秩序論》，人民出版社1993年版，第2頁。

〔註71〕張文顯主編：《法的一般理論》，遼寧大學出版社1988年版，第93頁。

〔註72〕王惠岩著：《當代政治學基本理論》，高等教育出版社2001年版，第12、13、11頁。

〔註73〕曹德本主編：《中國政治思想史》，高等教育出版社1999年版，第273頁。

〔註74〕曹德本主編：《中國政治思想史》，高等教育出版社1999年版，第307頁。

〔註75〕寶成關著：《西潮與回應——近四百年思想嬗替研究》，吉林人民出版社2004年版。第409～410頁。

方案，有識之士對秩序問題進行了深入的探討。梁漱溟就是其中的一個範例。
他對中國社會秩序與秩序危機有深入而又獨到的理解和詮釋。

　　作爲問題中人和行動中人的梁漱溟較早地走進了社會，對秩序危機給社會
民眾所造成的苦難有切身的感受。梁漱溟認爲，自世界大交通以來，西洋人東
進，老的中國社會爲新環境所包圍，激起中國社會政治等方面劇烈而嚴重的變
化。作爲一個農業大國，梁漱溟尖銳地指出：「所謂中國近百年史即一部鄉村破
壞史」〔註76〕。前後可分爲兩期看：「前半期——自清同光年間起，至歐洲大戰；
後半期——至歐洲大戰，直到現在（筆者注：30 年代）。」〔註77〕近代以降，
外部帝國主義的侵略，直接間接都在破壞鄉村；內部中國人的所作所爲，一切
維新革命民族自救，也無非是破壞鄉村〔註78〕。中國鄉村破壞的原因完全在政
治。我們知道，任何社會，都要在一種社會秩序下，進行他的社會生活；而且
一個國家，必有其秩序。國家與秩序是二而一、一而二的。所謂問題全在政治
主要是「特指沒有唯一最高的國權」〔註79〕，在分裂的局面下，北一政府、南
一政府、東一政府、西一政府，對外無法應付國際環境，對內不但無法防救天
災，而且造成特有的人禍。國家連維持秩序這一最低限度的作用都喪失了。「中
國問題是整個社會的崩潰，而其苦悶之焦點則著見於政治問題之沒法解決；假
定於政治問題的如何解決沒有成竹在胸，而談其他的，都是白費。」〔註80〕因
此，梁漱溟認爲國權的不統一是社會失序的根本原因。又謂團體組織的缺乏。
梁漱溟認爲，缺乏團體生活的中國人，未受過團體生活的薰陶，所以人多時不
能有秩序。他舉例說：在車站、在碼頭、在電影院等公共場所「中國人太不守
秩序了！」團體沒有，秩序之習慣自難形成，在東西大交通後，中國傳統社會
面臨解紐，秩序危機也就在所難免了。因此，梁漱溟認爲現在中國最要緊的，
就是趕快想法子結合大團體，以達到重建秩序。因爲「三十年來中國已成了一
種爭奪之局，……早沒有秩序了。」〔註81〕正是由於「社會構造崩潰，社會關
係欠調整，社會秩序的饑荒」〔註82〕，反過來導致了政治上的無辦法，國家權

〔註76〕《梁漱溟全集》，第二卷，第 151 頁。
〔註77〕《梁漱溟全集》，第二卷，第 151 頁。
〔註78〕《梁漱溟全集》，第二卷，第 150 頁。
〔註79〕《梁漱溟全集》，第二卷，第 154 頁。
〔註80〕《梁漱溟全集》，第二卷，第 433 頁。
〔註81〕《梁漱溟全集》，第六卷，第 977 頁。
〔註82〕《梁漱溟全集》，第二卷，第 164 頁。

力之不能建立。一句話，武力的分裂，導致政局常常變動不安，武力橫行，法律無效，秩序紊亂。西學東漸以來，中國人的思想、信仰太紛歧、社會上傳統的風俗、習慣、道德、觀念解體，新者未立。如思想界慣常使用的舊範疇（如華夷秩序觀、科舉制度、封建帝制和王權觀念等）迅速崩潰，西來的新範疇（如個人主義、社會主義、民主與科學等）遂成為流行的話語。在梁漱溟看來，在社會激烈轉型過渡時期，歷時性積澱的思想觀念作為結果無論是突然的死亡還是冒然的呈現，都會引起人們思想的震蕩。因為它打破了人們積澱深厚的觀念秩序——人心。譬如，個人主義在梁漱溟看來是中世紀的反動。一部西洋近代史，就是一部個人主義發達史。社會主義則是因為個人主義走到極端，發生了流弊；個人主義發達的的結果，防礙了社會，於是發生了一個反動，產生社會主義。社會主義的重要意義就是反對個人本位，反對自由競爭。共產主義是在個人主義以後興起的一個最有力量的潮流。俄國十月革命勝利後，已盛行全世界。而中國既沒有團體，也反映不出個人，所有的就是家庭，從家庭生活的重要，而產生了倫理。中國的倫理關係，則不單限於家庭，也是把社會上一切關係都倫理化，把骨肉之情，推而及於社會上一切有關係的人。一句話，中國的社會結構（秩序）的突出特徵是「倫理本位，職業分途」，這與西洋的階級社會是不同的。正如列文森曾指出，在「君子不器」和「學而優則仕」觀念的主導和支配下，中國的傳統教育與政治體制是整合在一起的，從而形成一文化政治體。換言之，中國傳統社會與文化、道德秩序（並非全部而且也有程度不同）整合於政治秩序之內。這必然限制社會專業化分工的發展和職業化規範及其觀念的形成，官職也就成為「高的文化、知識和文明的終極價值」的象徵，「做官就明顯地要優越於其他社會角色」〔註83〕「他們是全整意義上的『業餘愛好者』，和人文文化的嫻雅的繼承者。他們對進步沒有興趣，對科學沒有嗜好，對商業沒有同情，也缺乏對功利主義的偏愛。他們之所以能參政，原因就在於他們有學問，但他們對學問本身則有一種『非職業』的偏見，因為他們的職責是統治。」〔註84〕在傳統中國社會中，思想文化與政治有著非常密切的關係，民間社會的獨立性不強，

〔註83〕 〔美〕列文森：《儒教中國及其現代命運》，中譯本，中國社會科學出版社2000年版，第14頁。

〔註84〕 〔美〕列文森：《儒教中國及其現代命運》，中譯本，中國社會科學出版社2000年版，第16～17頁。

社會秩序往往爲政治秩序所涵蓋，政治秩序成爲整個社會秩序的承載中心，一旦這一中心崩潰，整個社會便陷入秩序危機之中。五四運動就是秩序危機總爆發的證明。五四前後（約 1895～1925）可謂思潮湧動、變動激烈、社會失範最明顯的，其結果之一是在知識界產生了「闡釋中國的焦慮」〔註 85〕以及共識的消失。正是在這樣的背景下，梁漱溟指出：

> 中國在國際上受這種種欺凌已經痛苦不堪，遑論什麼自由；……國內軍閥之蹂躪，生命財產無半點保障，……我們眼前之所急需的是寧息國內的紛亂，讓我們的生命財產和其他個人權利穩固些；……怎樣能讓個人權利穩固社會秩序安寧，是比無論什麼都急需的。這不但比無論什麼都可寶貴，並且一切我們所需的，假使能得到時，一定要從此而後可得。〔註 86〕

梁漱溟不僅指出了秩序危機最大的危險來自帝國主義列強「挾著他大資本和他經濟的手段，從經濟上永遠制服了中國人，爲他服役，不能翻身」，〔註 87〕而且指出了國內紛爭，也是導致社會失序的根源。

在政治學意義上，梁漱溟指出：「一般國家莫非階級統治。因爲除原始共產外，社會上一般不能沒有剝削，亦即內部一直存在著矛盾。然而社會若沒有秩序，則社會經濟生活不能進行；所以如何把秩序與剝削結合起來，涵矛盾於秩序之中，依秩序以行剝削，便爲事實所必要。事實上那就是少不得要有武力強制於其間了。況且秩序的維持不單是內部的事，對外尤其要緊；對外防禦侵擾更少不得武力。國家不是別的，正是以武力爲後盾對外對內維持秩序的那盤機器。……誰來掌握運用呢？……就是那剝削階級了。剝削階級例必爲統治階級，國家名義及國家權力都屬於它」〔註 88〕。梁漱溟進一步分析後認爲「在一個統治力下，統治的一面，被統治的一面，總不過是兩面；兩面彼此對立，而又互相依存，成爲一個結構。」〔註 89〕在梁漱溟看來，秩序就是一種結構。所謂「社會秩序的構成通常有文武兩面。文的一面就是宗教、道德、禮俗、法律這些；其中是有些道理能說服人的。但單是靠道理說服還不夠，必須有武力爲後盾強制以行。兩面合起來，便成功一種統治。最要緊是武力必須要集中統一。……

〔註 85〕陶東風：《社會轉型與當代知識分子》，上海三聯書店 1999 年版，第 4～5 頁。
〔註 86〕《梁漱溟全集》，第一卷，第 529～530 頁。
〔註 87〕《梁漱溟全集》，第一卷，第 530 頁。
〔註 88〕《梁漱溟全集》，第六卷，第 974 頁。
〔註 89〕《梁漱溟全集》，第六卷，第 976 頁。

武力的集中統一，是有秩序之本，亦是構成國家之本。」〔註90〕維持社會秩序的力量有兩種：「一、強硬性力量——就是武力的強制。而代表武力的是國家。從來的國家，其維秩序的辦法，都是用武力強制，因爲武力強制最有效。」「二、軟性的力量——就是觀念的心理的維繫力。所謂觀念的心理的維繫力，就是說：大家在相互瞭解之下，共同信仰之下，來信從一個秩序。」〔註91〕這兩種力量的效力如何？相比較而言，第二種力量的效用大、時間長。雖然有許多事情用武力強制，可以有直接影響、效驗，可以馬上生效；但我們知道，「人類到底是要靠文化過活的，而人創造了文化，又都要陶鑄在文化中。」〔註92〕在梁漱溟看來，所謂社會構造，即社會秩序，是指「一個社會裏面，這個人與那個人的關係，這部分人與那部分人的關係，方方面面種種的關係而言。或者說一個社會裏面政治的、經濟的、教育的各種制度」〔註93〕。然而，這一切曾經穩固的東西在外患不止、內憂頻仍、「一盤散沙」的國度裏都煙消雲散了，因爲國家連維持秩序的基本職能都喪失殆盡了。秩序的饑荒無疑給社會的政治、經濟、文化造成巨大的創傷，給民眾的心理造成了巨大的焦慮和緊張。因此，對秩序饑荒的根源性認識以及尋求秩序的重建無疑是梁漱溟思想和行動的原初動因。

（二）傳統斷裂引發的意義失落和認同危機

眾所周知，傳統中國的儒家文化曾經長期扮演了主流意識形態的角色，然而，在外患與內憂，改良與革命，啓蒙與救亡的主題變奏中，這種「千年未有之變局」所帶來的變化「實爲根本性的搖撼和震動，它動搖乃至顛覆了我們最堅實、最核心的信念和規範」〔註94〕。從此中國傳統的社會結構開始加速崩潰，隨著科舉制度的廢除、大一統王朝帝國制度的解體和宗法家族制度的式微，從根基上動搖了儒家意識形態的社會建制，而五四啓蒙運動的毀滅性衝擊使儒家成爲缺乏社會基礎的孤魂。傳統的斷裂引發的危機是明顯的。英國的柯林伍德曾說，傳統是一種「活著的過去」。從「過去」來說，「傳統」是歷史，但它不是某種死去的歷史。認同與意義的危機實源於傳統的斷裂和被迫現代化的事實（從某種意義上說，中國的現代化是西方列強用「堅

〔註90〕 《梁漱溟全集》，第六卷，第 978～979 頁。
〔註91〕 《梁漱溟全集》，第五卷，第 847 頁。
〔註92〕 《梁漱溟全集》，第五卷，第 848～849 頁。
〔註93〕 《梁漱溟全集》，第五卷，第 843 頁。
〔註94〕 〔英〕齊格蒙特·鮑曼：《全球化——人類的後果》，商務印書館 2001 年版，第 1 頁。

船利炮」打出來的）。筆者就 20 世紀開初科舉制度的廢除和士人政治的解體為例展開實證分析。

1、科舉制度的廢除

在傳統中國，科舉制度不僅承載著整合傳統社會生活並維繫社會內部的文化生態平衡的功能，而且還對傳統中國的政治、文化、思想、教育、經濟與社會生活的運行均起到樞紐與調節作用。然而，由於外部和內部的原因，科舉制度於 1905 年被廢除。這一舉足輕重的社會政治制度的突然廢止，必然出現影響到全社會的多層次多方面的後果。故而有人稱廢除科舉制對於傳統社會（西方人稱之為「儒教中國」）是一個重大的變故。蕭功秦教授認為：首先，科舉制的廢止使「社會成員從原有的生存結構中脫離出來，又無法被新的生存結構所吸納，從而迅速『游離化』。」〔註95〕這種「游離化」社會群體會引發急劇的社會震蕩。一方面，大批士紳知識分子由於種種原因，而無法進入新學堂，因而產生群體性的對現實的疏離與不滿。在當時，「科舉初停，學堂未廣，各省舉貢人數不下數萬人，生員不下數十萬人，中年以上不能再入學堂，保送優拔人數定額無多，……不免窮途之歎。」〔註96〕另一方面，舊的人才選拔制度雖然可以一夜取消，但新的制度卻又無法在短時間裏相應建立，辦理學堂的條件遠遠不會因為單獨廢除科舉考試制度而相應地自然成熟，這必然出現斷層。正如當時有人指出的，「各省學堂經費匱乏，無米可炊，力不能支，提學紛紛請款，而官力民力羅掘俱窮」，此舉乃是「竭全國之精華，成現形之惡果，此誠可長太息也。」〔註97〕其次，科舉制的廢止使「群體性的社會心理挫折不斷聚結為反體制的力量。」〔註98〕即蕭功秦所認為，清末新政推行的社會變革所實現的新的社會整合機制的發育程度，遠遠不足以制衡和吸附舊體制瓦解後大量出現的社會疏離分子和新型人材。正是這些在新政改革中產生的社會勢力和青年團體，成為這場變革運動的主要掘墓人。也正是在這個意義上，清末新政這場在傳統集權體制下的社會改革運動，幾乎

〔註95〕蕭功秦：《從科舉制度的廢除看近代以來的文化斷裂》《戰略與管理》，1996年第 5 期。

〔註96〕《光緒朝續東華錄》，中華書局出版，第 5 冊，第 5488 頁。

〔註97〕李灼華：「學堂難恃似請兼行科舉折」，《清末籌備立憲檔案史料》下冊，993頁。

〔註98〕蕭功秦：《從科舉制度的廢除看近代以來的文化斷裂》，《戰略與管理》，1996年第 5 期。

就成了不斷「搬起石頭打自己的腳」的社會動員過程。第三，科舉制度的廢止，「從長遠來看，就使國家喪失了維繫儒家意識形態和儒家價值體系的正統地位的根本手段。」〔註99〕這就導致中國歷史上傳統文化資源與新時代的價值之間的最重大的一次文化斷裂。正是在這個意義上，1905 年這一年成為新舊中國的分水嶺。它標誌著一個時代的結束與另一個時代的開始。其劃時代的重要性甚至超過辛亥革命。美國學者羅茲曼在《中國的現代化》一書中指出，「（新政的）舵手在獲得一個新的羅盤以前就拋棄了舊的，遂使社會之船駛入一個盲目漂流的時代。」羅茲曼還認為，中國的困難的實質在於，這種過渡階段破壞了久經考驗的選拔精英的程序，科舉制度的廢除，破壞了經典教育，嚴重地削弱了傳統價值的影響，代之以毫無章法可循的局面〔註100〕。最後，在科舉廢止後，由於士紳階級的消失、宗族制度與義田制、學田制的崩解以及由此造成的宗族學堂的衰落，在中國相當一部分地區的農村，文盲率反而較之傳統社會更為上升。中國近代與現代之間在文化上的斷層，至少可以由此得到部分的解釋。自 20 世紀初期以來，一個嚴重的事實是，中國農村社會的文化生態開始出現嚴重的斷層。它表現為農村知識分子大量地單向地向城市流動，並在城市中去尋求自己的生存與發展的機會和空間，從而出現農村文化生態持續退化與空洞化。在這種背景下，農村基層的權力結構也發生變化。正如美國學者杜贊奇所指出，「到了本世紀二三十年代，村政權落入另一類型的人物之手。他們大多希望從政治和村公職中撈到物質利益，村公職不再是贏得公眾尊敬的場所而為人所追求。」〔註101〕「傳統村莊領袖不斷被贏利型經紀人所取代，村民們稱其為『土豪』、『無賴』或『惡霸』。這些人無所不在，影響極壞。……進入民國之後，隨著國家政權的內卷化，土豪劣紳乘機竊取各種公職，成為鄉村政權的主流。」〔註102〕可以說，民國初年以後，主宰農村命運的，正是這樣一些沒有文化、甚至只有反文化的社會階層。這實際上也是二三十年代鄉村建設派興起的重要緣因。當然，這裡並不

〔註99〕蕭功秦：《從科舉制度的廢除看近代以來的文化斷裂》，《戰略與管理》，1996 年第 5 期。

〔註100〕〔美〕羅茲曼：《中國的現代化》，中譯本，江蘇人民出版社，1988 年出版，第 336 頁。

〔註101〕〔美〕杜贊奇：《文化、權力與國家》，中譯本，江蘇人民出版社，1994 年出版，第 149 頁。

〔註102〕〔美〕杜贊奇：《文化、權力與國家》，中譯本，江蘇人民出版社，1994 年出版，第 238 頁。

是要得出保守倒退的結論，而致思的著力點在於改革者應採取什麼方法使制度改革可以取得眞正的效果，同時兼顧到社會的可持續發展。

2、士人政治的解體

士人政治的解體實際上是導源於科舉制度的廢除。正如羅志田所說：「廢科舉最深遠的影響是導致以士農工商四大社會群體爲基本要素的傳統中國社會結構的解體，而在此社會變遷中受衝擊最大的，則是四民之首的士這一社群。」〔註103〕在傳統的社會政治形態中，士是大夫即官僚的基本社會來源，故而「道統」與「政統」是整合一體的，即「士與大夫的內在邏輯聯繫是最主要的社會吸引力。」〔註104〕而科舉制度的廢止，從士到大夫的通道被堵死，從而「道統」與「政統」也隨之分離。在新式教育的推動下，士逐漸向知識分子轉化。在這個過程中，最後一代士與第一代知識分子由於他們處於交替過渡時期，自身的角色定位、目標選擇與社會分配給他們的社會角色有很大差距，從而導致內心的焦慮、認同與意義的危機。譬如梁啓超 1927 年 5 月給女兒的一封信中，自稱那時「天天在內心交戰苦痛中」，因爲不少朋友敦促他出山組黨，而他又討厭政黨生活。「因爲既做政黨，便有許多不願見的人也要見，不願做的事也要做，這種日子我實在過不了，若完全旁觀畏難躲避，自己對於國家，良心上實在過不去。」他最後對政治採取了妥協的辦法是議而不參。而丁文江等新一代學人卻主張梁啓超「全不談政治」，專做學問。梁啓超又覺得「這樣實在對不起我的良心」〔註105〕。丁文江所言其實是對梁啓超在學術上發展的一種希望，因爲丁文江本人那時是在直接參政。胡適晚年自述說：「我對政治採取了我自己所說的不感興趣的興趣。我認爲這種興趣是一個知識分子對社會應有的責任。」〔註106〕正如梁漱溟早年的感悟：「許多政治上人物，他不熟悉我，我卻熟悉他」，「漸漸曉得事實不盡如理想。對於『革命』、『政治』、『偉大人物』等等，皆有不過如此之感。……頗引起我對於人生感到厭倦和憎惡。」

〔註103〕羅志田：《權勢轉移：近代中國的思想、社會與學術》，湖北人民出版社 1999 年版，第 193 頁。

〔註104〕劉暉：《知識分子與中國革命：近代中國國家建設研究》，天津人民出版社 2004 年版，第 138 頁。

〔註105〕梁啓超給子女的信，收在丁文江、趙豐田編：《梁啓超年譜長編》，上海人民出版社 1983 年版，第 1130 頁。

〔註106〕唐德剛譯注：《胡適口述自傳》，華東師範大學出版社 1993 年版，第 36 頁。

〔註107〕這可謂過渡一代知識分子對政治參與的內心寫照，即從士到知識分子轉變中對於政治從與不從的矛盾心態。但從另一個方面來講，正如張曄所說：「章（太炎）、梁（啓超）等不得不議政多於參政，甚而有時不問政治，都體現了從士的時代轉化爲知識分子時代的社會大潮；他們在思想上仍欲爲士，但社會存在卻分配給他們一個越近於知識分子的社會角色，給這批人的生涯增添了一抹悲劇的色彩。」〔註108〕

　　總而言之，到20世紀初，在西學東漸和社會結構急遽變遷的雙重衝擊下，傳統儒家提供的意義世界發生了嚴重的崩潰，從而使得從士大夫到一般民眾的思想產生了巨大的混亂和虛脫。張灝曾經將儒家的意義危機（失落）分爲三個層面。第一是道德取向的危機。儒家的基本道德價值取向由以禮爲基礎的規範倫理和以仁爲基礎的德性倫理組成。在1895年以後，先是儒家的三綱爲核心的規範倫理受到譚嗣同等人的激烈批評；隨後，儒家的德性倫理——以仁爲核心的君子理想和以天下國家爲軸心的社會理想，也在五四時期受到全面挑戰，儘管德性倫理的若干形式還保留，但其內容已經大大地西化了。第二個層面是精神取向的危機。儒家學說過去提供了一整套關於宇宙、自然、生命和人生的來源和意義架構，它組成了中國人最基本的世界觀。到20世紀初年，這一世界觀已經遭到了全面的質疑，中國知識分子陷入了深刻的精神虛空。第三個層面是文化認同危機。中國過去所持有的世界意識是一種華夏中心主義的天下觀念，西方列強的侵略迫使中國人睜眼看世界，接受了現代國際觀念，從而使得原來的文化認同、對自我的認知發生了巨大的顛覆〔註109〕。查爾斯・泰勒（Charles Taylor）在談到認同危機的表徵時指出：「人們經常用不知他們是誰來表達（認同危機），但這個問題也可以視爲他們的立場的徹底動搖。他們缺少一種框架或視野，在其中事務能夠獲得一種穩定的意義。某些生活的可能性可以視爲好的東西或者有意義的，另一些是壞的或不重要的，所有這些可能性的意義是不確定的，易變的，或者未定的。這是一種痛苦和恐懼的經驗。」〔註110〕凡此種種，

〔註107〕李淵庭、閻秉華：《梁漱溟先生年譜》，廣西師範大學出版社2003年版，第25～26頁。

〔註108〕劉曄：《知識分子與中國革命：近代中國國家建設研究》，天津人民出版社2004年版，第140頁。

〔註109〕參見張灝：《中國近代思想史的轉型時代》，香港《二十一世紀》雜誌1999年4月號。

〔註110〕Charles Taylor ,Source of the Self ：The Making of the Modem Identity ,轉引自汪暉：《汪暉自選集》，廣西師範大學出版社1997年版，第38頁。

組成了一個深刻的、全面的意義危機和認同危機，貫徹了 20 世紀大部分時期。現代中國的三大思潮實際上就是尋求解決近代中國秩序危機所作出的不同路徑的探索與回應。因爲通過哲學的理論分析和歷史的實證表明，凡是在人類建立了政治或社會組織單位的地方，他們都曾力圖防止出現不可控制的無序現象，特別是在社會激烈變動、秩序危機時期，對秩序的尋求更是成爲其壓倒性的目標。

第四章　從基層尋求秩序的政治思想：鄉村建設

　　鄉村建設運動，題目便是闢造正常形態的人類文明，要使經濟上的「富」、政治上的「權」綜操於社會，分操於個人。

——梁漱溟

　　社會主義之為社會主義，其意不單在均平；並且均平，亦不一定就是好處。社會主義之所以好，就是在那個時候的人類社會，大家能站在一個立場上，來共同對方自然界，而減除了人對人的競爭；……個人的生存問題，有社會來做保障。

——梁漱溟

　　在社會激烈轉型而陷於秩序危機時期，以某種理論（主義）為指導來尋求秩序重建幾乎成了思想家們的共識。本傑明・史華茲在《論保守主義》一文指出：「二十世紀的中國幾乎沒有柏克式的保守主義，全盤肯定現行的社會秩序。」〔註 1〕確實，中國現代思想史上幾乎所有的派別，無論是激進的和自由的，還是保守的，都對現行社會政治秩序有著強烈的不滿，而要求以各自的理想對其進行改造和重建。但在對現行社會政治秩序這一問題的態度上，似乎又存在一種保守的傾向。持有這種傾向的思想家們都認為，（1）現代化的成功，統一國家的建立，都需要一個安定的環境，需要穩固的和發展現有的道德和物質動力；（2）為了文化理想的實現和民族主義目標的成功，需要的不是激進主義的行動

〔註 1〕　本傑明・史華茲：《論保守主義》，傅樂詩等著《中國近代思想人物論——保守主義》，臺北：時報文化出版事業有限公司 1980 年版，第 36 頁。

方法，而在於社會的聯合和穩定的政治與社會秩序；（3）通過漸進的、遵守現行法制甚至與統治者合作等途徑達到改變現行政治制度。對於只是部分地贊同「現代化」的梁漱溟來說，他的社會政治實踐正是這一傾向的體現。

一、從村治到鄉村建設的轉變

（一）村治的緣起與涵義

「村治」或「鄉治」作爲一名詞，古已有之。「孔子嘗云，吾觀於鄉而知王道之易易也，即謂從鄉治而曉然於王道之無難。」〔註 2〕中國近代的鄉村治理改革，肇始於清朝末年清政府的新政。地方自治是清末新政的一項重要內容。清政府在光緒三十四年（1908 年）底頒佈的《城鎮鄉地方自治章程》和《城鎮鄉地方自治選舉章程》規定，各城鎮設「議事會」和「董事會」，各鄉設「議事會」和「鄉董」，作爲地方自治的權威機構。「議事會」、「董事會」和「鄉董」的成員均由本地居民投票選舉產生。清末新政是清政府迫於當時情勢而發起的一場自上而下的政治改良運動，相關章程中明確規定，「地方自治以專辦地方公益事宜、輔佐官治爲主」〔註 3〕。故而，以地方自治爲核心的近代中國農村治理改革，從一開始就刻上了政府推動和官主民輔的深刻烙印。但就全國範圍而言，最早進行「村治」實驗的是河北的米鑒三。1901年，清政府開始推行「新政」，河北定縣翟城鎮的一個米姓望族力圖通過教育，改造地方社會。1904 年，定縣新任縣長孫蕘齋對米家的活動很有興趣，幫助他們把教育和習俗的改革擴大爲鄉村自治政府的計劃。村治作爲一項事業開展，即由米迪剛兄弟在家鄉翟城進行的農村改良實驗。在具體的村治措施中，米氏兄弟大力勸導農民廢廟建校，改善村莊組織，尤其注重發展地方自治。從而「開創了中國以行政村爲單位的地方自治的先河」，並被北京政府內務部稱爲「直隸全省鄉村自治之模範」。翟城實驗後鄉村自治制度在山西省和全國範圍內的推廣，幾乎完全是由當局作爲一種政府行爲而自上而下驅動的。

山東鄉紳王鴻一是「村本政治」的倡導者和實行者。1922 年，初遇梁漱溟之後不久，王鴻一拜訪了閻錫山和趙戴文。根據在山西的所見所聞，他開始把村落自治政府看作解決中國問題的關鍵，並認爲村落自治政府包含中國

〔註 2〕《梁漱溟全集》，第四卷，第 834 頁。
〔註 3〕《城鎮鄉地方自治章程》（光緒三十四年十二月二十七日頒佈），第 1 條。

傳統的政治思想和教育思想，並且能夠解決中國的經濟和政治問題。於是，王鴻一開始組織那些與他們同樣見解的華北紳士們，於 1924 年，聯合翟城改革創始人米鑒三的兒子米迪剛一起創辦了《中華報》社，組織村治研究部，公佈了他們關於村落自治的思想，其後寫出一本《建國芻言》和《中華民國治平大綱草案》，呼籲在鄉村進行政治經濟改革。這一改革將使村落成為基本的權力單位，這一組織也由此以「村治派」聞名全國。雖然在 1923 年初，梁漱溟已經提出「農村立國」來解決中國的問題，並由此在曹州中學作了演講，但梁漱溟對這一信念並不堅決，對王鴻一的村治主張並不抱太大希望。他曾說，然我實沒有王鴻一先生那樣積極熱心。不但陳獨秀先生警告我們說，這是小資產階級欲在自己腦中改造社會的幻想，而且我自己亦生怕是主觀上的烏托邦，無用之長物而不敢自信。王鴻一聯合米迪剛創辦《中華報》，討論村治的研究、實行，梁漱溟沒有參加。雖然王鴻一有新主張便徵問梁漱溟，梁漱溟卻「總覺還能疑問，和應該顧慮到的許多問題，而放心不下」「總不敢信，就是這樣便行」〔註 4〕。可見，此時梁漱溟的鄉村建設理論仍未形成。1924 年，梁漱溟因不滿當時的學校教育辭去北大教席，更多地奔赴於農村和城市之間，耳聞目睹了鄉村脫序、盜匪猖獗、軍閥混戰等給民生造成的疾苦有切身的感受。在與王鴻一的多次思想交流中，以及共產黨運動的啟發下，梁漱溟終於轉變了他最初的態度，宣告了「覺悟」。悟得了什麼？梁漱溟認為並不曾悟得什麼多少新鮮的。只是走出了迷茫和徘徊的迷思（mith），掃除了懷疑的雲翳，透出了坦達的自信；於一向所懷疑而未能遽然否認者，現在斷然地否認他了；於一嚮之所以見而未敢遽然自信者，現在斷然地相信他了。即否認了一切的西洋把戲，相信了我們自有立國之道。〔註 5〕他不再堅信西方「特定」社會政治或經濟的制度——諸如工業化都市、代議制或學校——應該並能夠輸入到中國來；他相信了中國自有能力通過修改自己制度的形式繼續生存下去。他現在「敢於相信」王鴻一關於鄉村復興改良運動這類計劃不但能使中國生存下去，而且能使中國殘存的「原初」文化獲得新生。1928 年 4 月，梁漱溟在廣州政治分會建設委員會中提出《請辦鄉治講習所建議書》及試辦計劃大綱，正式提出「鄉治」主張，認準了這條道路。他欲在廣東推行其方

〔註 4〕李淵庭、閻秉華：《梁漱溟先生年譜》，廣西師範大學出版社 2003 年版，第 69 頁。

〔註 5〕《梁漱溟全集》，第五卷，第 12 頁。

案，但因時局動蕩未能實施。而此時的王鴻一已經取得西北當權者閻錫山的支持，並分別在 1927 年、1928 年訪問馮玉祥，取得馮玉祥的鼎力相助，並創辦《村治》月刊。這是此後 10 多年中湧現的眾多關於鄉村改革雜誌的第一家。1929 年，河南村治學院問世，梁漱溟任村治學院教務長，此後，梁漱溟又接王鴻一擔任了《村治》月刊主編。在學院的演講和在北平的寫作使梁漱溟對鄉村改革的思想作系統闡述，成為鄉村建設的主要理論家。

「鄉治」或「村治」就字面涵義而言，可解讀為「鄉村治理」或「村級治理」。梁漱溟在分析「鄉治」之名的由來時指出，「管子權修篇曰：朝不合眾鄉分治也；又立政篇云：分國以為五鄉，鄉為之師；分鄉以為五州，州為之長；分州以為十里，里為之尉。……是以鄉治也！是其為古之言治理者所最注意」〔註6〕。在他看來，鄉治又與縣市自治有別，因為中國之問題，看似在都市，而實際在農村，「即謂不然，都市農村各有問題，而所以解決之道，亦唯在求之農村鄉治」〔註7〕。對於鄉之區域大小問題，自古以來均無定指確限。對於鄉治的區域，梁漱溟認為，「大體因其自然，而最不宜過大。」特別是要領導培養民眾過問公眾事業之新習慣，非從小區域訓練不可。原因有三，「一則範圍小，則利害切近，所有問題皆眼前所易見，易於引起注意與過問。二則範圍小，則方其有所過問有所主張活動，易於見影響生效力。必其注意力之所及，活動力之所及，始能有繼續過問參預之興趣，不致一試而罷。三則範圍小，則人事熟悉，情誼得通，易於合作也。」〔註8〕可見，「村治」或「鄉治」中的「村」「鄉」並非完全是與自然或行政中的村或鄉一一對應的，而是泛指整個「農村」或「鄉村」。《村治》月刊的創辦和河南村治學院的籌建使「村治」作為一個影響廣泛的概念開始具備特殊的內涵。「村治」之「治」乃組織農民實行經濟合作和地方自治的涵義，治理主體含有國家、知識分子和農民等多重性。正如梁漱溟在《請辦鄉治講習所建議書》中所說，村治或「鄉治為適應潮流切合需要之時代產物，舉凡倫常重心之民族問題，教養精神之政治問題，均平原則之民生問題，均非建設鄉治皆無從得其完滿之解決。」〔註9〕

〔註 6〕 《梁漱溟全集》，第四卷，第 834 頁。
〔註 7〕 《梁漱溟全集》，第四卷，第 834～835 頁。
〔註 8〕 《梁漱溟全集》，第四卷，第 835 頁。
〔註 9〕 《梁漱溟全集》，第四卷，第 831 頁。

（二）鄉村建設的涵義、動因和特徵

1931 年，「鄉村建設」一詞正式出現，它是由山東鄉村建設研究院最早使用，隨後逐步替代了「村治」。按楊懋春的說法，民國時期的「鄉村建設運動是開始於河北省定縣翟城村米迪剛所提倡的農村建設及晏陽初在同一地帶所辦的平民教育。平民教育開始是教農民認字，以後發展成全面的、項目眾多的、注重生產工作的鄉村建設。」〔註 10〕此外，當時還有河南鎮平縣的「鄉村自治運動」、山西的「村治運動」等，而為今人最熟知的莫過於山東鄒平的「鄉村建設實驗」。「鄉村建設」一詞使用於何時？據有學者的研究，最早使用這一詞的是山東鄉村建設研究院。據該院首任院長梁仲華的解釋：山東鄉村建設研究院之所以用「鄉村建設」一詞，是由於當時鄉村遭到持續破壞，而全國 80%以上的人口住在農村，要解決中國問題就要從鄉村這一最底層入手。因此，「欲談建設，必須注重鄉村建設。」〔註 11〕對此，梁漱溟也曾有一個自述，他說：「（民國）十七年我在廣州時用『鄉治』。彼時在北方如王鴻一先生則用『村治』，如出版村治月刊，在河南設立村治學院等等皆是也。民國十九年河南村治學院停辦，諸同人來魯創辦類似於村治學院性質之學術機關。我等來魯之後，皆以『村治』與『鄉治』兩名詞不甚通俗，於是改為『鄉村建設』。這一個名詞，含義清楚，又有積極意味，民國二十年春季即開始應用。」〔註 12〕據朱漢國研究，梁漱溟雖然在 1931 年正式使用了「鄉村建設」這一提法、并創辦《鄉村建設》旬刊，但從理論上對他的鄉村建設方案作系統的論述是從 1933 年開始。〔註 13〕此年，他發起成立了中國鄉村建設學會，並撰寫了《鄉村建設理論提綱》、《山東鄉村建設研究院縣政建設實驗區鄒平縣實驗計劃》，隨後《鄉村建設大意》、《鄉村建設理論》相繼出版。何謂「鄉村建設」？梁漱溟詮釋為：「總言之，救濟鄉村便是鄉村建設的第一層意義，至於創造新文化，那便是鄉村建設的真意義所在」〔註 14〕，其內容分為政治建設、經濟建設和組織建設三項，其次序為：「先講鄉村組織，次講政治問題，

〔註 10〕楊懋春：《近代中國農村社會之演變》，第 102 頁。

〔註 11〕鄭大華：《民國鄉村建設運動》，北京：社會科學文獻出版社 2000 年版，第 76 頁。

〔註 12〕轉自朱漢國，《梁漱溟鄉村建設研究》，太原：山西教育出版社 1996 年版，第 66 頁的腳註。

〔註 13〕朱漢國：《梁漱溟鄉村建設研究》，第 66 頁。

〔註 14〕《梁漱溟全集》，第一卷，濟南：山東人民出版社 1989 年版，第 610—611 頁。

又次講經濟建設，末後講我們所可成功的社會。」〔註15〕江恒源則認為，鄉村建設是就一個農村或數個農村，劃成一個適當的區域，依照理想的能實現的預定計劃，用最完善的最經濟的方法技術以化導訓練本區以內的一切農民，使全區農民整個生活逐漸改進，由自給自立以達於自治，俾完成農村的整個建設。其設施有「三大綱」：一為文化的，即全區普及教育、改良風化以及清潔衛生健全體魄之事屬之；二為經濟的，即全區改善生計之事屬之；三為政治的，即全區團體組織公共治安公共建設之事屬之。〔註16〕晏陽初的看法也大同小異，他認為：鄉村建設是整個社會結構的建設，其內容包括文化、教育、農業、經濟、自衛等各方面的工作。各方面工作的發展，合起來便就是整個鄉建事業的發展。〔註17〕

梁漱溟認為，當時「因鄉村破壞而有鄉村建設」，鄉村建設的第一要旨是「救活舊農村」〔註18〕，而「創造新文化，那便是鄉村建設的真意義所在」〔註19〕。就此而言，鄉村建設的內容已經不止是今天「鄉村治理」所講的以公共權力來管理公共事務從而實現鄉村發展，但就鄉村建設的要害來說，鄉村組織無疑是鄉村建設的核心。梁漱溟認為中國最缺乏的就是科學技術與團體組織，而歸根結底還是缺乏組織，故而鄉村建設必須「先從農村組織做起」。賀雪峰教授研究後指出，梁漱溟設計組織鄉村的鄉農學校，其用意就在於使鄉村裏面的每個分子對鄉村的事情都能漸為有力地參與……成為一個真正的團體。他的鄉村建設是以鄉村政治發展（即對公共權力的改造）為中心鋪開的。不僅如此，他在《鄉村建設大意》等書中一再比較鄉農學校與當時地方自治的不同，試圖將鄉農學校與中國傳統文化和人類未來發展的要求精巧地結合起來，以實現一種可持續的政治發展。〔註20〕

為什麼20世紀二三十年代，鄉村建設會形成一股強勁的思潮呢？除了前面提到的原因之外，還與下列幾個原因有直接關涉：一是農村的經濟破產和社會崩潰不僅造成了農民深重的苦難，由此引起社會各界尤其是知識界的廣泛關注和同情，而且嚴重影響了國民黨政權的穩定以及它們為國家建設而提

〔註15〕《梁漱溟全集》，第一卷，第147頁。
〔註16〕轉自鄭大華，《民國鄉村建設運動》，第70～71頁。
〔註17〕轉自鄭大華，《民國鄉村建設運動》，第72頁。
〔註18〕《梁漱溟全集》，第一卷，第604～609頁。
〔註19〕《梁漱溟全集》，第一卷，濟南：山東人民出版社1989年版，第611頁。
〔註20〕賀雪峰：《鄉村治理與秩序》，華中師範大學出版社，2003年版，第5頁。

取經濟資源和社會合法性資源的能力。二是國民黨政權以及一些地方政府爲了加強對農村的控制而力倡鄉村建設，從而形成了相對意義上的互動。三是憂國憂民的知識分子爲實現其自身價值與國家需要的結合而主動介入鄉村，尋求發展農村經濟、實現國家的現代化的路徑而積極探索。〔註21〕總而言之，在「農村經濟破產」、「農村崩潰」的呼聲下，投身「鄉村建設」、「農村改進」的知識分子主體，截至到抗日戰爭全面爆發前夕，全國僅自願參加各種各樣鄉村工作的不同性質的組織即有近七百個，他們圍繞鄉村問題和鄉村建設方案，創辦了很多專門刊物，撰寫了數以百計的專著和數以千計的文章，開辦了多達一千處的鄉村建設實驗點或試驗區。在他們的鄉村建設理論和實驗方案中，有的側重於義賑救災，有的側重於鄉村教育或鄉村服務，有的側重於農業改良或技術推廣，有的側重於鄉村自治或鄉村自衛，有的側重於培養組織，希冀逐步取代現政權。〔註22〕梁漱溟把「村治」改爲「鄉村建設」有著重要的意義，一是改變了以往村治的單一性；二是強調了作爲治理主體的知識分子和農民的有機結合；三是目標、抱負更加宏大，是作爲一項宏大的社會改造系統工程來作的，具有鮮明的政治理論色彩。梁漱溟在建立系統的鄉村建設理論之前，對當下及以往的理論都進行了檢討。其中，系統批評了中共發動的農村革命運動，國民黨政府搞的「農村復興」或「農村救濟」運動以及晏陽初、江恒源等以知識分子爲主體的各種農村改良運動。〔註23〕當然，針對當時的農村狀況而出現的各種鄉村建設活動實際上都有其獨立存在之價值，不能一概否定。梁漱溟所希冀的是通過鄉村組織培養農民自覺自願從而實現自救達致鄉村徹底的改造，最後實現全國範圍內的徹底推行。正如賀雪峰教授所指出，梁漱溟將「村治」發展爲「鄉村建設」，以尋求更加廣闊的農村改良運動，事實證明他的這種路子是有效的。〔註24〕

　　當時知識分子所參與領導的鄉村建設具有以下特徵：第一，他們大多將鄉村建設作爲自己爲之奮鬥的事業，遠遠超出了職業的範疇。譬如晏陽初所領導的中華平民教育促進會在河北定縣做鄉村建設實驗時，眾多知識分子辭職下鄉，實驗初始階段即有 8 位博士參加，其骨幹成員大都具有留洋經歷。

〔註21〕賀雪峰：《鄉村治理與秩序》，華中師範大學出版社，2003 年版，第 7～8 頁。
〔註22〕艾愷：《梁漱溟與現代中國的困境》，湖南人民出版社 1988 年版，第 236 頁。
　　　　朱漢國：《梁漱溟鄉村建設研究》，山西教育出版社 1996 年版，第 15 頁。
〔註23〕朱漢國：《梁漱溟鄉村建設研究》，山西教育出版社 1996 年版，第 14～20 頁。
〔註24〕賀雪峰：《鄉村治理與秩序》，華中師範大學出版社，2003 年版，第 6 頁。

梁漱溟本人也曾在北京大學任教 7 年，爲了自己的宏大抱負，毅然辭去北大教席，逐漸走上鄉村建設的道路，由一個學者轉變成爲一個親自領導、設計鄉村建設實驗的社會活動家和鄉村改良主義者。創辦曉莊師範的陶行知本人，曾是東南大學教授並任教育系主任之職，爲專心於中華教育改造社，亦是拋棄教職，投身於鄉村教育運動。第二，鄉村建設運動的範圍主要集中在鄉村教育、鄉村自衛和農業技術改良方面。但梁漱溟的鄉村建設方案對於地方自治事業給予了相當的重視，這也是他與眾不同之處。第三，鄉村建設者們都對現存社會制度有所不滿，但他們又都希望在穩定現存社會秩序的情況下，用和平的、漸進的方法來發展農村經濟和教育，復興農村社會，最終實現中華民族的偉大復興。

然而，轟轟烈烈的鄉村建設運動隨著日本帝國主義侵略而告輟、凋零，但就其本身而言，當時的鄉村建設運動的主體大都是知識分子本身而非農民，知識分子成爲鄉村建設的具體設計者、推動者和實踐者，農民相反成爲被動的旁觀者。如梁漱溟在 1935 年就覺察到「號稱鄉村運動而鄉村不動」，高談自治改革而又依附政權。〔註25〕這實際上也是梁漱溟從事鄉村建設運動的初衷與結局的一個悖論，同時他也最早意識到知識分子從事鄉村建設的困境和難局。

二、鄉村建設的目標：社會主義

在梁漱溟的社會政治思想中，尋求秩序是其主旨，但又不是全盤肯定現行的社會政治秩序。在五四發生後，梁漱溟在 5 月 18 日的《每周評論》上發表了《論學生事件》的文章〔註26〕。通覽其文後發現，他在文章中所要表達的意思，絕不是不同情學生運動，也不是不反對北洋政府的行爲，他只是認爲，每一個社會都有自己的政治秩序，縱然這個秩序有不恰當的地方，或者保證這一秩序得以實現的政府法律有重大的缺陷，甚至政府的合法性已經成了問題，作爲這一社會的民眾仍然需要守法。梁漱溟認爲，如果人人都以自己的行動是正義的爲由而不顧忌法律的權威，那麼這個社會賴以存在的社會與政治秩序就不復存在，這只能給社會帶來更大的災難。梁漱溟在二、三十年代所從事的鄉村建設運動、抗戰及其後期從事的內戰調停和組建民主同

〔註25〕 李淵庭、閻秉華編著：《梁漱溟先生年譜》，廣西師範大學出版社 2003 年版，第 115 頁。

〔註26〕 《梁漱溟全集》，第四卷此文的末尾注明，這篇文章最早登在北京的《國民公報》，但沒有日期。

盟活動，都是這方面的體現。但在梁漱溟的思想中，要消除秩序饑荒實現社會和政治秩序的重建，其路徑只能是通過鄉村建設漸次達到社會主義的目標。

（一）社會主義思潮的影響

梁漱溟接觸社會主義較早，大約在民國元年底二年初就讀過幸德秋水著的《社會主義神髓》，閱後「心乃為之大動」，並一度激進社會主義，還撰有《社會主義粹言》小冊子。在五四前後，對於名目繁多的社會主義流派，梁漱溟也頗有研究，把社會主義分成三派：聖西門一派是「宗教氣味的」社會主義，馬克思一派是「科學氣味的」社會主義，羅素、基爾特主義一派是「哲學氣味的」社會主義。梁漱溟對於這些流派的思想都不同程度地進行了吸納，從而進一步豐富了自己的思想。

基爾特社會主義，這是梁漱溟較為注重的一派。guild socialist 與 guild 有關。Guild（基爾特）是一種盛行於歐洲中世紀城市中的行會或同業組織。起初的目的是手工業者為保護其自身利益而建立起來的一種聯合組織，在這種組織內，保留有類似於馬爾克公社內的若干平等互助習慣，帶有較濃厚的自治民主色彩。正如恩格斯所說：「在行會內，也跟在馬爾克一樣，總是用同樣的熱心，甚至往往用完全相同的方法，力求每一社員完全同等地或者盡可能同等地享有公共的收益。」〔註 27〕隨著機器大工業的到來，行會組織被資本主義的生產組織所取代，原先所有的平等和溫情關係變成了冷酷的赤裸裸的金錢關係。在這樣的背景下，興起了基爾特社會主義。其主要理論觀點，即主張在國家範圍內由工人與工程技術人員聯合組成產業基爾特，採取從內部實行監督的辦法把這些基爾特變成領導和管理生產的機構，實行產業民主和產業自治；國家則負責分配和保證全民消費；最終的目的就是通過組織基爾特達到和平地消滅資本主義，解放勞動者。這實際上是國際工人運動中的一股改良主義思潮。這股思潮隨著杜威和羅素的來華而一度波及中國的思想界。杜威認為中國的同業公會，保存它的價值不僅是為中國自己，而且也是「為世界政治學說上加一條貢獻。」〔註 28〕羅素也宣揚它「可以免掉歐洲資本主義制度之弊害及俄國不幸命運之事」〔註 29〕。

〔註 27〕《馬克思恩格斯全集》，第 19 卷，人民出版社 1963 年版，第 361 頁。
〔註 28〕《杜威五大演講》，晨報社 1920 年 8 月版，第 64～65 頁。
〔註 29〕羅素：《社會主義》，《事新報》副刊《學燈》，1921 年 2 月 22 日。

梁漱溟也認為，「基爾特一派的主張好多惹我注意之處，使我很傾向於他」〔註30〕。對此，他進行了研究後指出：基爾特進行的經濟生活「很合理」，人際關係融洽且工作富有情趣，實行的是合理的社會本位、分配消費本位的經濟，這樣的生活方式很切近於中國人從前「仁的生活樣子」。而西方資本主義以生產為本位、個人競利的經濟發展到現在已是問題百出，弊病不斷，特別是資本主義大生產的發展，使社會分化為資產階級和工人階級，其矛盾極其尖銳，資本家對工人進行壓迫，而工人還隨時受失業的威脅。一方面是生產的無計劃，一方面是生產過剩導致的工人失業。這種經濟「戕賊人性」，使生活「不自然、機械、枯窘」。總之，「無論是工人或其餘地位較好的人乃至資本家都被他把生機斷喪殆盡」〔註31〕。

> 照現在是辦法竟然如此，這樣的經濟真是再不合理沒有了！這
> 種不合理的事決敷衍不下去。這全失我們人的本意，人自然要求改
> 正，歸於合理而後已。就是把現在的個人本位的、生產本位的經濟
> 改正歸到社會本位的、分配本位的。這出來要求改正的便是所謂社
> 會主義。西方文化的轉變就萌芽於此。〔註32〕

當然，梁漱溟對於基爾特派中有人鼓吹的退回到手工業的主張，則持反對態度，認為這一主張在「事實上很難」〔註33〕。

至於克魯泡特金的學說，儘管梁漱溟未將其列為社會主義流派，但他極為推崇，盛讚其為「大賢」，「見解上也比羅素對些」〔註34〕。克氏整個學說的理論基礎就是互助論，他認為「互助」是動物界和人類社會的共同規律，人類「社會基礎」就「建設在人類休戚相關的良知上」〔註35〕，並將在互助的進化中實現「正義」、「平等」、「自由」的原則和「各盡所能、各取所需」的「無政府共產主義」。在當時，吳玉章、李大釗、陳獨秀、毛澤東等都不同程度地接受過這種學說。對梁漱溟而言，克氏「最對的地方即在不拿道德為什麼特別的、神秘的、絕對高不可攀的，不過是人類所本有的『才』（Facult）」，這與孟子所說「禮義之悅我心猶如芻豢之悅我口」完全相同；克氏同孟子一

〔註30〕 《梁漱溟全集》，第一卷，第 520 頁。
〔註31〕 《梁漱溟全集》，第一卷，第 492 頁。
〔註32〕 《梁漱溟全集》，第一卷，第 491 頁。
〔註33〕 《梁漱溟全集》，第一卷，第 520 頁。
〔註34〕 《梁漱溟全集》，第一卷，第 512 頁。
〔註35〕 克魯泡特金：《導言》，《互助論》，平民出版社 1939 年版，第 23 頁。

樣，主張性善論。故而梁漱溟覺得克氏「無政府主義的道德觀」，「充滿了中國人的風味與孔家氣息」〔註36〕。梁漱溟也「遂因克魯泡特金之《互助論》而信『社會本能』之說」〔註37〕。這一點在內容上豐富了梁漱溟的道德本能、直覺等見解，也是梁漱溟論證中國文化復興的一個旁證。其次，克氏理論對梁漱溟的影響還表現在反對暴力、強權、刑罰制度等，認定人自己都會好的，不必叫別的力量來支配，人自能得到妥洽，這件事不但是可能的，並且是很順的，這些都符合孔家理想〔註38〕。以後不用「統馭式的法律而靠著尚情無我的心理」謀「協作共營生活」〔註39〕。

　　馬克思主義學說一派，梁漱溟也未一概否認。在「經濟上的社會主義」和「生產社會化」問題上，梁漱溟與馬克思主義所見略同，他極其讚賞恩格斯的一段話來意指其社會主義。

> 　　社會掌握生產手段的時候，商品生產已取消，同時生產物對於生產者的支配，亦已取消。在社會的生產內部，以計劃的意識的組織，而代混沌的無政府狀態。個人的生存競爭，亦隨著停止。接著人類在某意義上決定地與動物的王國分離，由動物的生存條件進至真正人類的生存條件。圍繞著人類，而在今日已是支配著人類的世界，於此時乃服從人類的支配與統治，而人類對自然乃開始為意識的真實的主人。〔註40〕

　　這與他的「經濟上的生產與分配都社會化」、人類消除「人對人的競爭」而「共同聯合起來控馭自然，利用自然，以滿足人類共同需要」〔註41〕的主張是一致的。至於「生產的社會化」，梁漱溟自言曾讀過「一本很好的參考書」——《農民問題研究》，他非常贊同文中有關恩格斯的觀點，即在共產黨奪取政權後，要用典型示範而不是強制的辦法把小農「誘導到協同合作方面去」，而後來列寧也不外乎此意。梁漱溟還專門探討了蘇俄實現農業社會化的三種辦法，即農業合作社、農業公社、政府直接經營地。他基本贊同這種典型示範、政府幫助且循序漸進的「軟法」。這在不同程度上豐富了梁漱溟的社會主義思想。後來，

〔註36〕《梁漱溟全集》，第一卷，第512頁。
〔註37〕《梁漱溟全集》，第三卷，第261頁。
〔註38〕《梁漱溟全集》，第一卷，第512頁。
〔註39〕《梁漱溟全集》，第一卷，第521～522頁。
〔註40〕《梁漱溟全集》，卷二第，第412～413頁。
〔註41〕《梁漱溟全集》，卷二第，第543頁。

梁漱溟曾不止一次說過，他的鄉村建設就是「社會主義」〔註42〕。

可見，梁漱溟對於社會主義的天然親和關係，可分梳爲二，一是西方文化內部對於資本主義弊病的批判是梁漱溟反對資本主義傾向的主要理論資源之一。梁漱溟早在《東西文化及其哲學》中就斷言中國不能走日本的資本主義道路時，就舉出了兩大理由：第一，「資本主義的路，今已過時，人類歷史到現在已走入反資本主義階段，所以不能再走此路」；第二，「近代工商業皆爲私人各自營謀而互不相顧，不合現在統制經濟計劃經濟之趨勢」〔註43〕。二是資本主義的價值與中國傳統文化價值關懷相牴牾，而社會主義的價值理想則正好與中國儒家道德倫理不謀而合，因而擁護社會主義實際上也就可以滿足其文化民族主義的訴求。梁漱溟在《東西文化及其哲學》中比較了中西方社會生活方面的差異，一方面承認「數千年來使吾人不能從種種在上的權威解放出來而得自由，個性不得伸展，社會性亦不得發達，這是我們人生上最大的不及西洋處」〔註44〕。但同時他又認爲，從另一方面看，這是一個莫大的勝利，因爲「西洋人是先有我的觀念，才要求本性權利，才得到個性伸展的。但是從此各個人間的彼此界限要劃得很清，開口就是權利義務，法律關係，誰同誰都要算帳，甚至於父母夫婦之間也都如此。這樣的生活，實在不合理，實在太苦」〔註45〕。而中國人的態度正好與此相反，「他不分什麼人我界限，不講什麼權利義務，所謂孝、悌、禮、讓之訓、處處尚情無我」〔註46〕。

這表明，在梁漱溟看來，社會主義的出現意味著世界文化由第一路向轉變爲第二路向。因爲第一路向「征服了自然，戰勝了權威，器物也日新，制度也日新，改造又改造，日新又日新，改造這社會大改造一步，理想的世界出現，這條路便走到了盡頭處！」〔註47〕同時「以物的態度對人，人類漸漸不能承受這態度，隨著經濟改正而改造得的社會不能不從物的一致而進爲心的和同——總要人與人間有眞妥洽才行。又以前人類似可說在物質不滿足時代，以後似可說轉入精神不安寧時代；……凡此種種都是使第一路向，西洋

〔註42〕 《梁漱溟全集》，第二卷，第547頁。
〔註43〕 梁漱溟：《東西文化及其哲學》，《五四前後東西文化問題論戰文選》，中國社會科學出版社1989年版，第420頁。
〔註44〕 梁漱溟：《東西文化及其哲學》，商務印書館1999年第2版，第156頁。
〔註45〕 梁漱溟：《東西文化及其哲學》，商務印書館1999年第2版，第156～157頁。
〔註46〕 梁漱溟：《東西文化及其哲學》，《五四前後東西文化問題論戰文選》，中國社會科學出版社1989年版，第424～425頁。
〔註47〕 《梁漱溟全集》，第一卷，第494頁。

態度不能不轉入第二路向。」〔註48〕梁漱溟對近代資本主義的前途所作的論斷，與當時的社會主義者並無二致。儘管他的說法也有許多牴牾之處，但他確有所見，他看到了中國文化與社會主義的親和之處。在他看來，未來的中國文化復興，是針對中國傳統的人生態度與現代的社會主義的政治經濟制度而言的。他認爲中國文化所代表的路向與精神是可以普遍化的，所以未來的世界文化將轉變爲中國文化，就是世界各民族都走向社會主義。此可謂梁漱溟的「儒家色彩的社會主義」。在這點上，正如陳來所言：梁漱溟的思想是複雜的，「單元簡易的心態」是難以讀懂的，但就其主張而言，是「政治上的憲政主義、經濟上的社會主義、文化上的多元主義」。「從社會政治思想來看，在本質上，梁漱溟是一個社會主義者。」〔註49〕

（二）梁漱溟的社會主義藍圖

梁漱溟指出：「我們舊日的社會已崩潰到了最深處，故必從頭做起。由此開展出來的社會，是一個全新的組織，爲人類以前所無有。」〔註50〕社會主義是什麼樣的呢？梁漱溟說「我們也不能隨便設想。但其要必歸於合理，以社會爲本位、分配爲本位是一定的」〔註51〕。「以人爲主體，是人支配物而非物支配人。」〔註52〕揆度其思想，也不難窺見其社會主義的大體輪廓。

經濟上：社會產品十分豐富，生產資料歸國家所有，「生產與分配都社會化。」〔註53〕經濟建設必須遵循「先農而後工，農業工業結合爲均宜的發展」〔註54〕。梁漱溟認爲，新社會必須是生產和分配（消費）均實現了社會化。因爲未來的新社會，社會將掌握生產手段，人們不再爲溫飽而操勞，佔有物質資料的人類的第一需要將有「人生向上」的精神所取代，到那時，人類將「站在一個立場上共同對付自然界……而減除了人對人的競爭」〔註55〕，共同利用自然，以滿足人類共同的需要。中國經濟建設的內在路向應是沿農、工、商的路子走，它較西洋社會近時的經濟建設路向要合理。西洋

〔註48〕《梁漱溟全集》，第一卷，第495頁。
〔註49〕陳來：《現代中國哲學的追尋》，人民出版社2001年版，第24頁。
〔註50〕《梁漱溟全集》，第二卷，第146～147頁。
〔註51〕《梁漱溟全集》，第一卷，第493頁。
〔註52〕《梁漱溟全集》，第二卷，第561頁。
〔註53〕《梁漱溟全集》，第二卷，第412頁。
〔註54〕《梁漱溟全集》，第二卷，第557頁。
〔註55〕《梁漱溟全集》，第二卷，第561頁。

近代資本主義社會，放棄了自己的農村經濟，一味地去發展工商業。這樣做的結果，一是使得工農業脫節；二是造成都市與鄉村的對立；三是引起國際糾紛，——因為追求盈利，工業把市場延伸到國外，從而引起與國外的矛盾。這勢必導致國內階級鬥爭和殖民地的民族革命屢屢發生。梁漱溟指出，中國未來的新社會，一定要摒棄西洋社會這種工農業脫節的做法，順這樣的路徑走：

> 從農業引發工業，更從工業推進農業，農業工業迭為推行，產業乃日進無疆，同時亦就是從生產力攛頭而增進購買力，從購買力增進而更使生產力攛頭；生產力購買力輾轉遞增，社會富力乃日進無疆。這是真的自力更生。〔註56〕

那麼工業怎樣建立呢？梁漱溟說，農村的復活全靠合作，一面有了工業的需要，一面布置了合作的根底，抓住需要不予放過，而以合作方式經營之，工業就於此建立。有的工業置於農民合作自營之下，有些工業可不由合作社經營而由地方團體經營，有的可以國營。在合作運動相當成功之後，地方自治體一定會健全起來；地方自治成功，國家政治機構亦必健全。〔註57〕

社會秩序上：新社會的社會組織構造必須是「鄉村為本，都市為末；鄉村與都市不相矛盾，而相溝通，相調和」〔註58〕。所謂「以鄉村為本」，與第一點所說的以農業為本，其意義相通。梁漱溟認為，中國是農業國，中國的立國之根基在鄉村。因此，中國理想的社會秩序，只能是「以鄉村為本」，而不能如西洋社會離開鄉村，獨自發展都市，結果使鄉村、都市完全對立。新社會的社會人際關係必須是「倫理本位」，「而不落於個人本位或社會本位的兩極端」〔註59〕。梁漱溟在這裡所講的「倫理」就是確認相互關係之理。也就是在社會生活中，互以對方為重，團體與構成分子之間保持一種均衡，既不是西洋式的個人本位，也不是蘇俄式的社會本位，而是個人與社會之間得一調和。團體組織既為社會進步經濟發展提供保障，又為個人提供展示其價值的舞臺。梁漱溟認為，以倫理為本位的社會，較之西洋那種以個人為本位的社會，以及蘇俄那種以社會為本位的社會，都要祥和、溫馨、合理。在這

〔註56〕 《梁漱溟全集》，第二卷，第 509 頁。
〔註57〕 《梁漱溟全集》，第二卷，第 509 頁。
〔註58〕 《梁漱溟全集》，第二卷，第 558 頁。
〔註59〕 《梁漱溟全集》，第二卷，第 561 頁。

樣的社會裏，人的身與心、人與人之間，社會與個人之間，都達到了和諧與秩序。更重要的是，在人與物的關係上，新社會是以人爲主體，是人支配物而非物支配人。之所以人作主來支配物，是因爲全在於我們社會關係的調整增進，減少人與人之間的隔閡矛盾，從而形成一社會意識以爲主宰。〔註 60〕

　　政治上：新社會的政治、經濟、文化教育必須是「三者合一而不相離的」〔註 61〕。在新社會中，人們享有高度的民主與自由，「政治上的『權』綜操於社會，分操於個人。」〔註 62〕即實現「民治化」。每個人都積極參與社會公共事務，作爲各個社會集團中的領導人——民眾推舉出來的賢者，更是體現了「多數人政治」的合理性〔註 63〕。梁漱溟指出，新社會的這一特點，也是鑒於西洋社會政教分離、政治經濟分離所帶來的弊端而提出的。他說，西洋社會這樣的分離造成了兩個弊端：其一，社會秩序建立在武力之上；其二，在政教分離之下的人們的生計是各自爲謀，從而使社會生活時時處於動蕩、失業的危險境地之中。〔註 64〕中國未來的新社會決不能這樣，它必須是政治、經濟、文化教育三者合一。將來的國家，與其說是一個政治組織，不如說它是經濟團體或教育團體。說具體一點，未來的國家，不再靠武力來統治，它只能用教化的辦法，以「新禮俗」來影響民眾和引導民眾的生活。所謂新禮俗，就是合乎中國固有精神的新的政制、法制的形成和新習慣以及新能力的養成。具體來說，欲在中國社會形成團體生活樣法，則須以接續中國過去情義禮俗精神爲條件，必從固有情義之精神以推演，而不能徑如想像中的「西洋權利之奔趨以成功」，不能以簡單「移植西洋權利法律之治具於此邦」爲已足〔註 65〕。有感於當時「言地方自治者，乃至中央政府之自治法令，相率抄襲西洋之餘唾，從權利出發使社會上人與人之間均成爲法律之關係；比之鄉間，鄉長之於鄉眾，或鄉眾之於鄉長，均成爲法律之關係」，「徑行法律解決」〔註 66〕，梁漱溟坦言，其於「西洋行之甚便，中國仿之，只受其毒害而已」，蓋在其傷「情」害「義」，而「情義」二字乃中國鄉民社會過去賴以組織的根

〔註 60〕　《梁漱溟全集》，第二卷，第 561 頁。
〔註 61〕　《梁漱溟全集》，第二卷，第 561 頁。
〔註 62〕　《梁漱溟全集》，第二卷，第 560 頁。
〔註 63〕　梁漱溟認爲歐洲近代民主政治是多數（人）政治，而蘇聯共產黨則屬於少數（人）政治一類。
〔註 64〕　《梁漱溟全集》，第五卷，第 670～671 頁。
〔註 65〕　《梁漱溟全集》，第五卷，第 325 頁。
〔註 66〕　《梁漱溟全集》，第五卷，第 325～326 頁。

本，也是將來的新習慣新能力得以養成的起點和形塑之精神。〔註67〕於此，梁漱溟指出對於西洋的法律與法意，諸如「四權」──選舉，罷免，創制，復決這樣的舶來品，「吾人只可如其分際處師取其意，而不能毫無斟酌的逕行其辦法。」〔註68〕否則，簡單灌輸「四權」的結果將使中國鄉村「打架搗亂」，地方自治未成，倒先「自亂」了〔註69〕，反而引起了農民的不滿甚至衝突，結果欲速不達，不利於社會秩序的穩定。

政治經濟合一。在梁漱溟看來，伴隨著經濟進步，人們無法閉門生活，在經濟上必然發生連帶關係，由連帶關係而產生連帶意識，連帶意識發生，則地方自治的基礎即樹立。而此種連帶關係的形成，梁漱溟認為不應當經由「競爭」的路，而應循「合作」與「團結」的路徑，以把解決最為迫切、重大的生存問題引向這一目標。就當時的廣大中國鄉村社會而言，有兩個迫在眉睫的問題逼著中國人非走「團結」的路不可：一是治安問題，一是生計問題。特別是生計問題，必將逼著「沒有三分鐘的熱度，沒有三個人的團體」的中國人合作、自救，養成團體生活習慣與合作組織能力。梁漱溟有感於團體生活之培養，不從生計問題不親切踏實，乃有「鄉村建設」的設想。生計問題的核心是經濟，從解決經濟問題而引導中國人在生活各方面養成新的習慣，從而有「自治」，進而有「民治」，而且，國家越是民治的，地方越是自治的。這樣，便由經濟問題引到政治問題，法律在此應是以「情義」為本的這種習慣或連帶關係的中國式表述。梁漱溟於此特別提出，這樣一種政經一體的社會重建，先要造成事實，造成「形勢所歸，不得不爾」的事實，而這種事實確非一蹴而就、驟然可至，毋寧更為一長程的目標。但既要有經濟上的新的連帶關係，又要保留「情義」，其間的矛盾以及矛盾如何解決，梁漱溟卻不甚了了。這裡實際上暴露了所有具有大致相同的學術理路和價值取向的第二代知識分子，對於中國所要建成的那種現代工商社會經濟運作的複雜性或難局及其壓倒一切的主宰性缺乏心理與學術準備，而使得他們對於價值層面的解說，往往不免單薄。

政教合一。此處所說的「政」實際上是以「禮制」為特色的「政治」，即文化濡化與秩序化圍繞著「禮」這一「契合點」而發生的同構與整合。

〔註67〕《梁漱溟全集》，第五卷，第 326 頁。
〔註68〕《梁漱溟全集》，第五卷，第 328 頁。
〔註69〕《梁漱溟全集》，第五卷，第 538 頁。

而「教」並不是泛指教育上的一切事情。從嚴格意義說，特指「關乎人生思想行爲之指點教訓」，甚至可以「差不多就是道德問題」〔註70〕，它包括文化、教育和人生信仰的形塑。在這樣的語境中，法律與道德，也應當天然合一爲一「新禮俗」。從地方組織的自治和鄉村建設入手的政治與社會秩序的重建，「非標明道德與法律合一不可」，其根源則在於中國歷來「把眾人生存的要求，與向上的要求合而爲一」〔註71〕。在梁漱溟看來，從人類有歷史到現在，國家都是在不知不覺中，無意識的組成，目標並不甚清楚。但當它正在進行組織成功的時候，隱然有它奔趨的目標所在；我們從旁觀察自可看出。可以說，西洋人是爲滿足欲望而組織國家，他們看人生是欲望的人生，而人生天然的有許多欲望，滿足這許多欲望，人生之義就算盡了。所謂尊重個人自由，就是尊重個人欲望。國家一方面積極地保護個人欲望，另一方面並積極地爲大家謀福利，幫助個人滿足欲望。故西洋政治可謂「欲望政治」、「物欲政治」。但中國人自古已經提出了一個比謀生存滿欲望更高更深更強的要求，即「義理」之要求，所以，如果僅僅拿一個謀生存滿欲望的意思來作組織團體的目標，而想從此處讓中國人自動的如何如何，實在打不動中國人的眞心，拔不出中國人的眞勁，欲引發中國人以眞精神來擔當中國政治與社會的重建，非以人生向上之義打動不可。梁漱溟還列舉對於鄉村不良分子的處置、革除纏足、消禁毒品等弊風陋俗爲例，說明在當時的中國西方式法律的效能的有限性，說明較諸「完全靠法律統制，一刻都離不開」〔註72〕的西洋近代社會，「法律與道德分開，若用之於中國，老實不客氣地說，是完全不行的。」〔註73〕倘若中國民族自救運動，「乃欲舉數千年土生土長之『禮』而棄之，憑空採摘異方花果—西洋之『法』以植於中國者，其事何可能耶？」〔註74〕

綜而言之，梁漱溟未來的理想社會藍圖：一是農業工業依乎順序、適當配合；鄉村都市二者調和溝通；社會以倫理爲本位；政治經濟教育三者合而爲一；無階級，無壓迫，無剝削，生產、消費全部社會化。二是「今日所謂政治，在將來看好多是冤枉的事，多餘的事。將來的政治大概其主要內容就

〔註70〕 參閱《梁漱溟全集》，第五卷，第 689～692 頁。
〔註71〕 《梁漱溟全集》，第五卷，第 340 頁。
〔註72〕 《梁漱溟全集》，第五卷，第 343 頁。
〔註73〕 《梁漱溟全集》，第五卷，第 339 頁。
〔註74〕 《梁漱溟全集》，第五卷，第 163 頁。

是經濟和教育了，所謂國家一面是經濟的團體，一面也就是教育的團體。本來亦只有經濟和教育兩樁事；經濟是生活，教育是生活的向上發展。所謂政治，在這裡不過表現個人意志和團體意志的那些事。」實現三者的真合一，「人類生活亦才正常合理化了。」〔註75〕三是國家消亡了。即作為階級壓迫的工具——軍隊、法庭、監獄的職能將不復存在，它的職能有二：一是啟發、引導但不干涉民眾，促進其人生向上，進而實現社會至善；二是統籌社會經濟，計劃大規模的生產與社會產品的按需分配。這就是梁漱溟的理想社會。這個新社會，就是高於資本主義的「社會主義」。

三、尋求秩序的路徑：鄉村建設

目前，我們對梁漱溟鄉村建設理論所具有的理論價值多少有所忽視。因為我們有一種偏見：鄉村建設已經被實踐證明是失敗的實驗而拒斥它。就當今中國的社會現實來看，「三農」問題（農村問題、農民問題和農業問題）已經成為中國社會改革進程的一個大問題和大課題。就此現實而言，我們又有必要重新審視歷史上一切有關「三農」問題的論述（梁漱溟的鄉村建設理論便是其中一例），以尋求可能的解決之道。從一定意義上說，今日的新農村建設，雖毋需「照著」梁漱溟的路走，但需「接著」梁漱溟的思索與實踐而前行。

在 30 年代的鄉村建設思潮中，梁漱溟領導的鄉村建設在理論和實踐兩方面都可謂是最具理論化、最有政治色彩、最有特色和影響的一個。正如他在《村治》月刊的創刊號上撰有《主編本刊之自白》一文，其中說道：「我眼中的鄉治或村治，全然非所謂什麼『當今建設事業之一』，或什麼『訓政時期之一種緊要工作』，我是看做中國民族自救運動，四五十年來，再轉再變，轉變到今日——亦是到最後——的一新方向。這實是與四五十年來全然不同的一新方向，——以前都是往西走，這便要往東走。」〔註76〕同時他還認為，現在中國的鄉村遭到破壞，一是「帝國主義侵略」的破壞，二是中國人的一切「維新革命民族自救」都在破壞鄉村，中國近百年的歷史，實際上就是一部鄉村破壞與衰敗的歷史。〔註77〕面對暴露出來的中國「文化失調」與老的「社會構造」崩解，而新秩序卻一時建造不成，出現了「秩序饑荒」，梁漱溟開展

〔註75〕《梁漱溟全集》，第二卷，第 564 頁。
〔註76〕《村治》創刊號，《中國民族自救運動之最後覺悟》，中華書局 1933 年版，第 21～22 頁
〔註77〕《梁漱溟全集》，第二卷，第 481 頁。

的鄉村建設就是要「創造新文化，救活舊農村。」〔註78〕就是要從創造「事實」出發，營建新的人世生活，引申出新的法制、禮俗規則，從而達致新的社會秩序。因爲「唯社會有權，而後國權乃立」，「鄉村建設運動就眼前說，其使命實在於形成一個社會意志，以立國權。」〔註79〕因此梁漱溟稱其鄉村建設是「一種建國運動。」〔註80〕

（一）發現「鄉村」

　　梁漱溟自辭去北大教席後，「鄉村」漸漸在他的理論思維和實踐領域中佔據著非常重要的地位。隨後，「鄉村」成爲他從事救國建國的活動場域而具有特殊的蘊涵。過去人們要麼把「鄉村」理解成一個經濟組織或政治團體，要麼把「鄉村」理解成反對都市化和工業化的場所或地域組織，更有甚者把「鄉村」建設定義爲烏托邦而將它束之高閣，從而對梁漱溟的鄉村建設產生了眾多歧義。在全面建設小康與構建和諧社會的今天，從生活世界的視角來考量「鄉村」，也許能使我們驅除梁漱溟鄉村建設研究中的種種迷霧，從而更深層次地把握梁漱溟的「建國運動」或「憲政運動」〔註81〕的眞義。梁漱溟認爲：「人群社會的事情，原來是活的，不是死的。死東西短缺一塊，可以拿另外一塊來補上；而活東西若有缺短，就必須靠它自己生長來補，要慢慢地在那裡往上生長，從生長中來補足他那個短缺。」〔註82〕我們的農業是這樣，教育、法律、政治等秩序的重建莫不如此，人家的只能當個樣子，作個參照，「或者說把人家的拿來當作養料，去咀嚼、融化、攝取、吸收他的長處，好讓自己慢慢地往上生長。」〔註83〕「從沒有的上面讓他長出一點；從不好的地方讓他改一點；有一點再有一點，改一點再改一點……長，長，長，進步，進步」〔註84〕，從鄉村這個中國社會的根上開出生機，整個社會一切事情將隨之進步。爲什麼要從鄉村這個根上開生機呢？梁漱溟認爲：

> 中國社會無論從過去歷史來說，從現在處境來說，乃至爲未來
> 打算，都必以鄉村爲根，農業爲根——由鄉村而都市，由農業而工

〔註78〕　《梁漱溟全集》，第一卷，第615頁。
〔註79〕　《梁漱溟全集》，第二卷，第488頁。
〔註80〕　《梁漱溟集》，群言出版社1993年版，第263頁。
〔註81〕　《梁漱溟全集》，第六卷，第498頁。
〔註82〕　《梁漱溟全集》，第一卷，第647頁。
〔註83〕　《梁漱溟全集》，第一卷，第648頁。
〔註84〕　《梁漱溟全集》，第一卷，第647頁。

業，此一定順序。現在我們就要四面八方從種種安排上爲鄉村開生機，爲農業開生機。此處生機一開，整個社會一切事情隨之進步。〔註85〕

開生機的要點就在於將學術研究與社會事實相溝通，要尋找到內地鄉村社會與外面世界相交通的途徑，尋求組織是必然的。這與我們現在熱烈討論的西方的自生自發的秩序不謀而合。梁漱溟強調在重建組織時必須包含兩大要點：

一、如何使鄉村裏面的每個分子，對鄉村團體的事情，都爲有力地參加，漸以養成團體生活；二、如何使內地鄉村社會與外面世界相交通，藉以引進外面的新知識方法。〔註86〕

這與我們今天實行的鄉村治理在旨趣上是一致的。「就政治上說，不外國家施政行政的一面和人民參預爲政作主的一面，都必須靠有地方組織來發揮運用；那在中國社會的基層就是鄉村了。譬如行政不達到鄉村，即空浮等於沒用；要想達到鄉村，即必須鄉村有組織。又如政權的運用（按照孫中山政權治權的分法），民意的發揮，更非鄉村有組織是不行的。」〔註87〕「所謂鄉村組織就是要從鄉村做起，從鄉村開端倪，來創造一個新文化，創造一個新社會制度」〔註88〕。這與西方的民治觀不同，梁漱溟認爲，首先西方的公事多數表決是由權力爲本來的。在他們看來，「我既然是團體裏面的一份子，我就有我的一份權，你也是團體裏的一份子，你就有你的一份權。那麼，我們既然各有一份權，彼此平等，則對團體裏面大家的事，就應當由大家來表決」〔註89〕；表決時，誰的意思占勝利，那就得要由票上見。多數表決、服從多數，就發生法律效力了，法律也就是團體裏面的一個公意。其次私事不得干涉也是由權利爲本來的。一言「權」，就要有「限」視爲「權限」。在西方社會，國權、民權彼此之間的界限是非常明晰的，此疆彼界，絲毫不得侵犯。最後，一切皆歸法律解決。梁漱溟認爲，法律「就是要把這個權那個權來規劃訂定明白的。比如說：我能如何，你能如何，我不能如何，你不能如何，把這些弄明白，劃分的清清楚楚」〔註90〕。這與我們傳統社會注重倫理情誼、

〔註85〕 《梁漱溟全集》，第一卷，第 648 頁。
〔註86〕 《梁漱溟全集》，第一卷，第 650 頁。
〔註87〕 《梁漱溟全集》，第一卷，第 652 頁。
〔註88〕 《梁漱溟全集》，第一卷，第 653 頁。
〔註89〕 《梁漱溟全集》，第一卷，第 654 頁。
〔註90〕 《梁漱溟全集》，第一卷，第 655 頁。

人生向上有些扞格。但所謂中西不同，只是各有所偏，並非絕對不同。既然如此，便有溝通調和的可能，鄉村組織即一中西具體事實的溝通調和。因此尋求秩序也好，秩序重建也罷，非從鄉村做起不可。對於鄉土中國社會來說，梁漱溟發現「鄉村」建設實際上是重建一個新的生活世界。

何謂「生活世界」？顧紅亮認為大致有以下幾個特徵：一，生活世界是人與人日常交往、工作的一個領域。顧名思義，生活世界和人們的日常生活密切相關。第二，生活世界是意義的發源地，具有本源性，科學知識的意義、客觀事物的意義只有借助於生活世界才能理解。這是意義理解的一個原初場景。因此，它是前科學的，前概念的。第三，這是一個構成性的境域，它不是一個純粹的物質空間，對象在它的視域內浮現出來。這個境域是集體性的，是包含了我、你、他（她）、我們、你們、他（她）們在內的集體的視域，是歷史地累積起來的。離開了人，也沒有生活世界。第四，生活世界不是不變的實體，而是向著未來開放。它不是封閉的，而是開放的。正是未來維度的敞開，使得生活世界具有生產性和成長性。它不是認識對象，對象唯有通過它才獲得真切的意義。〔註91〕其實，梁漱溟要建設的「鄉村」與上面所說的「生活世界」的含義多有契合和關涉之處，尤其是在這一點上，即生活世界是一個意義的發源地。然而，梁漱溟認為，作為生活世界的鄉村伴隨著西學東漸和列強進犯而破碎了。中國的現代歷史就是一部「鄉村破壞史」〔註92〕。破壞的力量，除了國內的天災和人禍外，國際的力量破壞所及，尤為深遠。梁漱溟認為破壞的力量可分為三：

　　　　一、政治屬性的破壞力——兵禍匪亂、苛捐雜稅等；二、經濟
　　屬性的破壞力——外國經濟侵略為主，洋行買辦等也為破壞鄉村的
　　助手；三、文化屬性的破壞力——從禮俗、制度、學術、思想的改
　　變而來的種種。〔註93〕

這其中一個最基本的意思是指傳統中國人的生活世界的「破壞」。傳統的「鄉村」是個保存了大量傳統習俗、價值觀的地方，是一個意義的聚集地，是中國文化的根本，是一個蘊含豐富的思想資源儲藏庫。梁漱溟認為重建被

〔註91〕 顧紅亮：《梁漱溟的鄉村概念與生活世界》，《二十一世紀》網絡版，2006年1
　　　　月號，總第46期。
〔註92〕 《梁漱溟全集》，第二卷，第150頁。
〔註93〕 《梁漱溟全集》，第二卷，第150頁。

「破壞」的鄉村，不僅是必須的，而且也是可能的。對「鄉村」加以創造性的改造和轉換，注入更多的「因子」，「鄉村」就能成爲現代中國人生存的意義源發地，成爲中國人的生活世界。這是一條與中國傳統精神價値十分合拍的現代性道路。可見，梁漱溟重建「鄉村」的實質就是要重建一種生活世界、一種社會秩序、一個意義世界。「新社會、新生活、新禮俗、新組織構造，都是一回事，只是名詞不同而已。」〔註94〕在中國已往的社會裏，這種秩序常常是以禮俗而不是法律的形式來規範和塑造的。在傳統中國，禮俗不僅具有倫理性質，同時還帶有政治的性質。因此，作爲生活世界的現代「鄉村」無疑就成爲梁漱溟創造性解決中國問題的實驗場域。

（二）鄉村的倫理與政治維度

「鄉村」作爲中國人的生活世界，就倫理和政治的相關性而言，前者可謂收拾人心，後者可謂維護秩序，實際上是以二者的同構同化解決人生與社會政治難題爲旨趣的。在中國的鄉村，倫理關係是其首要標識。我們可以把日常生活形式、行爲方式、風俗習慣、社會輿論等統稱爲倫常。德國的黑爾德（Klaus Held）教授說：「倫常構成 ethos，也即一個熟悉的共同場所，一個人類共同體持續不斷地逗留在這個共同場所中，通過行動來塑造他們的共同生活。」〔註95〕梁漱溟的「鄉村」實際上就被設想爲這樣一個共同的場域，儒家的倫常在此場所中發揮著紐帶的作用，以不可見的、潛移默化的方式發揮作用，把人與人自然地連接在一起，共享著生命的意義與倫理的訴求。在「鄉村」倫常的構建之中，義務與理性是兩個關鍵詞。在西洋的社會構造中，存在著近代西方的個人本位和最近蘇俄之社會本位兩種構型。梁漱溟認爲它們在群己關係上都是落入了兩個極端，違逆人性。他主張理想的群己關係是倫理本位的。那麼，什麼是倫理呢？梁漱溟認爲：倫理就是人與人的相互關係之理，「倫理就是倫偶，人一生下來即有與他相關係的人，並且他的一生也始終是與人在相關係中。」〔註96〕「倫理關係即是情誼關係，也即表示相互間的一種義務間關係。」〔註97〕這就衍生出一個如何處理人與人的關係問題。人與人之間理想的關係應是互相尊重對方，互以對方爲重；一個人似不爲自己而存在，乃彷彿互爲他人而

〔註94〕《梁漱溟全集》，第二卷，山東人民出版社1990年版，第278頁。
〔註95〕〔德〕黑爾德：《世界現象學》，孫周興編，三聯書店2003年版，第131頁。
〔註96〕《梁漱溟全集》，第二卷，山東人民出版社1990年版，第305頁。
〔註97〕《梁漱溟全集》，第二卷，山東人民出版社1990年版，第168頁。

存在著。即互相以盡義務爲自己的職責，由此保持人與人之間的和諧與情誼關係。「倫理關係即表示一種義務關係。」〔註98〕一個以倫理爲本位的社會一定是一個宣導義務、責任優先而不是權利優先的社會。

在梁漱溟看來，鄉村是一個價值的共同體或生活世界，而不是一個權利的共同體。在中國傳統的價值共同體內，「仁義禮智信」的基本價值規範維繫著這個共同體，個人遵守這些價值規範，就是在履行自己的義務。傳統的政治與社會秩序是靠價值規範或義務來確立的，而西方社會在很大程度上是一個權利的共同體。它們以「團體生活爲重」，「一切從權利本位出發。」〔註99〕一個以個人爲本位的社會，每個社會成員都是享有自由、平等權利的個人。個人權利的享受、維護成爲共同體的重要任務。政府的一個重要職責是保障個人的合法權利不受侵犯。正如英國政治哲學家歐克肖特（M. Oakeshott）指出：「政府的職能被理解爲維護有利於個人利益的安排，這些安排就是將主體從共同忠誠的『鎖鏈』（像盧梭所說）中解放出來的安排，它們構成了人類處境的一個條件，在此條件下，人們可以探究個體性的暗示，享有個體性的經驗。」〔註100〕共同忠誠的鎖鏈指的是西方以宗教價值爲紐帶聯結起來的傳統共同體，而傳統中國的鄉村社會則是另走他路。進入現代社會，西方人對其傳統的共同體的有力反動致使其分崩離析而走向了追求個人主義、權利優先的現代共同體，它是在其「事實」的境域中演化出來的。在生活世界上，中國與西方的差異在此分別以義務（價值）取向和權利取向的方式呈現出來。梁漱溟無疑贊成前者，而批評後者。

梁漱溟認爲，作爲生活世界的鄉村不僅是義務優先的團體，而且是一個理性組織。「理性」可謂梁漱溟的獨特用詞，與理智相區別。理智表示主體的計算、籌劃能力，而理性是無私的感情，是通達的心理，無私心雜念。正如張汝倫所說：「在梁漱溟那裡，理性是超越感官作用的反思，是自己訴諸自己的理性，雖然理性含有感情，卻又不能歸結爲感情。」〔註101〕梁漱溟還常引用杜威（John Dewey）的一段話，說明理想的鄉村是以理性爲主導的，是浸透著理性精神的社群。杜威說：「在任何社會群體中，有很多人

〔註98〕《梁漱溟全集》，第二卷，山東人民出版社1992年版，第94頁。

〔註99〕《梁漱溟全集》，第二卷，山東人民出版社1990年版，第168頁。

〔註100〕〔英〕歐克肖特著，張汝倫譯：《政治中的理性主義》，上海譯文出版社2004年版，第92頁。

〔註101〕張汝倫：《現代中國思想研究》，上海人民出版社2001年版，第446頁。

與人的關係仍舊處在機器般的水準，各個人相互利用以便得到所希望的結果，而不顧所利用的人的情緒的和理智的傾向和同意。」〔註102〕杜威批評現代社會的一個不良現象，即以功利原則來處理人際關係，把人與人的關係看作是「硬性的、機械的」〔註103〕關係。梁漱溟把這樣的社會稱為機械的社會，而把那種由互相尊重對方的倫理關係組成的社會稱為理性的社會。在這樣的社會組織中，人憑藉理性直覺到人與人的義務關係，進而構築起倫理的情誼，構成生活世界的倫理境域。「這個社會組織乃是以倫理情誼為本源，以人生向上為目的，可名之為情誼化的組織或教育化的組織；因其關係是建築在倫理情誼之上，其作用為教學相長。這樣純粹是一個理性組織，它充分發揮了人類的精神（理性），充分容納了西洋人的長處。」〔註104〕哪些長處呢？梁漱溟認為有四點：「一是團體組織——此點矯正了我們的散漫；二是團體中的分子對團體生活會有力的參加，——此點矯正了我們被動的毛病；三是尊重個人，——此點比較增進了以前個人的地位，完成個人的人格；四是財產社會化，——此點增進了社會關係。」〔註105〕從而構建中國人新的生活世界。

在倫理的維度外，「鄉村」還有一個政治的維度，即鄉村不僅是個倫理生活的場景，也是一個政治生活的領域。人們既可以從中獲得倫理意義的支撐，同時又可以獲得政治自由，自由地表達自己的意見，發展人的個性，並受到人們的尊重。與牟宗三一直在學理的層面上努力開啓現代儒家的民主政治相較，梁漱溟早在他之前就已經在鄉村開始了民主政治的社會實踐，尋找通向民主政治的切實可行之路。但是他所說的政治不是西方的或俄國的政治，而是他獨創的理性政治。雖然梁漱溟反對走西方民主政治的道路，但他並沒有否認中國的民主化道路。事實上，從他對民主精神的闡釋可知：他把民主作為一種生活方式來理解。民主的生活方式積澱在生活世界之中，構成鄉村生活的重要政治維度。從這個向度上看，梁漱溟並沒有像有些學者聲明的那樣「放棄民主之路」，〔註106〕恰恰相反，他是在堅持和實踐一種新的具有中國

〔註102〕杜威著，王承緒譯：《民主主義與教育》，人民教育出版社2002年版，第10頁。

〔註103〕《梁漱溟全集》，第二卷，山東人民出版社1990年版，第168頁。

〔註104〕《梁漱溟全集》，第二卷，山東人民出版社1990年版，第308～309頁。

〔註105〕《梁漱溟全集》，第二卷，山東人民出版社1990年版，第309頁。

〔註106〕何信全：《儒學與現代民主》，中國社會科學出版社2001年版，第84頁。

式的民主政治──理性政治。作爲理性主義，梁漱溟認爲有兩種：「一種是
法國的理性主義，是一個冷靜分析的理智；一是中國人的理性主義，是平靜
通曉而有情的。」〔註107〕梁漱溟進行鄉村建設的一個主要目標是把鄉村這
個傳統的生活世界加以改造，不僅使之成爲一個容納現代權利、民主觀念的
生活世界，而且使之向政治世界開放，實現他獨特的「民主」政治理想，即
「人治的多數政治」〔註108〕，一種把「賢者政治」與「多數政治」相結合
的理想政治。賢者政治承自中國固有的傳統，多數政治承自西方民主的傳
統。兩者的結合體現梁漱溟的鄉村民主理想。這樣一個中西融合的鄉村組
織，「正是一個民治精神的進步，而不是民治精神的取消。」〔註109〕從而實
現鄉村中人在政治上的自由與開放。換言之，政治生活最終是以倫理生活尺
度爲基礎和取向的。在鄉村的生活世界中，以清明理性和道德義務爲中心詞
的倫理生活控制和調節著政治（民主和權利）的取向。鄉村倫理境域的不斷
構成，也推動著政治生活的自由進程。這不僅是他對鄉村及其秩序的理解，
而且也是對中國文化的解讀和詮釋，更是他對中國文化寄予的希望。因此，
他明確指出：「只有鄉村安定，乃可以安輯流亡；只有鄉村事業興亡，才可
以廣收過剩的勞動力；只有農產增加，才可以增進國富；只有鄉村自治當眞
樹立，中國政治才算有基礎；只有鄉村一般的文化能提高，才算中國社會有
進步。總之只有鄉村有辦法，中國才算有辦法。無論在政治上、經濟上、教
育上都是如此。」〔註110〕

（三）鄉村建設的具體進路

　　梁漱溟認爲，由於中國社會缺乏團體力量，致使中國多年來一直處於散
漫無序的狀態，而鄉村尤爲凸顯。因此，重建鄉村組織乃鄉村建設之核心。
鄉村組織就是怎樣把鄉村組織起來，直到把全國組織起來，建設一個新的社
會組織，它是「一個中西具體事實的溝通調和」〔註111〕。鄉村建設是起於鄉
村而不至於鄉村，重建鄉村組織的關鍵，就在於教育農民、培養農民，「走民
眾教育的途徑完成鄉村建設」〔註112〕。而民眾教育的最好形式就是鄉學和村

〔註107〕《梁漱溟全集》，第二卷，山東人民出版社1990年版，第314頁。
〔註108〕《梁漱溟全集》，第二卷，山東人民出版社1990年版，第292頁。
〔註109〕《梁漱溟全集》，第二卷，山東人民出版社1990年版，第290頁。
〔註110〕《梁漱溟全集》，第五卷，第225頁。
〔註111〕《梁漱溟全集》，第一卷，山東人民出版社1989年版，第665頁。
〔註112〕《梁漱溟全集》，第五卷，第479頁。

學。在梁漱溟看來，鄉學、村學在建立和發展起來以後，不僅可以成爲培養
農民新習慣的地方教育機構，而且可以在政治生活中幫助農民樹立一種團體
意識，使他們自覺地組織起來，形成一種集體的力量。只有在不斷啓發農民
覺悟的基礎上，將他們團結和組織起來，才能使中國問題的解決成爲可能。
那麼，如何將農民團結和組織起來？梁漱溟借鑒西方現代化國家丹麥的農民
合作運動的經驗，並「採用中國古人的所謂鄉約做法」〔註113〕，對其進行創
造性的轉化和改造，將新的內容注入舊的形式，以此作爲團結和教育農民的
中國式的社會組織機構。梁漱溟認爲：「中國從合作這條路走，是以『人』爲
本的，不同乎資本主義以『錢』爲本。」〔註114〕

鄉約在中國淵源很早，但正式見諸於文字記載並流傳於今的，是由宋代的
「呂氏鄉約」。內容分四點：一、德業相勸；二、過失相規；三、禮俗相交；四、
患難相恤。梁漱溟認爲：「鄉約這個東西，它充滿了中國人精神——人心向上之
意，所以開頭就說『德業相勸』，『過失相規』，它著眼的是人生向上」〔註115〕。
所謂「人生向上」，是梁漱溟在其後期思想中對「理性」這一概念的界說。這裡
的「向上」主要是就道德和人生境界而言，因此，「鄉約」組織即是建立在人的
道德本性——理性——之上的一種「倫理情誼化的組織」〔註116〕。這種團體組
織與西方文化中的法制團體根本不同，它約束其成員的不是法律，而是道德、
禮俗。梁漱溟認爲，「呂氏鄉約」對宋代以後的中國農村社會曾產生了很大的影
響，對維護鄉村社會秩序曾發揮了積極的作用，是中國農村自治自救的一種有
效形式。故而，他在「呂氏鄉約」的基礎上，對其加以擴展和修改，補充了新
的內容，從而形成新的「禮俗」，以適應鄉村組織建設的要求。

梁漱溟對舊鄉約的補充改造表現爲：一是將舊鄉約中消極的彼此顧恤
變成積極的救濟，即組織農民走合作生產之路。他認爲，農民的這種合作，
既不同於西方資本主義的所謂個人本位，也有別於純粹的社會本位，而是
「洽能得其兩相調和的分際，有進取而無競爭。由此道而行，自無偏敧的
結果……惟此農業工業自然均宜的發展，爲能開出正常形態的人類文明。」
〔註117〕二是將舊鄉約只顧個人、不顧大局的地方改爲重視社會、重視團體組

〔註113〕《梁漱溟全集》，第五卷，第722頁。
〔註114〕《梁漱溟全集》，第二卷，第560頁。
〔註115〕《梁漱溟全集》，第二卷，第321～322頁。
〔註116〕《梁漱溟全集》，第二卷，第322頁。
〔註117〕《梁漱溟全集》，第五卷，第223頁。

織，以期吸收西方團體生活的優長，改變中國鄉村社會散漫落後消極的局面。三是將舊鄉約或由私人提倡或由政府提倡，改為鄉村為主政府協助，也就是不應該依賴政治和法律的強制，應該「以禮俗代法律」，培養廣大民眾一種立志自動的意識，並使之形成一種新的社會運動。由此，敦促大多數人自覺地養成「新政治習慣」〔註118〕，「啓發大家的注意力與活動力，讓多數人從被動地位轉到主動地位，從散漫消極變為積極團結」〔註119〕。四是培養「新政治習慣」的同時，必須「認取應合中國的舊倫理精神，而不能採取西洋組織政黨，競爭選舉，三權對立的辦法」〔註120〕。這是由中西社會構造不同所決定的。

　　平心而論，非西方國家在現代化的過程中，妥善處理文化認同的問題始終是一重要課題。就文化變遷本身而言，它是一個「持續」──「變化」的過程，是一個既保持文化認同，又致力文化改造和創新的過程。梁漱溟以鄉約的形式重建中國新的禮俗，達到秩序重建，從理論上說似無可厚非，因為傳統的價值觀念、倫理情誼和道德標準等「文化傳統本身是一個開放的不斷豐富的龐大的『集體記憶』」〔註121〕，經過批判性的改造之後，還是可以為現代社會服務的，儘管梁漱溟的理論在當時失敗了，但至少這種啓發性的批評與重建有助於新的價值體制的確立。正如任劍濤教授曾指出：「倫理政治依託的人際關係，同樣是民主（法理）政治所依託的，而倫理政治以人情親情鄉情等情感因素作為政治制度建構與實施的中樞，未嘗不能給人以為民主政治提供情感動力的思考源泉。民主政治以法理為基石，但法理現實地作用於政治生活時，又不得不依賴於施行者與受施者對法理的心理情感認同，這一點往往為現代政治研究者所忽視。」〔註122〕

　　另外，有學者認為，梁漱溟畢其一生、孜孜以求的是「儒家的不患寡而患不均的社會主義。」〔註123〕這也值得商榷，因為梁漱溟認為，未來「新社會」不在於均平，而在於大家能站在一個立場上，共同對付自然界，減除人

〔註118〕《梁漱溟全集》，第五卷，第578頁。
〔註119〕《梁漱溟全集》，第五卷，第535頁。
〔註120〕《梁漱溟全集》，第五卷，第536頁。
〔註121〕顏德如主編：《自由主義與近代中國》，吉林文史出版社2003年版，第1頁。
〔註122〕任劍濤著：《倫理王國的構造──現代性視野中的儒家倫理政治》，中國社會科學出版社2005年版，第364頁。
〔註123〕黃克劍：《百年新儒林──當代新儒學八大家論略》，中國青年出版社2000版，第29頁。

與人的競爭，而整個人類的生存問題，有社會作保障，由社會來解決，而實現這一目標的關鍵之一，即是經濟建設。就當時的國際環境和中國的國情而言，中國已不可能走資本主義以工業引發農業的道路，而只能立足於發展農業，走以農業引發工業的道路。但農業發展得首先需要一個良好的政治環境和有責任的政治機構。而梁漱溟認為當時的國民黨政府是難擔此任的，因為它代表不了農民的根本利益。合適的政治機構只能是全國鄉村運動大聯合的組織，他把這個組織比喻為「中國社會的總腦筋」，並「制定政府施政的指針」，以達到用社會的力量促進鄉村建設〔註124〕。怎樣促進農業引發工業呢？首先，梁漱溟對農業存在的問題作了深刻的剖析。他認為，「近年農業的失敗，實在是外面所加於他的妨害太大。除了國際壓迫且不計外，國內就有四大障礙，必須要除去才行」〔註125〕。這四大障礙為：其一，秩序問題。他認為，社會失序、秩序饑荒導致社會治安不好是妨害農民生產的大問題，因此，要促進農業發展，80%的農民必須有一個穩定安全的環境。其二，運輸問題。他認為，交通運輸渠道不暢，致使農業產品流通困難重重，阻滯農業發展。其三、農民負擔問題。他認為，農民生活負擔愈重，生活愈困苦，子女就學難，農業生產的積極性低，故而農民身上沉重的負擔是造成農業生產下降的關鍵所在。其四、自然災害問題。他認為，旱災、澇災、病災、蟲災等，對本來就是靠天吃飯的農業侵害不小。這些問題如若得到相當的解決，對農業生產力的發展是有相當助益的。其次，梁漱溟提出了解決之道。第一，促進農業的發展需要流通金融、引進科技、合作組織三者連環推進，缺一不可。關於流通金融：梁漱溟設想通過設立農業銀行，以吸收城市資金進入鄉村。為了保證農村金融活動的有序進行，他認為必須做到：「（一）遏制投機贏利之風，而務使資本到生產上去；（二）布置內地鄉鎮金融機構，使資金得返輸於農村；（三）於短期金融之外設法建立長期和中長期農業金融，完成健全的農業金融系統。」〔註126〕關於引進科技和合作組織：梁漱溟認為，中國文化有兩大缺點：一是缺乏科學技術；二是缺乏團體組織。因此，要想實現「理想社會的成功，一面要生產技術進步，一面要社會組織合理」〔註127〕。這兩

〔註124〕《梁漱溟全集》，第二卷，第519頁。
〔註125〕《梁漱溟全集》，第二卷，第515頁。
〔註126〕《梁漱溟全集》，第二卷，第527頁。
〔註127〕《梁漱溟全集》，第二卷，第417頁。

面是相輔相成的，僅靠單純的技術指導是不能從根本上促進農業發展的，因爲零散的農民從事小塊田地的耕種，斷無法採用先進的生產技術，只有把農民組織起來，成立農業生產合作社、銷售運輸合作社等一系列健全的合作組織，才能有效地改變農業生產技術落後的現狀。第二，中國的工業化之路必將是中國式的。梁漱溟認爲，西方工業化道路發展至今，已百病叢生，中國絕不能再重蹈西方工業化的覆轍，這已是一條不通路。對於蘇聯的工業化道路，梁漱溟也持警惕的懷疑態度，認爲它雖然避免了資本主義工業化帶來的諸多問題，但也造成了高度的計劃化和工業都市集中等弊病，這條路也是一條不通路。那麼，中國的工業化之路不是被堵死了嗎？中國無需工業化了嗎？對諸如此類的問題，梁漱溟的答案是：否。他認爲，「中國興亡繫於中國能否工業化」〔註128〕，並堅信「中國的工業化，必將走一條不同的路」。即「從農業引發工業，農業工業爲適當的結合。」「逐步以合作的路，達於爲消費而生產，於生產社會化的進程中，同時完成分配的社會化。這樣創造起來的文明，完全爲一新文明。既不是過去中國的鄉村文明，亦不是近代西洋的都市文明」〔註129〕，而是中國式的新社會文明。此外，梁漱溟還指出，中國問題的解決，一定意義上講，「全在其社會中知識分子與鄉村居民打並一起所構成之一力量」〔註130〕。因爲知識分子下鄉與農民的結合，至少可起到兩種作用。一是爲鄉村擴增「耳目」。鄉村最大的病痛在於愚弊，絕大多數農民不識字。知識分子下鄉則可以給鄉村帶去新的知識和新的信息，開闊農民的視野。二是爲鄉村增添「喉舌」。鄉村最大的缺憾是遭遇禍害無人理會，農民由於不識字，無法喚起社會的注意。知識分子則不然。因此梁漱溟斷言，如果知識分子與鄉村居民「構成一個力量，上下互通聲氣，頭腦與身體合而爲一，則中國問題之解決」〔註131〕也就爲期不遠矣。針對當時武力橫行，法律無效；政府腐敗；下情隔膜，措施不當；內戰不已，破壞慘重等政治問題，梁漱溟提出眼前之途就是要控制武力，制止內戰，做到穩定統一，長遠之途就是走政教合一之路。所謂「政教合一」，梁漱溟解釋道：「政」，即政治，是指人類社會最有權威、最有力量的團體生活。譬如國家就是社會團體生活之一，但它

〔註128〕 《梁漱溟全集》，第五卷，第 579 頁。
〔註129〕 《梁漱溟全集》，第二卷，第 579 頁。
〔註130〕 《梁漱溟全集》，第二卷，第 467 頁。
〔註131〕 《梁漱溟全集》，第五卷，第 227、484 頁。

不是平常的團體生活，而是最具有權威和力量的團體生活，它一面能保障我們生命的安全，一面又能予我們生命以制裁。這個團體裏面的事情即為政治。「教」，即指教化，通過教育的方式使人心向上。一句話，「所謂政教合一就是把人生向上這件事情亦由團體來幫助，使人的生命往更智慧更道德更良善裏去。換言之，把幫助人生向上的事情亦由最高有力的團體來作，這就叫作政教合一。」〔註132〕在梁漱溟看來，單從西洋社會來看，文藝復興運動以來，個體對團體的反動，即要求樹立個人的自由，保障個人的自由，反對團體對個人自由的過分干涉。如果從人類大勢來看，人類社會將從對個體消極的不干涉轉變到積極要求團體幫助人生向上，等到團體幫助個人朝人生向上作工夫的時候，就是政教合一了。梁漱溟認為中國要走的路子只能是鄉村建設，而鄉村建設一上手就是政教合一的問題，而政教合一的首要問題是鄉約。而鄉約的職能一面是自治，一面是教化。

梁漱溟進一步斷言：將來世界也要趨於合一。因為隨著知識的進步和經濟的發展，人類社會會更加連貫化、組織化，個人範圍的擴大化，共同生活的社會化。到那時，人類聯合起來組成一大的團體組織來對付自然。在他看來，當人類各自為謀時，生機問題佔據頭腦，無暇他顧；而當人類結成社會化的團體後，則個人都有相當的空閒來作思想的工夫，思索什麼則成了一個麻煩問題。為此，政教合一實屬必要，社會當給人類超生存之外的心思活動一個總的安排。也就是說，「今日之所謂政治，在將來看好多是冤枉的事，多餘的事。」〔註133〕這個教，既非古代國家之教，也不是現在的教育，而是要求社會給個人以積極的幫助。這個時候的教育是在良好的秩序和社會環境中進行的，而不像現在的秩序。梁漱溟認為，現在的秩序是從計較心來的秩序，是表面的，並不能根本轉換人心。同時，這也不是對人的態度，而是對物的態度，因為它沒有要求人心的同意與同情，只是要求其身體對於社會事業的合理，只能成為一種機械的秩序。這種秩序在從前是適合的，因為以前的人各自為謀。而現在的社會要求協同共謀，人與人之間需要一種融洽的關係。這種融洽的關係與個人本位是完全不相容的，所以只有消除個人本位，才能有真正的社會秩序。這種社會秩序不是靠法律制裁來維持，而只能從人的性情上來培養，使其拋開自私的心理，逐漸形成一個遠大的共同的要求，這就

〔註132〕《梁漱溟全集》，第五卷，第 690 頁。
〔註133〕《梁漱溟全集》，第二卷，第 564 頁。

是教育的工夫。

怎樣達到教育所需之良好秩序呢？梁漱溟認爲莫過於實行地方自治，即實行組織團體來過團體生活。這中間含有兩個意思：第一，在團體裏有秩序地去進行以求達到其目標時，必須是機關分職，團體中互有分工、各管其事，大家分開做事，而所做之事仍爲一個，這就是組織。第二，團體中的分子，個個必須有其自己的位置。如果說多數分子雖合在一起，但卻失掉了原來每個分子的存在性，那就不成其爲團體了。故而團體一面要有共同的結合，一面是在結合裏還有團體構成分子的位置，即達到分而不散、和而不同。因此，「這團體的機關分職，與團體結合中不失構成分子的位置，是組織團體頂重要的兩個意義。」〔註134〕對於中國實行地方自治的困難，梁漱溟也作了深入的分析。首先，從心理習慣一面看去，中國人存在兩大缺點：一是缺乏「紀律習慣」。紀律在組織與編制二者中非常重要，因爲組織與編制都是與多數人緊密相關的，當多數人有秩序地向一個目標進行時，必有賴於紀律的維持。否則，秩序必亂，事情也無法進行。故而在團體生活中紀律是最重要的條件。而中國人卻最愛隨便，缺乏紀律習慣，在社會公共問題上較爲凸顯。二是缺乏「組織能力」。所謂組織能力，就是多數人在一塊商量進行事情的能力。一人作主，不是組織。聽任支配亦非組織。只有大家在一起共同商量，才算組織。這個能力也是中國人所缺乏的。其次，從物質經濟一面去看，地方自治不能單靠人心習慣的轉變，物質經濟的轉變亦十分重要。如果經濟事實不逼著使人轉變，則新紀律習慣、新組織能力亦難養成。在過去自給自足的經濟生活裏，大家閉門過日子，彼此在生活上無連帶的關係，所以不能產生連帶意識，團體生活自然亦難形成。總而言之，中國社會是一個既沒有組織能力，也缺乏團體生活的散漫社會。在政治生活中是消極無爲放任自由的，經濟生活是自給自足不相關聯的，社會風尚是反團體共同活動的。他認爲：「近百年來，西洋文化的戰勝，勝於其組織能力；中國民族的失敗，敗於其散漫無力。」〔註135〕因此，時至今日，中國的危機已不容我們敷衍生活，非從根本上改弦更張不可了。地方自治是這個大轉變時期的重要環節，它一改從前中國社會的散漫生活，爲中國人學會過團體生活指引方向。

在如何達成地方自治上，梁漱溟認爲，第一，對於民眾組織能力的培養，

〔註134〕《梁漱溟全集》，第五卷，第 313 頁。

〔註135〕《梁漱溟全集》，第五卷，第 320 頁。

要做到以下四點：其一，培養其注意力和關切心——開會必到，事事要從心裏過一遍。公眾集會，眾人到，自己必到。凡關本村之事都要在自己心裏想一想，不清楚的事情要勤問。其二，培養其活動力——有何意見即對眾人說出，請大家共同參酌，各抒己見，實不可少。其三，尊重多數，舍己從人——自己的意思雖要說出，但不可固執己見；凡眾意所規，應當遵從。其四，要照顧少數，彼此牽就——有時少數人的意見也不可抹殺。若以多數強壓少數，雖一時屈從，但終究不會屈服。故總以兩方面彼此牽就，商量出一個各都同意的辦法爲好。團體之內，和氣爲貴，倚強淩弱，斷乎不可。就此看來，「鄉人能注意關切公共事情，向前活動，表見組織能力，就算此村學之最大成功」〔註136〕。這就是要爲公共事務造成一個公共空間。第二，新習慣和新能力的養成，必須合乎中國固有之精神。因爲中西社會構造不同，中國是倫理本位、尚情義的社會；西洋是個人（社會）本位、講權利的社會。西洋從權利觀念出發，故其社會靠法律去維持；中國從情義出發，故其社會靠禮俗以生活。此道行之久遠，豈能根本改轍。如仍要移植西洋權利法律之治具安設吾邦，則無異於自毀前程。因此，中國人紀律習慣、組織能力的養成，必須發揮中國固有之情義精神，用禮俗維持推動，往前合作。這樣，人在團體生活中，實現謙以處己，敬以待人，互相感召，情義彌篤，則團結合作之路在中國社會則有希望。第三，政治、經濟、教育三者要合一。梁漱溟分梳兩點：一是就政治經濟合一來說，梁漱溟認爲，中國社會自其舊的組織構造崩潰，政體變更，皇帝推倒之後，使原來就已散漫的社會更加散漫，更無何物足以維繫於其間。因此，當今中國最急迫的問題就是構造新組織的鄉村自救。但不是一人一鄉一地方的鄉村自救，而是廣大社會之團結聯合，即要產生一社會總腦筋。它對於經濟有一總的計劃，總的安排，總的解決。在經濟合作化過程中，培養出中國人新的習慣和新的能力，從前散漫、消極之病可隨之解決。這樣，由經濟上的農民合作漸趨進入政治上的地方自治，從而實現政治與經濟的合一。二是政教合一。梁漱溟認爲，中國的政治如果脫離了「教」，則必不會有辦法。因爲中國要想地方自治成功，必須經濟合作，但無論是經濟合作，還是地方自治，都離不開教育（教化）的工夫。因此「中國地方自治，要想成功，必須從禮俗出發，進行組織。而禮俗的地方自治組織，亦就是情誼的、倫理的、與教學的地方自治——政治與經濟，統屬於教學的組織之中，而教學居於首位。這就是政治經濟與教化三者合一之

〔註136〕《梁漱溟全集》，第五卷，第749頁。

地方自治組織。」〔註 137〕至於中國地方自治的特殊性。梁漱溟認爲，地方自治的本意是針對國家的行政而言的。在民主政治的國家裏，國家尊重地方的自由，讓出一部分權力歸諸地方，使地方有權去做自己的事情。所謂的地方自治就是這樣由國權演變而來，即先有國家最高權，而後分出地方自治權。中國的情況則完全不同。中國的地方自治不但不是由國家演變而來，而倒是先從小範圍組織慢慢聯合擴大，最後成爲一個國家組織。因此，目前的中國很不像一個眞正的國家，因爲國家的基本職能在維持秩序，保障人民生命財產的安全，國家的權力高度集中。「現在中國破壞鄉村最大的是政治的力量。而政治力所以破壞鄉村，是由於政權多的緣故。政權多的背後是武力多，……政權多，武力多，對於鄉村的破壞是必然的，不容逃避的。所以此時鄉村無法再靠政權，只有鄉村自救了。」〔註 138〕因此，中國的地方自治實爲地方自救。此外，中國此刻最高惟一的國家權力尚未樹立起來，所以地方自治無法由上（政府）推演而須從下（鄉村）往上生長，由下往上開展，慢慢建設新的國家。梁漱溟所領導的鄉村建設運動，「就是想從鄉村自救運動、社會文化運動，慢慢來建設一個新的國家」〔註 139〕。所以，「鄉村建設實非建設鄉村，而意在整個中國社會之建設，或可云一種建國運動」〔註 140〕。

　　梁漱溟認爲，鄉村建設中建立村學鄉學這樣的組織，不僅能使內地鄉村社會與外面世界相交通藉以引進科學技術，而且能使團體裏面的每個份子對團體生活都爲有力地參加漸以養成團體組織。〔註 141〕這樣，使鄉村富有生機與活氣，則鄉村就能漸漸地向上生長進步，成功一個眞的團體，擴展爲一個新的社會制度。因此，

　　　　與其說是鄉村建設，不如說是鄉村生長；我們就是要鄉村好像一顆活的樹木，本身有生機有活氣，能夠吸收外面的養料，慢慢地從一株幼苗長成參天大樹。換句話說，鄉村建設，就是要先從鄉村組織做起，從鄉村開端倪，漸漸地擴大開展成功爲一個大的新的社會制度，這便叫做『鄉村建設』。〔註 142〕

〔註 137〕《梁漱溟全集》，第五卷，第 334 頁。
〔註 138〕《梁漱溟全集》，第五卷，第 345 頁。
〔註 139〕《梁漱溟全集》，第五卷，第 345 頁。
〔註 140〕《梁漱溟全集》，第二卷，第 161 頁。
〔註 141〕參閱《梁漱溟全集》，第一卷，第 711～716 頁。
〔註 142〕《梁漱溟全集》，第一卷，第 720 頁。

　　綜上所述，筆者所要揭櫫的是梁漱溟所尋求的理想社會及其實踐路徑，並不像有的人所認爲的那樣是反工業化和反民主化的復古主義。實際上，梁漱溟的鄉村建設並沒有簡單地停留在農業上，相反，他是在更廣闊的背景下探討中國民族的前途問題，特別是工業化問題。他一再強調，鄉村建設絕不是一項孤立的事業，是一項「建國運動」的系統工程，必須與中國的文化、工業、國防、科學技術等協調發展。梁漱溟對於中國工業化的回答，不是要不要的問題，而是如何發展的問題。批評工業化並不意味著反工業化，與此同時，梁漱溟對當時「三農」問題的認識和洞見，比同時代的許多人更富有洞察力和深刻性。他設想的工農結合，城鄉合作，腦體無隔，政治經濟教育合一，「傳統」、「現代」、「人性」的「溝通調和」的這幅「正常形態的人類文明」的圖景在 1937 年宣告失敗了。這也是梁漱溟及其鄉村建設理論爲時人和後人所詬病和論爭的地方，此處不再贅述。但筆者想強調的是，以毛澤東爲首的中國共產黨人進行的革命運動是解決中國近代危機以來所有問題的唯一正確道路，馬克思主義是唯一正確的指導理論，因爲革命的問題只能通過革命的手段來解決。當然，梁漱溟及其鄉村建設運動，在 20 世紀中國社會運動的歷史進程中，作爲解決中國問題的探索者和參與者，其貢獻也是不可否認的。他的許多深刻而富有洞見的認識也會獲得越來越多的人的再認和反思。梁漱溟對於中國鄉村這一生活世界的分析、探索和實踐，在當時無疑達到了較高的水平，即使在今天對我們建設社會主義新農村而言，也是一筆不可多得的理論和思想資源。正如現象學專家黑爾德教授曾指出：

> 當生活世界打開爲政治世界時，不單世界開放性有所提升，而且所有人之自由也展現出來。因此，政治世界的開放、自由的向度之所以具體開展，乃因人們統合爲一個社群，而這個社群的唯一首要目的就是讓所有人的自由能夠顯現，或使他們行動可能性之明確的可能存在成爲可能。〔註 143〕

　　即梁漱溟在對中國傳統意義上的鄉村進行創造性的轉化，使倫理的生活世界與政治的世界在現代的鄉村組織中得以融合。在這樣的鄉村建設過程中，不僅包容了權利在內的義務得到了確立，更重要的是，包括個人政治自由在內的所有人的自由將被開啓。由此，未來的鄉村將是一個由自由的個人組成的「新政治社群」。只有生活在這樣一個自由的可能性維度被充分打開了

〔註 143〕黑爾德：《世界現象學》，孫周興編，三聯書店 2003 年，第 232～233 頁。

的鄉村組織中的個人，才是自由的個人。

由此看來，梁漱溟的鄉村建設理論是一種極具時代特徵和極富個人特色的理論，是其思想體系中最具色彩的「行動理論」。在《鄉村建設理論》中，梁漱溟不僅回答了中國社會「是什麼」（What）、「爲什麼」（Why）的問題，而且還提出了解決中國問題的行動方案，即回答了「怎麼辦」（How）的問題，更爲重要的是梁漱溟先後用了近 10 年的時間對其鄉村建設理論進行積極探索實踐。放寬歷史的視界，它事實上是試圖通過基層——鄉村——來尋求中國的政治救亡與文化復興的方案。在梁漱溟的鄉村建設世界中，鄉村作爲中國人的生活世界，是意義的發源地。故而梁漱溟實現了從「村治」向「鄉村建設」的轉變，即鄉村建設起於鄉村而不止於鄉村，鄉村建設運動，實爲中國民族社會「重建一新組織構造之運動。」〔註 144〕這也是梁漱溟鄉村建設與當時晏陽初爲代表的中華平民教育會派、高踐四爲代表的民眾教育學派、米迪剛、王鴻一爲代表的村治派、黃炎培爲首的中華職業教育社派等有鮮明的不同之處。可簡略分梳爲三：首先，在團體組織的建設上，他認爲「鄉村組織要以中國的老道理爲根本近精神」，要充分照顧到互以對方爲重的倫理情誼和改過遷善的人生向上〔註 145〕，在鄉村組織的設計中，他試圖充分以中國的「呂氏鄉約」爲理論和歷史資源，來尋求最適宜於中國當時鄉村組織的途徑〔註146〕。這體現出了梁漱溟鄉村建設理論強有力的本土色彩。其次，在鄉村建設的動力上，他清醒地認識到，「鄉村問題的解決，一定要靠鄉村裏的人；如果鄉村裏的人自己不動，等待人家來替他解決問題，是沒有這回事的」，「最理想的鄉村運動，是鄉下人動我們幫他吶喊」〔註 147〕。這實際上就是肯認，農民是鄉村建設的主動力，知識分子也必須面向經濟與社會發展的主戰場。故而，他要求鄉農學校必須眞正「能使團體裏面的每個分子對團體生活都較爲有力地參加，漸以養成團體組織」〔註 148〕。這樣的組織實際上是政教合一的基層權力機構，是一個地方自治機關。最後，在鄉村建設的立意上，梁漱溟認爲其眞義是創造新文化，而新文化的創造必須從救治舊文化著手，然後讓舊文化「老樹發新芽」，並以此根進行鄉村建設，從而「替中國民族在政治上、

〔註 144〕《梁漱溟全集》，第二卷，第 161 頁。
〔註 145〕《梁漱溟全集》，第一卷，第 653 頁，第 659～663 頁。
〔註 146〕參閱《梁漱溟全集》，第二卷，第 320～345 頁。
〔註 147〕《梁漱溟全集》，第二卷，第 350 頁，第 575 頁。
〔註 148〕《梁漱溟全集》，第一卷，第 716 頁。

在經濟上，開出一條路來走」〔註149〕。

簡而言之，鄉村建設是梁漱溟打算從農村著手的文化啓蒙，作爲一種文化戰略，鄉村建設實隱含著梁漱溟的「農村包圍城市」的深謀遠慮：「眞的力量恐怕只有在內地鄉村社會中慢慢地醞釀，才能發生大的力量，後再影響於都市。」〔註150〕表面上梁漱溟是站在文化的立場進行鄉村建設，事實上他是從政治發展的立場來對鄉村建設進行綜合的、全方位的研究和實驗，並試圖以此來推動中國的鄉村發展和現代化事業。當下被「三農」問題持續困擾下的中國社會，重新反思和品味梁漱溟的鄉村建設思想的內涵及其實踐價值，無疑對新近提出的社會主義新農村建設是非常必要的，且具有很強的理論和現實意義。

〔註149〕《梁漱溟全集》，第五卷，第 19 頁。
〔註150〕《梁漱溟全集》，第二卷，第 97 頁。

第五章　從上層尋求秩序的政治思想：
　民主、憲政與政黨

　　　　中國最大的致命傷，即其三十年來政治上不統一不穩定，由此
而斷送了一切。

　　　　　　　　　　　　　　　　　　　　　　　　　　　──梁漱溟

　　　　憲政在西方是目的，在我們是手段。以憲政爲目的，則目的不
達，運動不止，卒必成功。以憲政爲方法手段，則一旦發現其他手
段方法，不難轉而之他。在「救國第一」的口號下，即令背叛憲政
運動亦無變節之嫌。

　　　　　　　　　　　　　　　　　　　　　　　　　　──梁漱溟

　　在梁漱溟的政治思想中，鄉村建設思想並不陌生，但從 1937 年到 1947
年，他作爲中國「自由主義」的領袖和政治上的中間派，其政治思想往往鮮
有研究。筆者認爲這一時期的思想是梁漱溟前期政治思想的進一步。本章之
所以強調「從上層尋求秩序」，是因爲梁漱溟認爲鄉村建設（建國運動）的進
路應從基層入手，由下往上逐漸開其端倪，最後形成一社會的「總腦筋」。中
日戰爭全面爆發後，他不得不放棄這一進路，轉而尋求通過上層建設國內秩
序。即通過政黨影響或參與最高政治的決策從而實現國內和平、共同抗敵，
進而完成社會改造之鵠的。因爲他一直認爲，中國最大的致命傷，即其三十
年來政治上不統一不穩定，由此而斷送了一切。在這一時期，梁漱溟對民主、
憲政、政黨等問題在前期基礎上進行了更深入的思考，構成了梁漱溟政治思
想的重要組成部分。與此同時，筆者對梁漱溟建國後的思想與活動也有所涉

獵，從而在一個較完整的意義上來認識梁漱溟及其思想。因為從當時人們給予他的定位和評判中，我們可以看到，梁漱溟是中國實行民主與憲政的反對者和阻滯者，對黨治的批判進而有人認為他反對政黨政治。進入新世紀以來，隨著中國民主法治化進程的加快，特別是隨著學術界、思想界、文化界對梁漱溟及其思想研究的深入，學者們發現，梁漱溟在民主、憲政、政黨問題上的態度，前後表面上似乎截然相反，實際上卻一以貫之，他之所以未獲得同時代人的理解，也許是因為「他不像當時和現在的許多人那樣，一味套用西方理論來描述中國社會，而是堅持用自己的眼睛和頭腦來看和分析中國社會」〔註1〕。由此觀之，梁漱溟不是中國實行民主與憲政的反對者、阻滯者，而是對中國民主憲政之路的困境、難局及前途的探索者、思考者和參與者。

一、梁漱溟的民主訴求

（一）民主是什麼

民主進入梁漱溟的學術和思想視野較早，在《東西文化及其哲學》中，梁漱溟指出：西方文化有兩大「色彩」，其中，「德謨克拉西」是其一也。可見，民主在當時是以「德謨克拉西」來指稱的。據有的學者考證，Democracy一語是19世紀後半葉傳人中國的，並出現了許多中文譯法，譬如民主政治、民主主義、惟民主義、庶民主義、民治主義、平等政治等，這些譯法各有側重，無法傳達Democracy的全部涵義，因此當時有人指出Democracy的原意「包含的很廣，若要用中國文兩三個字渾括它的全義，是不可能的」，因而主張按翻譯佛經時「五不翻」中「多涵不翻」的原則，音譯為「德謨克拉西」〔註2〕。於是，Democracy這一內涵豐富、層面寬泛的術語，在五四新文化運動時期的音譯「德謨克拉西」遂被多數人接受而成為流行話語。梁漱溟在《東西文化及其哲學》中所用的「德謨克拉西」一語也無可避免地打上了時代的痕迹，是從較為寬泛的意義上來指稱民主。在他看來，來自異域的「德謨克拉西」對於中國人來說，它是西方文化中最引人注目的特徵。在思想意識裏和國家政治生活中，西方人則是「大傢夥同拿主意，只拿有限制的主意；

〔註1〕 張汝倫：《現代中國思想研究》，上海人民出版社2001年，第459頁。

〔註2〕 朱志敏：《五四運動前後Democracy譯語演變之考察》，歐陽哲生，郝斌：《五四運動與二十世紀的中國——北京大學紀念五四運動80週年國際學術研討會論文集》（上），社會科學文獻出版社2001年版，第173～182頁。

大傢夥同要聽話，只聽這有限制的話」。〔註3〕這就是西方人走的所謂共和、憲政之路。而中國人則「始終記念著要復辟，要帝制，復辟帝制並非少數黨人的意思，是大家心裏所同」；並總想要有「一個人拿主意，並要拿無限制的主意，大傢夥都聽他的話，並要絕對的聽話」〔註4〕。這是我們一向走的所謂獨裁和專制的路。在國家的政治生活中，西方拿主意的即是聽話的，聽話的即是拿主意的；公眾的事大家都有參與做主的權，個人的事大家都無過問的權；他們有了「人」的觀念，有了「自己」的觀念，個性得到了伸展，故而拿「自由」、「平等」、「共和」等權利當回事。在中國有權與無權被打成兩截，有權的無限有權，無權的無限無權。（這個「權」，梁漱溟解釋爲威權的權，是同「權利」相剌謬的權。）中國人對於西方人的自由，「一種是淡漠的很，不懂得這是作什麼，一種是吃驚的很，以爲這豈不亂天下！」〔註5〕那是因爲「中國人不當他是一個立身天地的人。他當他是皇帝的臣民。」「他們本不是一個『人』，原是皇帝所有的東西，他們是沒有『自己』的」〔註6〕。因此在三綱五常、中庸調和中一方絕對統治，一方絕對服從。在這裡，根本找不到梁漱溟「崇拜中國固有文化」的影子，而是認爲改造中國人的傳統政治已經是一件刻不容緩的事情。對於西方化的政治制度實際的安設在我們國家造成社會梗阻的眞正原因，梁漱溟認爲在於：

> 中國人民在此種西方化政治制度之下仍舊保持在東方化的政治制度底下所抱的態度。東方化的態度，根本上與西方化刺謬；此種態度不改，西方化政治制度絕對不會安設上去！〔註7〕

事實上，梁漱溟不僅完全肯定了西方文化體現出來的科學與民主，而且對自由、平等、權利等有著強烈的訴求。同時可以看出，梁漱溟對中國傳統學術、思想文化和政治社會的弊病與缺陷的認識與批評也較深刻。在中西倫理思想道德觀念上，他強調指出：「最昭著的有兩點：一則西方人極重對於社會的道德，就是公德，而中國人差不多不講，所講的都是這人對那人的道德，就是私德。……一則中國人以服從事奉一個人爲道德，……而西方人簡直不講」〔註8〕。「西

〔註3〕　梁漱溟：《東西文化及其哲學》，商務印書館1999年第2版，第42頁。
〔註4〕　梁漱溟：《東西文化及其哲學》，商務印書館1999年第2版，第42頁。
〔註5〕　梁漱溟：《東西文化及其哲學》，商務印書館1999年第2版，第44頁。
〔註6〕　梁漱溟：《東西文化及其哲學》，商務印書館1999年第2版，第45頁。
〔註7〕　梁漱溟：《東西文化及其哲學》，商務印書館1999年第2版，第17頁。
〔註8〕　梁漱溟：《東西文化及其哲學》，商務印書館1999年第2版，第49頁。

方人的社會生活處處看去都表現一種特別的採（彩）色，與我們截然兩樣的就是所謂『德謨克拉西』的精神。」〔註9〕綜而言之，西方在政治形式上，廢除了封建帝制，實行多數決策，實行共和立憲、多黨制度等等；在社會理念上，崇尚人人平等，尊重個人權利和自由，人的個性伸展，社會性發達等等；在倫理思想道德觀念上，極重對於社會的道德，服從多數人的原則。這既是西方文化的「特別所在」，也是西方文化的「長處所在」〔註10〕，梁漱溟對此很欽慕。由此可見，梁漱溟當時對西方民主的理解，雖過於籠統，但一定程度上涵括了民主的全義，他既看到了有形的一面——民主的制度層面，又看到了無形的一面——民主的精神層面。

　　然而，梁漱溟對於民主的認識並沒有就此止步，而是極認真地去探究中國的民主之路，經過長達八年左右的探索，他恍然覺悟，悟得了什麼呢？他說：「吾民族實負有開闢世界未來文化之使命亦為歷史所決定；所謂民族自覺者，覺此者。」〔註11〕在他看來，西方民主政治中的選舉、競選、權力制衡等制度與中國的傳統文化和人生態度相扞格相衝突，因此它們在中國是永遠都不能成功的，從而徹底摒棄了西方化的民主政治道路。顯然，這裡所說的「民主」已經不是過去那種籠統的「德謨克拉西」了，是指一民族生活中之具體的工具或制度，是因地制宜的產物，不足以成為世界化。而不是作為政治理念和價值的民主來否棄的。有關這一點，梁漱溟早在 1923 年就強調指出：科學和德謨克拉西這兩個東西，「照我們的見解，這是有絕對價值的，有普遍價值的，不但在此地是真理，調換個地方還是真理，不但今天是真理，明天還是真理，不但不能商量此間合用彼間合用不合用，硬是要我說『現在所謂科學和德謨克拉西的精神是無論世界上那一地方人所不能自外的』。中國人想要拒絕科學和德謨克拉西，拒絕得了麼？其所以然，就是因為『人心有同然』。講到求知識，人心於科學方法有同然；講到社會生活，人心於德謨克拉西有同然。」〔註12〕這表明他對民主的普世性價值的認同與堅持。後來他更進一步說：「『民主』一詞，雖是自外輸入的，但今已融於我們文化中，與我們生活需要不可分離，今後更將向此途而進，蓋無疑問。」〔註13〕中國的

〔註9〕 梁漱溟：《東西文化及其哲學》，商務印書館1999年第2版，第49頁。
〔註10〕《梁漱溟全集》，第一卷，第362～370頁。
〔註11〕《梁漱溟全集》，第五卷，第113頁。
〔註12〕《梁漱溟全集》，第四卷，第746頁。
〔註13〕《梁漱溟全集》，第六卷，第422頁。

民主化進程已經成爲不可逆轉的趨勢。但對於民主的涵義，梁漱溟認爲人們在理解時往往不是很妥恰，因此有必要加以檢視釐清。什麼是民主呢？梁漱溟認爲，民主是人類社會生活中的一種精神或傾向。這種精神或傾向可細分爲以下五個要點：

> 第一點，亦是最根本的一點，就是我承認我，同時亦承認旁人。我有我的感情要求，思想意見，等等；旁人亦有他的感情要求，思想意見，等等。所有這些人我都要顧及，不能抹殺，也不能排斥之，更不能滅絕之。否則，就是「有己無人」，就是反民主。

> 第二點，從承認旁人，就有「平等」這一精神出現。換句話說，就是不但要承認旁人的存在，而且還要承認旁人並不比自己低下，即大家彼此平等。否則，就是「惟我獨尊」，就是反民主。

> 第三點，從彼此平等，就有「講理」這一精神出現。彼此間的問題由理性來解決，不能硬來，不能以強力來推行己意。凡是不講理，而又要以力服人的，都是反民主。

> 第四點，由平等而講理，結果就有「多數人大過少數人」的承認原則，俗語所言「三占從二」，即少數人服從多數人的原則。因此，遇到事情大家開會討論商量，公同取決，便是民主：這一點，實際上已含有前三點之意。所謂民主之「民」，指多數人而言；民主之「主」，則包含有遵從多數人的主張，以多數人爲主體，由多數人來主動這樣三層意思。

> 第五點，大家的事，由大家商量決定；個人的私事，則大家無過問之權，於是就有「尊重個人自由」之一精神的出現。近世歐洲提出「天賦人權」之說，是源於個人對來自外界過多干涉的反抗。所謂「個人主義」，就是要提高個人在團體中的地位，團體對個人給予尊重，便是民主，否則，就是反民主。〔註14〕

在這五點中，梁漱溟認爲第一點是其根本點，其餘各點都由它推演而來。因爲民主爲人情所恒有，但是，民主的這五個特點同時並具，並發揮到極致的社會幾乎沒有，所有的只是各有所顯罷了，不能一例相衡。由此，梁漱溟得出「中國文化自古富於民主精神」的論斷。後來，牟宗三、徐復觀、張君

〔註14〕《梁漱溟全集》，第六卷，第 472～473 頁。

勸、唐君毅四人聯署發表的《爲中國文化敬告世界人士宣言》一文，《宣言》揭櫫中國未能建成民主國家，但這不能說明中國文化在本源上有任何不足，中國文化中並不缺少民主的種子，建立民主制度從根本上說是中國文化的道德精神自身發展的內在要求〔註15〕。這實際上是對梁漱溟這一觀點的接續。儘管中國儒家政治思想是否必然能夠開出民主政治，目前存在若干爭議〔註16〕，然而在基本上認爲至少儒家思想未必反民主，其實已成爲大多研究者之共識。

梁漱溟認爲民主是人類社會生活中的一種精神或傾向，可以說是著眼於「民主的生活方式」（democracy as the way of life）立論，基本上頗中肯綮。他認爲在人類民主生活方式的五點——承認旁人、平等、講理、尊重多數、和尊重個人自由——之中，就中國人而言，其實眞正所欠缺的是第四、第五兩點，即多數決定的原則與尊重個人自由。就民主的前三點來說，中國人講究「己所不欲，勿施於人」的恕道，因而有了「民爲貴，社稷次之，君爲輕」、「君視其民如草芥，則民視其君如寇讎」、「撫我則后，虐我則仇」等古語，此乃是承認旁人之表現；中國社會缺乏歐洲中世紀與印度社會存在之階級、等級，則是平等精神之表現；至於講理的習慣，更是中國人所長。這是中國人對民主精神——承認旁人、平等、講理的發揮和高揚。但與此同時，中國無民主，其意涵有二：一是遇事召開會議取決多數之習慣制度未立，也就是缺乏民有、民享、民治三點之中的民治（by the people）這點；二是劃清群己權界、人己權界之習慣制度未立，也就是缺乏近代法律上之民主，特別是缺乏個人本位的權利觀念〔註17〕。就第二點意涵而言，梁漱溟指的顯然是中國缺乏近代西方的憲政或法治觀念，這一觀念的基本意義，在於限制政府權力，以保障個人的自由權利。可見，中國所缺乏之民主精神，乃是指多數決定之民治，以及對於個人自由權利之法制保障。在這裡，梁漱溟在一定程度上洞見到了中國文化與西方民主和憲政之間，實存在正面與負面的複雜關聯。這

〔註15〕 參見牟宗三、徐復觀、張君勱、唐君毅：《爲中國文化敬告世界人士宣言》。收入張君勱：《中西印哲學文集》（臺北：學生，1981年），第881～882頁。

〔註16〕 林毓生認爲從嚴格的思想意義上看，《宣言》中所揭櫫的觀點最多只能說中國傳統文化中蘊涵了一些思想資源，它們與民主思想價值並不衝突，但它們本身卻並不必然會從內在要求民主的發展。見林毓生：《政治秩序與多元社會》（臺北：聯經，1989年），第340～341頁。

〔註17〕 梁漱溟：《中國文化要義》，學林出版社1987年版，第252頁。

是梁漱溟對民主理解最精彩的地方。因為一般來講，人們總是習慣於把民主理解為諸如憲法、政黨制、普選、權力制衡等等外在制度上，卻很難理解民主是一種生活方式的內在精義。梁漱溟恰恰在這一點上，極具穿透力。

（二）政治上的民主與中國人

所謂政治上的民主，梁漱溟認為，就是服從多數決定，尊重個人自由，即集團生活中所需要的民主。中國人恰恰在這一點上是最缺乏的，原因是中國人的社會生活最缺乏集團。而集團恰恰對民主之形塑非常重要，缺乏集團生活就是缺乏政治和法律生活。當然，團體不是有意識的建構，而是大家在社會生活乃至政治生活中自發演進的產物，但從性質上看，團體要趨進於民主和進步，則非出於大家的要求不可。大家的要求不外兩個：「一個要求是：團體公共之事人人有參與作主之權；──此即所謂參政權或公民權。一個要求是：「個人自己的事，於公眾無涉者，公家就不要管；──此即所謂自由權。這種要求是反映當初（不民主時）那種事實的：一種是團體公眾之事只有少數人作主，多數人都是被動的。一種是個人的生命財產無有保證，身體行動不得自由。」〔註18〕

就第一個要求而言，會產生團體公眾之事要開會、討論商量、「公同取決」的習慣，而服從多數之原則自在其中；就第二個要求而言，會產生尊重個人自由的習慣，同時生命財產不容蹂躪之原則由此確立。這就是民主在團體上的運用。不過，這兩種習慣之形成不可能一蹴而就，而是要在那不民主的「事實環境中，一點一點申張，一天一天磨練」〔註19〕之後的結果。否則，建立這兩種習慣的可能性就比較渺茫，甚至根本不可能。梁漱溟認為，中國人就是沒有養成這兩種習慣的一個範例。在他看來，由於中國人自古以來就缺乏不民主環境的逼壓，集團生活從未形成。與西方人相比，中國的民眾，無論是鄉下農民還是都市工商，都是非常自由。鄉村農民過的是「交了糧，自在王」的散漫生活，都市小工小商雖有行會，但沒有西方中世紀基爾特製度那樣的種種干涉。故而孫中山也曾說中國人以前不是沒有自由，而是自由太多。而西方人則不同，他們因不堪政治上的壓迫，而有了政治上的自由主義；不堪經濟上的干涉，而有經濟上的自由主義。中國人對此的「要求」、「主義」和「習慣」則由於環境的壓迫干涉不足或「缺乏事實鍛鍊」而建立不起來。

〔註18〕《梁漱溟全集》，第六卷，第263～264頁。
〔註19〕《梁漱溟全集》，第六卷，第264頁。

而中國人在漫長的社會演化中形成了「倫理本位、職業分途」的社會構造。中國以家族爲社會生活的重心，乃至只知有家族，而不知有社會。家族生活藉倫理綰繫，而過集團生活的西方人靠法律維繫。因而西方人極重於對於社會的道德，爲營團體生活而有了諸如：公共觀念、紀律問題、組織能力、法治精神等等的「公德」。譬如西方人所說對於家庭（社會、世界）怎樣，都爲他的生活不單是這人對那人的關係而重在個人對社會大家的關係〔註20〕。這點在中國人是缺乏的。就職業分途而言，中國因爲缺乏階級之間的對立和對抗，因而限制王權的話始終喊不出來。每個王朝只有等它斷送天命，失盡人心，才走向滅亡，而形同一盤散沙的中國人，總無法形成一種階級均勢以確立自由。這是從封建毀於士人、階級化爲職業以後，所必有的結果。因此，梁漱溟認爲，若套用西方的理論來解釋中國，或搬弄西方的辦法解決中國的問題，必將四處碰壁。

爲此，梁漱溟進一步指出了中國人在政治民主化進程中要克服的兩個缺點：第一，缺乏紀律，即中國人在習慣上有一種反團體的習慣。特別是在多數人集會場中，沒有秩序。如亂說話、亂咳嗽、大聲發笑，起坐隨便，再比如中國人在購票、等車、進出戲院都不排隊，不講先來後到，而是爭先恐後，亂作一團，根本沒有如何使自己的行爲不妨礙他人和團體的意識，因此，多數人的共同行動，往往就因爲每一個人無意識地妨礙他人、騷擾公眾，阻礙事情的進行，甚至使事情無法進行。殊不知，紀律是團體得以維持的一個基本條件，無論民主的團體或不民主的團體，都有自己的紀律，紀律的自動與否是劃分團體的標準，從被動的紀律轉成自動的紀律，此乃民主習慣之養成，可謂政治上的民主。第二，缺乏組織力，這是一種反民主的習慣。在梁漱溟看來，組織力是民主團體所必須，是民主團體之所以爲民主團體的根本所在。沒有紀律，則團體不可能；沒有組織力，則民主不可能。這種組織力，對團體中的分子來說，就是「熱不甚熱，冷不甚冷，耐煩參加，不即不離，總求事情辦起走」〔註21〕的韌性能力。這種能力，中國人是缺乏的，在家過日子，一向是關門作皇帝，到了社會後，也是當順民，假使有「獨申己意」的機會，如果自己的提議未獲通過，則別人的意見無論如何，自己都拼命反對，就是團體的事情停下來，做不成，也在所不惜。而西方人則正相反，懂得團體對

〔註20〕 梁漱溟：《東西文化及其哲學》，學林出版社 1987 年版，第 49 頁。

〔註21〕 《梁漱溟全集》，第六卷，第 267 頁。

個人生活的極端重要性，對於多數人的意見，原則上都是通過的，不會因個人的原因讓團體委頓下來。

總之，不遵守紀律，就是反團體，缺乏團體組織力，就是反民主。反團體固然形不成政治上的民主，反民主就更使政治上的民主成為不可能。因此，中國人對於西方人所謂的「公德」差不多不講，所講的都是「私德」。即中國人是講君臣（父子、夫婦、兄弟、朋友等五倫）怎樣，都是他的生活單是這人對那人的關係，沒有什麼個人對社會的關係〔註22〕。從而出現了一種自由的怪現象：「中國人則非自由，非不自由，常存在一種模糊不清的中間性。」〔註23〕故而，梁漱溟於1940年在《光明報》撰文指出：政治上的民主或民主政治在中國從來沒有出現過，「中國人的政治生活，一直到今天還不得民主。」〔註24〕這也是梁漱溟對中國人政治民主上集體無意識的批評。

（三）民主與承認的政治

民主，要給它下一個確當的、人人接受的定義是困難的，正如喬·薩托利在《民主新論》中指出：民主「從來就不是什麼整齊劃一的東西，它在現實世界中也呈現為豐富的多樣性。」〔註25〕這使人們有時討論民主時竟是各有所指，各說各話。這難免造成人們在民主理解上的歧義和誤讀。這一點在梁漱溟身上表現十分突出。在中國現代思想史上，梁漱溟不僅是中國傳統文化積極的維護者和闡揚者，而且是中國走「西化」和「俄化」之路的批評者和反思者，還是中國走自己之路的覺悟者和倡導者。為此，他一向被人們視為保守主義者、復古主義者，開歷史倒車之人，而艾愷贈予的「最後的儒家」的稱號在某種程度上更是強化了這種認識。因此，梁漱溟對民主詮釋的精當之處從而也被遮蔽在歷史的迷霧之中。今天，我們撥開迷霧，發現梁漱溟斷然否棄了所謂的「西洋把戲」實則是西方的民主模式。在他看來，近代中國學習西方的民主政治只看到其外在之具。殊不知，民主會因為各民族具體的社會環境、歷史條件、文化傳統、民族心理、階級狀況等因素的差異而不可避免的呈現多樣性，沒有一種可以作為範本的普世性模式。他認為，中國三

〔註22〕梁漱溟：《東西文化及其哲學》，學林出版社1987年版，第49頁。
〔註23〕《梁漱溟全集》，第六卷，第265頁。
〔註24〕《梁漱溟全集》，第六卷，第133頁。
〔註25〕〔美〕喬·薩托利著，馮克利　閻克文譯：《民主新論》，東方出版社1998年第2版，第3頁。

十年來「窮且亂」在於我們「拋開了自家根本精神」去學習西方尚「力與利」的民主之具或民主之用。結果是徒有虛名、事與願違。到了這個時候，我們該回頭了！該覺悟了！

　　從現代政治學來看，政治制度儘管也有人為設計的因素，但它更多的是一個生長的產物，任何政治制度都是特定的政治、社會、歷史、文化環境的產物，是特定的社會文化條件自然演進的結果。傳統文化是政治制度賴於生長的土壤，異域思想如果不和傳統文化資源結合起來，就很難在現實的土壤中紮根。梁漱溟提出在中國傳統文化基礎上發展中國的民主，創造新的社會組織，以讓中國人養成民主的政治習慣，走「人治的多數政治」之路。其見解，與現代政治學的研究結論多有關照之處。他始終認為，「只有民主政治是好政治，是可以造福於人類的。」〔註26〕可見梁漱溟並沒有否定民主的理念、價值、原則或民主精神。在他看來，這是民主之體，是出於人心同然而具有普世性，足已為世界各國所普遍承認和接受。因此，梁漱溟在1941年寫的「民主是什麼——什麼是民主？」一文，劈頭就說：「民主是人類社會中的一種精神」，他的第一根本點就是：「我承認我，同時亦承認旁人。我有我的感情要求，思想意見，種種；人家亦有人家的感情要求，思想意見，種種。所有這些都要顧及，不能抹殺，不能排斥之，滅絕之。」〔註27〕在梁漱溟看來，承認旁人，就是承認彼此平等，既然彼此平等，彼此間就要講理，彼此間的問題要有理性來解決，不能以強力來行己意。由於平等講理，就有服從多數的原則。進而是尊重個人自由。

　　可見，梁漱溟對於民主精神的理解，一上來就抓住承認——「我承認我，同時亦承認旁人。」同時還強調，「所謂民主精神，我們認為其中有兩個要素：一個是容忍異己的雅量，一個是服從多數的習慣。」〔註28〕這就是梁漱溟在民主理解上的創見，是他自家體貼出來的，並用自家語言闡述出來。也是梁漱溟在半個世紀以前，就對承認的需要或要求在民主政治中的意義和價值所作的闡述。近年來西方政治思想界興起了一個熱門話題——承認的政治。概觀其論，基本意義主要是指：民主開創了平等承認的政治，它從個人承認自己到彼此承認，再到文化，傳統，民族，種族或人種，社群，性別等等不同單位的平等地

〔註26〕《梁漱溟全集》，第六卷，第253頁。
〔註27〕《梁漱溟全集》，第六卷，第124頁。
〔註28〕《梁漱溟全集》，第六卷，第116頁。

位的相互承認。承認的政治體現了民主、寬容、多元、平等和尊重的原則。〔註
29〕實際上，關於承認的政治的道理，在半個世紀前就有了中國的版本。

　　當然，梁漱溟對民主精神或承認的政治的道理的闡發，是切近中國近代政
治之活材料而來的，在民主的問題上，他既不像全盤西化論者，爲了西化而完
全否定中國固有文化，也不像頑固守舊派，爲了固守傳統文化，而排斥外來文
明。梁漱溟在其思想的發展歷程中，從早期的全面稱頌民主到三十年代否定西
方的民主之路，實際上這是他思想中對民主的一次揚棄，否棄了西方的民主模
式，對於中國文化之痼疾，他提出激烈批評，譬如「中國文化最大之偏失，就
在於個人永不被發現這一點上。」〔註30〕這無疑觸及到了今天討論的政治文化
的問題。政治文化是一個政治體系成員主觀的心理層面，包括認知、感情與評
價等因素。這些主觀的心理因素，決定了政治體系成員的政治行爲，因而對整
個政治體系的運作產生決定性的影響。就民主政治而言，有其相應的政治文化，
亦即其成員應具備一定特質的主觀取向。例如，G.A.Alond 和 S.Verba 曾提出一
個代表性的看法，即民主政治的運作，有賴於參與型的政治文化之配合。參與
型政治文化的特色，在於政治體系的成員從部民或臣民意識中翻醒過來，成爲
獨立自主的自由公民，自信有參與政治決策的能力，並且積極熱烈地參與各項
政治活動。梁漱溟指出中國人缺乏主動積極爭取權利的精神，尙禮讓而難以做
選舉競爭，基本上與參與型政治文化不一致。至於中國文化中的性善論，與民
主政治制度的設計之籕制與均衡精神相刺謬〔註31〕。然而，儘管中國文化有這
樣那樣特殊精神，是否意味著中國的民主化是一條絕路呢？答案是否定的。因
爲他相信通過改變政治社會成員的觀念因素——政治文化是可以達到的，但這
需要一個長程的努力，從鄉村建設一點一點開出來。在抗日戰爭時期，梁漱溟
也一再強調即使戰時動員，也需要民主政治，認爲從戰時動員也可以養成民主
政治的習慣〔註32〕。然而國民政府一面未能做到通盤考慮，而民眾一面也不自
動，民主政治仍很缺乏。正如他說：辛亥革命「雖然推翻滿清皇帝，改建民國，
可是至今三十多年了，而政治上的民主還沒有做到。」中國的民主之路「仍須

〔註29〕參閱汪暉 陳燕谷主編：《文化與公共性》，生活讀書新知三聯書店 1998 年版，
　　　　第 290～337 頁。
〔註30〕《梁漱溟全集》，第三卷，第 251 頁。
〔註31〕此問題之詳論，參閱張灝：《幽暗意識與民主傳統》，臺北：聯經，1989 年版，
　　　　第 3～31 頁。
〔註32〕《梁漱溟全集》，第六卷，第 513～540 頁。

從頭做起」〔註33〕。在民主與統一的問題上，梁漱溟總結說：

> 民主只能在統一中求得，統一可能離開民主，民主卻離不開統
> 一。四分五裂談不上民主。從這點説，統一高過民主。即是統一第
> 一，民主第二。但這話並不是説要先做到了統一，再去作民主。我
> 們説那兩句話的意思正是表明民主與統一之不可分；而不是説這兩
> 者可以分為兩個步驟去完成。〔註34〕

正如民盟的報告指出：「這種國際環境，這種世界潮流，同時亦就確定了中國的前途。明白些説，今後的中國，非成立一個民主國家不可。因為非民主的國家，在今日的世界上已沒有存在的機會。」〔註35〕這種斷然的判斷，表明在梁漱溟及其他民盟成員心目中的民主前途不僅是「應當」的，而且是「必然」的，不是一種價值選擇，而是一個事實順從的問題。

二、梁漱溟的憲政解讀

（一）憲政是什麼

梁漱溟在清末時為一立憲論者，熱心於君主立憲運動。在梁漱溟看來，憲政「是一種政治」。怎樣的一種政治呢？即實現國家長治久安的法治保障的「政治」。他説：「憲政是一個國家內，統治被統治兩方面，在他們相互要約共同瞭解下，確定了國事如何處理，國權如何運行，而大眾就信守奉行的那種政治。」〔註36〕所謂憲政的「憲」，是指「相互要約共同瞭解下所確定者而言」。立憲云云，「便是有所確定之意」，而此確定形式，既可為成文的「憲法」，亦可是不成文的，關鍵在於訂立此「要約」各方，「果真彼此各有力量」，形成一種牽制平衡的格局，同時，各方於此「又誠信相孚」，為「共同瞭解者」〔註37〕。正如張友漁所説：「所謂憲政就是拿憲法規定國家體制，政權組織以及政府和人民相互之間權利義務關係而使政府和人民在這些規定之下，享受應享受的權利，負擔應負擔的義務，無論誰都不許違反和超越這些規定而自由行動的這樣一種政治形態。」〔註38〕就此而言，所謂立憲

〔註33〕 《梁漱溟全集》，第六卷，第 519 頁。
〔註34〕 《梁漱溟全集》，第六卷，第 731 頁。
〔註35〕 《中國民主同盟歷史文獻》，文史資料出版社 1983 年版，第 72～73 頁。
〔註36〕 《梁漱溟全集》，第六卷，第 463 頁。
〔註37〕 《梁漱溟全集》，第六卷，第 463 頁。
〔註38〕 張友漁：《憲政論叢》上冊，群眾出版社 1986 年版，第 100 頁。

或憲政必須解決的，主要有兩項：

第一，國家與其組成分子相互間的權利義務關係，亦即人民與政府的關係，或統治與被統治雙方的關係。這種關係必須在憲法中一一加以確定。在這點上，憲政不僅意味著消極的「限制國權之濫用，而保證人民的種種之自由」，更在於積極的確定「國家的義務，明定人民之積極的權利」。即予人民自由之保障與參政權之獲得，否則，便不是立憲，衡量是否真「立憲」，「首先就是從這裡分別」〔註39〕。梁漱溟一生，在不同時期，一再強調「真」憲法「真」憲政，否則寧可不要憲法或憲政名義，其所思所慮當由此生發。這裡所謂「統治被統治兩方面」，梁漱溟認為乃就形式概而言之，其內容則因時而異，或為王權與貴族間，或為此二者與第三等級間，更復有勞工階級與資本階級間〔註40〕，乃至於執政的國民黨與在野黨派以及其他民間政治、社會團體之間，等等。

第二，代表國家行使國權的機構設置狀況及其相互制衡關係。在立憲國家裏，其政府的權力不是由一個人獨攬，也不是由一個機關包辦，而是由若干機構或部門共同行使。譬如，元首沒有內閣副署，便不能發號施令；內閣不得國會通過，便不能決定其施政方針和預算；國會沒有行政官署和各級法院，則通過的法律無由見諸實施。這些機關或部門各有一部分權力，但又不能為所欲為，要受其他機關或部門的牽制和監督。同時，為提高行政效率，各機關權力的行使務必靈活。他分梳為二：一是諸權各有邊際，限其「任所欲為」；二是諸權於牽制中各盡其職，而求其「為大局從積極一面設想」的「運用之靈活」。憲法就是對這種「分際關係」予以明確規定。相反，於此渾而不分，漫無限制，便不是立憲國家。實際上，梁漱溟是以現代西方國家運作中的權力分割制衡為模式。然而，他還是強調說，「我們要理會憲法究竟是怎麼一回事，不應當只取它的形式，而要看出它的真精神之所在。」〔註41〕

在命運多舛的憲政之途上，梁漱溟對憲政之所由立、當立或緩立、不立始終抱持著不附和、不反對、另探索的態度。他所要揭櫫的是，憲政之所由立的真正基礎——「勢」與「理」。所謂「勢」，可名為外力（他力或機械力

〔註39〕 參閱《梁漱溟全集》，第六卷，第463～644頁。

〔註40〕 英國的「憲章運動」可謂勞工與資本階級間圍繞各自權利而鬥爭的例子。事見〔英〕R·G·甘米奇著，蘇公雋譯，張自謀校：《憲章運動史》，北京：商務印書館1996年版，特別是第一章對於運動起因、背景的交代。

〔註41〕 《梁漱溟全集》，第六卷，第464頁。

量），即社會上已然存在各種不相上下的社會力量，其消長已足以構成「誰亦不敢欺負誰」〔註42〕的抗衡形勢或制衡格局，大家一致感到需要通過彼此間的協商達成「要約」，來解決所共同感受到的問題。〔註43〕於此，憲法乃不過是「各種力量的妥協點」〔註44〕。「要約」的達成或憲之所由立，恰好爲彼此各方都有力量而不可抹殺之故。換句話說，必須是參與此約的各方平等協商、互相博弈的產物，也正因爲已然生成的各種社會力量確有其足以自立的「力量」，才可能「誰亦不敢欺負誰」，而由妥協達成「要約」，而不是一方的意志，否則，所謂「平等」云云，亦即危乎危哉的恃「勢」而立的非制衡格局而已，不是立憲。對於民國以還的所謂立憲，梁漱溟據此作了檢討。他認爲1934年國民政府公佈的「五五憲草」，因其爲「國民黨所包辦」，其他一切力量「遂不願置喙」〔註45〕，事實上也無置喙餘地，而國民政府本身卻又尙不足以成爲一種壓倒一切的「機械性勢力」，「亦就無法產生一優越有力的意思要求，壓倒其他」〔註46〕，因而，此「立憲」就算不得眞立憲。對此，梁漱溟認爲，就中國的當前形勢而言，制憲不是眼前所急需的。即使制定出來，也不過是裝點門面，難以長久。〔註47〕同理，對於抗戰後頒行的「憲法」，梁漱溟不能「很歡欣踴躍樂意的來信仰它，接受它」，因爲它不是立基於各方要約的產物，「僅僅是一方面的要約」，因而不過是「擺樣子的」〔註48〕假憲法。即使在「文革」期間的1970年，政協討論憲法草案時，梁漱溟反對將個人名字以及「接班人」之類寫進憲法，認爲「憲草」不設國家主席是很大的缺陷，這與立憲的旨意和職能——限制王權——相悖謬〔註49〕。到了1978年在政協討論憲法時，梁漱溟更是直言不諱，呼籲法治，痛斥搬弄憲法憲政裝點民主門面的虛僞，指出無論是宣統三年的「十九條」，還是孫中山的「臨時約法」，以及蘇聯1936年的斯大林憲法等等，均與眞正的憲法精神背道而馳。〔註50〕

〔註42〕 《梁漱溟全集》，第六卷，第463頁。
〔註43〕 《梁漱溟全集》，第六卷，第730頁。
〔註44〕 《梁漱溟全集》，第六卷，第735頁。
〔註45〕 《梁漱溟全集》，第五卷，第467頁。
〔註46〕 《梁漱溟全集》，第五卷，第469頁。
〔註47〕 《梁漱溟全集》，第五卷，第467頁。
〔註48〕 《梁漱溟全集》，第六卷，第730頁。
〔註49〕 汪東林：《梁漱溟問答錄》，湖北人民出版社2004年，第275～280頁。
〔註50〕 《梁漱溟全集》，第7卷，第455～460頁。參閱許章潤：《憲政：中國的困境與出路》，《法治與社會發展》，2004年第2期。

正如許章潤教授所說，梁漱溟晚年直聲直道，可謂對於一部「玩弄憲政史」的總清算。〔註51〕此評頗為肯綮。

那麼，「要約」如何達成呢？在梁漱溟看來，此必訴諸立憲程序，而就形式而言，立憲程序必須做到兩點：一是以國會為立法機關，非經一定程序，不能成為法律，因為法治之「法」即為國人公共的意思，所以才叫「國法」，「若非出於國人公共意思，便不足以當國法之目」〔註52〕；二是以「法為最高」，國人於此定從違，任何機關命令亦不過依法發出的，決不允許以命令變更法律，即不承認任何個人或機關可以其意思要國人遵從。而對於此種原則的「確認與實踐」即為「法治」。可見，法治的內涵恰是民治，即政治上的民主，它不外兩點：一是國家對於個人自由之尊重；二是國家大事付之國人公議公決。此則「為憲政應有之義，不可或缺」，憲政不外是為民主之漸漸開發至政治的產物。〔註53〕

梁漱溟在省察憲政在中國一直建立不起來的原因時說：「憲政在西方是目的，在我們卻是手段。以憲政為目的，則目的不達，運動不止，卒必成功。以憲政為方法手段，則一旦發現其他手段方法，不難轉而之他。在『救國第一』的口號下，即令背叛憲政運動亦無變節之嫌。」〔註54〕正如前述，單純以「勢」來談論憲政，是遠遠不夠的。恃「勢」而立的憲政必將是危乎危哉的，蓋因其缺乏「優越的理性勢力」這一憲政精神。也就是說，憲政作為一種理念浸滿了歷史傳統中積累、遺留下來的人文精神。用梁漱溟的話說，就是「理」。它是一種內力（自力或精神力量），為參與「要約」各方內在的主觀素質、憲法信念、正義感、容人的雅量、自尊心、責任心、顧全局的善意、守信義的習慣等等。如果立法者本身就沒有憲法憲政的精神和靈魂，那麼立憲過程就變成是一黨一派的強勢運作，憲法也只能是無法無天的一紙具文了。這就正如吳經熊先生所言：

> 施行憲政的第一個前提，就是制憲的動機要純潔。換句話說，制憲者若是為施行憲政而制憲，則立憲可以成功。若是為其他目的而制憲，或則利用制憲以維持自己地位，或則利用制憲以和緩革命，

〔註51〕 參閱許章潤：《憲政：中國的困境與出路》，《法治與社會發展》，2004 年第 2 期。
〔註52〕 《梁漱溟全集》，第六卷，第 476 頁。
〔註53〕 《梁漱溟全集》，第六卷，第 474～475 頁。
〔註54〕 《梁漱溟全集》，第六卷，第 495 頁。

> 或則利用制憲以點綴昇平，欺騙民眾，則憲法未有不等於「一束廢
> 紙」，制憲工作，結果未有不等於零的。〔註55〕

由是觀之，「憲政並不建立在憲法上面」，即不建立在憲法文本這一形式上面，而恰恰建立在「勢」與「理」兩種力量上面，這是憲政的眞正基礎。故而他指出，憲政與民主並不是不可分離的夥伴，民主國家一定是憲政國家，但「憲政亦終不等於民主」。因此，梁漱溟說，西方政制在我國並沒有其相當的政治習慣，全然爲無根之物，故而單憑臨時約法的幾條空文，建立不起自屬當然。〔註56〕其實，還可再加一句，「勢」的均衡與博弈的制衡格局也從未穩當過。

（二）憲政的中國困境與難局

中國行憲政之路是梁漱溟畢生都沒有放棄的理想。早在清末時，梁漱溟深受當時「立憲派」的影響，「以英國式政治爲理想」〔註57〕，「夢想議會政治」〔註58〕，「渴望中國憲政之實現」〔註59〕，並一直堅信只要憲政一上軌道，中國就會迅速步入現代化國家的行列。〔註60〕然而，中國社會政治風雲詭譎變幻，憲政之路命運多舛，梁漱溟也幾經沉淪，遂打消了這種念頭，最後毅然投身於鄉村建設，準備爲中國步入憲政之途作一長程的努力。故而，在1934年國民政府公表「五五憲草」時，梁漱溟在天津《大公報》發表《中國此刻尚不到憲法成功的時候》一文。文中申明：「中國制憲毫無用處；只有鄉村運動才是中國產生一部憲法底運動。」〔註61〕1939年10月，重慶的「憲政運動正在熱鬧」，張申府等友人邀約梁漱溟與聞其事，他「皆固執地拒絕」〔註62〕。隨後，王世杰也認爲梁漱溟反對中國行憲政。總之，梁漱溟對其他知識分子爲之心潮澎湃的「憲政」冷眼靜觀，以至於梁漱溟被時人看作阻撓憲政的保

〔註55〕 吳經熊：「過去立憲運動的回顧及此次制憲的意義」，收刊蔡元培、胡適、王雲五編：《張菊生先生七十生日紀念論文集》，上海：商務印書館1937年版，第211～252頁，引文見第228～229頁。
〔註56〕 《梁漱溟全集》，第六卷，第491頁。
〔註57〕 《梁漱溟全集》，第二卷，第684頁。
〔註58〕 《梁漱溟全集》，第二卷，第687頁。
〔註59〕 《梁漱溟全集》，第六卷，第487頁。
〔註60〕 《梁漱溟全集》，第六卷，第488頁。
〔註61〕 李淵庭、閻秉華：《梁漱溟先生年譜》，廣西師範大學出版社，2003年版，第107頁。
〔註62〕 《梁漱溟全集》，第六卷，第498頁。

守分子。事實上，梁漱溟從來就未曾反對一般意義上的憲政，正如他從來就不曾反對過中國的「工業化」、「民主化」一樣。那麼，梁漱溟爲何對此又缺乏熱心呢？許章潤教授在研究了梁漱溟的法律思想後指出：梁漱溟所思慮到的，不再是膚淺層面上的要不要的常識問題，而是對於在「老中國」基礎上建設「新中國」的種種困難、處處牽扯，較他人具有更爲清醒的認識，懷持更爲理性的態度，而訴諸更爲長程的通盤考慮；他所反對的也不過是那種無視中國社會的特性，對歐美式憲政的照單全收，尤其對以憲政爲名目而逐求一黨一人私欲之深懷忧惕，對以爲單憑一紙許願式的憲法，就想要改變人們的政治習慣的天眞之深不以爲然；他對黨派強勢導演的立憲鬧劇之冷眼旁觀，正彰顯了其特立獨行的理性自覺。〔註 63〕這就是梁漱溟超越黨派利益和意識形態基礎上對中國憲政之困境與難局的清醒認識。

　　作爲中國前期憲政運動的崇尚者和後期憲政運動的探尋者、思索者和見證者。梁漱溟始終認爲：

　　　　中國需要民主，亦需要憲政；不過民主憲政在中國，都要從其固
　　有文化引申發揮，而剴切於其當前事實，不能襲取外國制度。〔註64〕

　　與此同時，「中國問題」之解決，卻非憲政所能奏效，相反，憲政倒是「中國問題」解決後的自然結果。因此，憲政爲中國之遠圖而非急務。具體說來，就是中國到憲政之路的困境和難局可以追究到以下幾個方面的緣由：

　　第一，清末以還的憲政運動，由於憲政目的和手段的背離，故而它不是眞正的憲政運動。

　　梁漱溟一生欽慕英國憲政，如他所說：「英國憲政淵源中古，數百年來所含民主成分日高，時或外表可以不變，而內裏自有脫胎換骨之妙。」〔註 65〕以此爲代表的近代西方政治組織方式與運作規範，是西方歷史「自生自發」形成的，而非一般意義上的設計與建構，這種憲政乃由社會生活自然來，是一項逐漸累積而得的文化成果，憲政本身是目的、價值歸依和手段的天然合一。也就是說，在西方，憲政自身的價值及其目標與思想者所期望的東西是一致的。在他看來，眞正的憲政運動，是民眾起來向當權者要求確定國家根本大法的運動，其內容意義旨在自由權之保障和參政權之取得，這可謂憲政的「西方意義」。而中國知

〔註 63〕許章潤：《憲政：中國的困境與出路》，《法治與社會發展》，2004 年第 2 期。
〔註 64〕《梁漱溟全集》，第六卷，第 476 頁。
〔註 65〕《梁漱溟全集》，第六卷，第 475 頁。

識分子的憲政追求，卻是出於挽救民族危亡之動機，是站在「民族立場」說話的，從而構成中國「民族自救運動」的一部分，而非沿著中國政治自然發展的固有路徑走。來自異域的憲政在嫁接中國政治的過程中被賦予了「中國意義」。即憲政在西方是目的，「在我們卻是作爲一種手段了。以憲政爲目的，則目的不達，運動不止，卒必成功。以憲政爲方法手段，則一旦發現其他手段方法，不難轉而之他。」〔註66〕回眸歷史，中日甲午一役，「天朝」大國竟爲蕞爾小邦所敗，朝野驚駭，「自救運動由是激進，憲政運動由是激進」〔註67〕。隨後，八國聯軍直搗北京，民族危機益爲深重，自救呼聲更加高漲，反對憲政的「守舊勢力」無以自處、不攻自破。迄日俄一戰，俄軍大敗，則國人心目中日本之強，強在立憲，中俄之敗，敗在「冥頑不立憲」〔註68〕，便言之成理持之有故。當時頗負時望的張季直（謇）給當局執政者的電報說：「日俄之勝負，立憲專制之勝負也」〔註69〕，《時報》著論稱「欲圖存必先定國是，定國是在立憲法」〔註70〕，可說是當時多數中國人，特別是知識分子的共同直觀感受。在事實面前，朝野都認爲中國欲強盛則務必立憲〔註71〕。於是清廷立刻派五大臣出洋考察憲政，接著成立了「憲政編查館」，以及清廷的九年預備立憲，君主立憲未果，轉而直赴民主憲政，高高低低走了長達半個世紀。此乃以「自救圖強」爲鵠的的中國憲政。換言之，在關涉整個中華民族自救圖強的共業中，憲政不過是手段和方法，既然僅爲手段和方法，「在『救國第一』口號下，即令背叛憲政運動亦無變節之嫌」〔註72〕。實際上，隨著民族危機的愈加深重，憲政便爲革命所替代，革命又一路激進成爲時代主題。此後憲政雖然仍爲一些人追求的鵠的，可這不是靠「限制王權的社會實力逐漸發展而來」〔註73〕，卻是「上面要求限制下面，由掌權的方面來實行憲法。這與原來憲法的意義是矛盾的」〔註74〕；從另一方面說，在戰亂頻仍、民生凋敝情境下一黨炮製的假憲政，與大多數人的

〔註66〕《梁漱溟全集》，第六卷，第495頁。
〔註67〕《梁漱溟全集》，第六卷，第494頁。
〔註68〕《梁漱溟全集》，第六卷，第494頁。
〔註69〕《梁漱溟全集》，第六卷，第494頁。
〔註70〕許章潤：「憲政：中國的困境與出路」，《法治與社會發展》，2004年第2期。
〔註71〕《時報》，光緒三十年六月二十六日，「論朝廷欲圖存必先定國是」，見《東方雜誌》，第1年，第7期。
〔註72〕《梁漱溟全集》，第六卷，第495頁。
〔註73〕《梁漱溟全集》，第七卷，第458頁。
〔註74〕《梁漱溟全集》，第七卷，第456頁。

人生與人心隔膜，自不如革命來得親切而似乎解決問題。西方之憲法起源於限制王權、予人民之自由，在憲政運動過程中，憲政目的和手段是統一的。中國的憲政運動源於國勢陵夷、民族危機進而轉求革新政治以振興中華之理想的實現，前期既必然涵在變法維新運動之內，涵在兩度革命（1911 年和 1916 年）運動內；後期亦只能包括於「抗戰建國」運動之中，這一切皆源於近百年世界大交通以還形成之「中國問題」引發的民族自救運動中來，即中國的憲政運動一開始就與「中國問題」相糾結、貫通一脈，它不是獨立的憲政運動，故而中國憲政成功之早晚，亦是為「中國問題」所決定，急也急不來。

　　第二，中國憲政運動之外來因素。

　　在梁漱溟看來，西方真正的憲政運動皆是從社會內部問題逼演出來的，是西方人在「歷史和社會情景」中選擇的結果。而中國的憲政乃是源於受外界的壓迫打擊，自覺文化上感覺不足，乃亟謀維新改造進而達於民族自救之鵠的而生發的運動，故而中國的內部問題導源於外，「是由外面引發的」。「近百年之中國，實從外面問題引發其內部問題。」〔註 75〕總之，前後兩期的中國憲政運動，「前期運動是感受外面一有力刺激而來；後期運動是感受外面另一有力刺激而來」，而無論前後，國人均被動於外而缺乏自覺，故而「於自身歷史固有文化終無認識」〔註 76〕。所謂「外面引發」，梁漱溟認為具有三義：

　　　　其一，受外面壓迫打擊，激起自己內部整頓之要求；

　　　　其二，受世界潮流影響，領會得新理想，發動其對自己傳統文化革命之要求；

　　　　其三，外面勢力及外來文化實際的改變了中國社會，將它捲入外面世界漩渦，強迫性地構生一全新的「中國問題」。〔註 77〕

　　這裡，我們可以發現，梁漱溟所謂的「中國問題」實是一涵蘊豐富的範疇，發軔於西方的「現代性」為其一端，而憲政、民主、政黨等等，既是問題的一部，又是問題解決後的結果。中國問題的解決，亦必有賴於對於人生問題的妥當安頓。正因為包涵憲政在內的「中國問題」這一「中國人的問題，原不是當初歐洲人的問題」〔註 78〕，所以，梁漱溟希冀通過鄉村運動之演進

〔註 75〕《梁漱溟全集》，第六卷，第 496 頁。
〔註 76〕《梁漱溟全集》，第六卷，第 705 頁。
〔註 77〕《梁漱溟全集》，第六卷，第 496 頁。
〔註 78〕《梁漱溟全集》，第六卷，第 495 頁。

漸次達致憲政之路。憲政不是解決「中國問題」的靈丹妙藥，而是「中國問題」之解決的最後成果。故而，憲政可以爲遠圖而非所謂急務。〔註79〕

第三，現實的中國社會缺乏憲政之「勢」與「理」的至恰。

傳統中國是一個「和合統一」的大單位，一大「文化單位」，「在內則缺乏階級意識，在外則缺乏國家意識」〔註80〕，乃一不像國家的國家，以不要政治爲政治。近代面臨外辱，不得不奮起應對，倉猝間民族國家一時無由形成。更爲重要的是，傳統中國乃一「倫理本位，職業分途」的社會，所謂「散漫無紀、流轉不滯、軟和無力的人群社會」〔註81〕，不存在歐洲那樣的階級壁壘與階級對立，也就不存在隨階級鬥爭而作成政治上兩方面之均勢〔註82〕，從而既無所謂集團利益，亦就無所謂利益集團，基於利益集團間的抗爭而尋求集團利益的均衡、妥協的情形亦無由產生。不像國家的國家，決定了中國社會「散漫」，而此對外缺乏國家意識的社會倉促間迫起應對，必致其「紛亂」；沒有階級壁壘與階級鬥爭，遂「無法可以形成一部分優越的機械性勢力。因此，亦就無法產生一優越有力的意思要求」〔註83〕。此可謂無「勢」可憑。就十九世紀中葉以降，中國固有思想與西洋思想之矛盾衝突，第一次世界大戰後西洋近代思想與最近思潮之矛盾衝突，此西洋思想與彼西洋思想的扞格，這一切使得借「西洋」之器以解決「中國問題」的中國人各執一端，迷亂紛歧，無以構成一優越的理性勢力、公共信仰、共同的問題與訴求，因而無「理」可講〔註84〕。此二者更互爲因果，使得中國人眞正成了「人各一理」「身各一心」的散沙狀，「其形勢之分散，心理之乖舛，蓋古今所不可一遘。雖國遭大難，曾不能稍好」〔註85〕，於是梁漱溟詰問道：「於此時而言制憲，制出來又有什麼相干？還不同某先生作了一篇文章，某會議發了篇宣言一樣嗎？」〔註86〕

第四，政治習慣的缺乏。

梁漱溟認爲，人類生活靠習慣。無論大事小事，無論在個人或群體，一切無不靠習慣。「中國社會之所以成爲中國的社會，即是因爲中國人有中國人的習

〔註79〕《梁漱溟全集》，第六卷，第 498 頁。
〔註80〕《梁漱溟全集》，第六卷，第 707 頁。
〔註81〕《梁漱溟全集》，第五卷，第 161 頁。
〔註82〕《梁漱溟全集》，第五卷，第 161 頁。
〔註83〕《梁漱溟全集》，第二卷，第 254 頁。
〔註84〕《梁漱溟全集》，第五卷，第 469 頁。
〔註85〕《梁漱溟全集》，第六卷，第 469 頁。
〔註86〕《梁漱溟全集》，第五卷，第 469 頁。

慣」，「中國人一向就是『那麼來』」〔註87〕。「一種法律制度雖出於意識之製作，要莫不有與之相應的習慣之爲先。否則，是運用不來的。」〔註88〕這裡所說的習慣，即「一種大家相喻而守的東西」，「禮而成俗，就是一個習慣」〔註89〕，既包括生活習慣，也包括政治習慣，甚或人生態度。就生活習慣而言，傳統中國人的生活特別依重於社會禮俗，而不是宗教，其取徑是本乎人情以爲教化，化成民俗，藏於人心，而以禮俗代法律；中國政治的構造也鬆軟無力，人們彷彿只有社會生活而無國家生活，社會秩序存於禮俗，自動維持，似乎並不憑籍上面的法律。〔註90〕中國今後之趨勢，必在此生活習慣基礎上漸次形成的政治習慣，恰是一種相應的政治制度的基礎。故而一種政治制度能否實行，不寄於憲法條文，而託於政治習慣。西方政治制度在我國缺乏相當的政治習慣，全然爲無根之物。因此，單憑几條約法或憲法的條文，就想把西方政治制度在中國建立起來，這當然是異想天開之事。如，英國憲政，它是習慣的產物。在一般習俗上與英國接近的美國人和法國人，由於其政治習慣與英國不同，都模仿英國的政制不成，更何況我國的一般習俗與英國的相差甚遠，要模仿英國政制的成功就更不可能〔註91〕。而梁漱溟發現原來「我們團體生活中很多好的軌道，都是習慣，不是條文」〔註92〕，梁漱溟以「臨時約法」爲例，說明習慣——實即一種行爲化的生活方式——對於立法的制約。〔註93〕在「我的一段心事」一文中，梁漱溟說：

> 一般人都恨袁世凱解散國會，北洋軍閥破壞約法；而我則以爲國會的被解散，約法的被破壞，其病不在袁世凱個人或少數北洋軍閥，而（在）多數民眾沒有那樣的政治習慣，因而不會運用那樣的政治制度。我那時心裏很清楚新政治制度不是搭一空架子所能夠建立起來的，問題焦點係在「習慣」。不要說中國多數人對於新政治制度尚不明了，就是已經完全明瞭，亦未必就會運用建立，因缺乏在事實上熟練進行的習慣故也。〔註94〕

〔註87〕　《梁漱溟全集》，第二卷，第 20 頁。
〔註88〕　《梁漱溟全集》，第五卷，第 468 頁。
〔註89〕　《梁漱溟全集》，第二卷，第 384～385 頁。
〔註90〕　《梁漱溟全集》，第五卷，第 468 頁。
〔註91〕　《梁漱溟全集》，第六卷，第 491 頁。
〔註92〕　《梁漱溟全集》，第二卷，第 385 頁。
〔註93〕　《梁漱溟全集》，第二卷，第 20～21 頁。
〔註94〕　《梁漱溟全集》，第五卷，第 533 頁。

　　而這一切，歸根究底，無非由於人這一現世的此在，「心不勝習」，「顛來倒去乃無非習矣！」〔註95〕梁漱溟於此還深究了「民族精神」的作用。在梁漱溟看來，西方近代政治制度的牽制與均衡，完全寄託在牽制各方各自向外用力的取向，而形成彼此防遏、相互牽制的對抗之勢。〔註96〕西方憲政的產生，自本自根於此，全在於西人「向前爭求不肯讓步之精神」。所爭求者——個人種種自由權與「預聞公事」的參政權，其背後實則有其「利益」的支持。梁漱溟把它分梳為二：一是各自愛護其自由，進而抱持「有犯我者便與之抗」的態度；二是大家關心其切身利害問題，進而抱持「時時監督公事」的態度。而這些問題一經確定下來，便就步入憲政。憲政的產生賴此，憲政的維持更賴此。擴而言之，整個西方的法律制度均從其向外爭求的精神而來，且仍須靠此精神才能維持運轉，所以此種精神「實在是憲政的靈魂」〔註97〕。

　　相較之下，禮俗生活中的中國人的人生態度另有其徑，如林語堂所言，不是「攘然後得」，乃「讓然後得」。雖然說民主的精神即在承認旁人，因而與恕、謙、讓相通，所謂「古人忠恕之道，今人民主之義」〔註98〕，「憲政是其有爭而無亂之道，無亂即與禮相通。然在其根柢上之爭，便有問題」〔註99〕。故而辛亥革命後，中國徒襲有西洋制度之外表，而大多數人民的根本精神卻不能與之相應，其不相應處，正「為大家太不愛爭權奪利」〔註100〕。實際上，早在「吾曹不出如蒼生何」的政論文中，梁漱溟即表此意。在《東西文化及其哲學》中，更作發揮，謂「今日之所患，不是爭權奪利，而是大家太不愛爭權奪利」。這些想法，實為梁漱溟「最後覺悟」之先聲，這個覺悟不是強撈中國人的人生態度而置換以西洋的人生態度——中國人所能貢獻於世界的，恰是自己的人生態度〔註101〕——而是在中國人生活習慣的基礎上，引伸、發展、培養新的禮俗，新禮俗的形成亦就新習慣的養成，而不是以法律替換禮俗。而真正的憲法的頒行及其預期效果的達致，亦有待於這新禮俗、新習慣的養成。正因為此，所以憲政是解決「中國問題」這一過程的結果，而非此

〔註95〕《梁漱溟全集》，第七卷，第498～499頁。
〔註96〕《梁漱溟全集》，第二卷，第254頁。
〔註97〕《梁漱溟全集》，第六卷，第492頁。
〔註98〕《梁漱溟全集》，第六卷，第449頁。
〔註99〕《梁漱溟全集》，第六卷，第708頁。
〔註100〕《梁漱溟全集》，第六卷，第493頁。
〔註101〕《梁漱溟全集》，第六卷，第457～462頁。

過程的起點。對此，梁漱溟的一段堪稱經典的論述：

> 態度神情實爲生活習慣的核心；而法律制度不過是習慣的又進一步，更外一層。自其人之態度神情以迄其社會之習慣法律制度，原是一脈一套，不可分析。法律制度所以爲活法律制度而有靈，全在有其相應之態度習慣，雖視之無形，聽之無聲，其勢力偉大關係重要固遠在形著條文者之上。〔註102〕

　　事實上，梁漱溟對於「習慣」之於憲政關係的分析是理性而深刻的，正是意識到「習慣」之於制度的強大與深厚的內在支持，並對新禮俗、新習慣之養成的長期性具有足夠的估計。鑒於當時知識界的憲政思潮，梁漱溟的言論更是特立獨行的空谷足音。荊知仁於此曾有精闢的分析。他認爲，始於清末的立憲維新，生發於道光二十年（1840）至光緒三十二年（1906）六十年間歷年遭受歐美強勢文化侵逼、喪權辱國的一系列失敗，即梁漱溟所說的站在民族立場上的「挽救危亡之動機」；而在精神的本質上的癥結則應歸結到政治文化的問題。眾所周知，「任何一種成功的政治文化，不僅有其形貌的一面，更重要的是必然有其神髓的一面。模仿一種外來的政治文化，其形貌易得，其神髓則難求。當一種政治文化的相關基本信念未經過有效的社會化過程，昇華爲人生或日常生活的基本信念之前，其外在性的制度，是很難產生預期的功效的。」〔註103〕此語可謂至恰。所謂民主是一種生活方式，正謂此意。Pscal 說「習俗之所以被遵奉就因爲它是習俗，而非因其乃理性或正當的」，「人們相信可以發現眞理，而眞理就存在於法律與習俗中」，習俗本身自我圓成，自有其理性基礎與合法性。〔註104〕移植一種立基於另一習俗土壤的政治制度之樹到中國，而無其合法性與理性基礎的習俗習慣層面的說明與支持，卻「單憑一紙許願式的憲法，就要改變人們的政治習慣，那是萬萬不行的」〔註105〕。豈知不行，簡直有害！亨利.梅因（Sir Henry Maine）所謂「憲法是出於成長，而非出於製造」；Lard Brougham 教授「凡有價值的憲法必然出於成長」以及美國總統威爾遜（Wilson）在所著《美國憲法與政

〔註102〕《梁漱溟全集》，第五卷，第 148 頁。
〔註103〕荊知仁：《中國立憲史》「卷首語」，臺北：聯經出版事業有限公司 1984 年初版。
〔註104〕唐納德 R・凱利：《人類的矩繩：西方法律傳統中的社會思想》「序言」，麻省劍橋：哈佛大學出版社 1990 年版。轉引自許章潤：「憲政：中國的困境與出路」，《法治與社會發展》2004 年第 2 期。
〔註105〕《梁漱溟全集》，第六卷，第 778 頁。

府》中所說「憲法的實質是國民的思想與習慣」等等〔註106〕，均乃過來人的經驗之談。實際上，早在本世紀初，章太炎就已指出「法制爲習慣之自然生成」的道理。在他看來，「政治、法律，皆依習慣而成」，「若橫取他國已行之法，強施此土，斯非大愚不靈者弗爲。君主立憲，本起於英，其後他國倣之，形式雖同，中堅自異；民主立憲，起於法，昌於美，中國當繼起爲第三種，寧能一意刻畫，施不可行之術於域中耶」〔註107〕，即使要行議院制度，也不宜一味抄襲，所謂「法、美皆民主，而憲法不相襲，國勢根本不同，未可削足適履」〔註108〕。以上四條，爲中國一時無法實現眞正憲政的具體原因。而歸結到底，還是因爲中國社會內則文化失調外則秩序危機，憲政運動難於上手。梁漱溟認爲，一社會自有一社會的「組織構造」或「社會構造」（包括政治構造經濟構造等），法制、禮俗等等不過其「著於外」者。自辛亥革命後，中國數千年相傳之政治制度、社會組織方式也頓時俱廢，全社會乃遽失維繫，固有社會構造「根本崩潰」〔註109〕，政治制度、社會組織方式一斷再接不上氣〔註110〕，「國家組織即陷入臨時狀態」〔註111〕，而在此社會轉型的過渡期，「凡昔之法制、禮俗悉被否認」〔註112〕，新的社會組織方式、政治制度尚未成型，而欲使其成型、完成此過渡的方式卻是盲目的移植西式制度，全不顧「此相傳已久的老文化，蓋有其極高度的妥當調和性」之事實，因而每一變制的結果是促使中國社會的進一步崩潰解體，益發混亂，「除了讓自身失其原有調和外，不能有何正面的積極的成功」〔註113〕，「任何一種新秩序也未得建立」〔註114〕。其所以然，則以中西社會在文化上根本不同，其間差異甚大，「不窮追至於最後，不能爲新的締造」〔註115〕。這一切，概而言之，即是中國的

〔註106〕轉引自《行憲四十週年紀念專集》，臺北：民國政府行政院新聞局1987年輯印，第13～14頁。

〔註107〕湯志鈞編：《章太炎政論選集》（下冊），北京：中華書局1977年版，第537～538頁。

〔註108〕湯志鈞編：《章太炎政論選集》（下冊），北京：中華書局1977年版，第541頁。

〔註109〕《梁漱溟全集》，第二卷，第162頁。

〔註110〕《梁漱溟全集》，第二卷，第156頁。

〔註111〕《梁漱溟全集》，第五卷，第467頁。

〔註112〕《梁漱溟全集》，第二卷，第162頁。

〔註113〕《梁漱溟全集》，第二卷，第165頁。

〔註114〕《梁漱溟全集》，第二卷，第163頁。

〔註115〕《梁漱溟全集》，第五卷，第467頁。

「文化失調」——「極嚴重的文化失調」〔註116〕。至此，梁漱溟得出結論：

> 吾人正丁此崩潰解體之末運，新構造的端倪將見未見之時。一切較理想的較永固的法律制度，均去眼前事實太遠，安敷不上。所謂憲法大抵為一新政治構造之表見。政治構造依於社會構造為其一層一面。果有憲法之成功也，則是中國新社會之構造，已大體形成。現在如何配說這個？〔註117〕

如果不從根柢上為整個社會重建一新機構的工夫，而只是想消極地消滅軍閥，或片面的安設一政治制度（起草中國憲法，討論民主或獨裁），都是夢想。〔註118〕由是觀之，梁漱溟認為憲政不是中國救亡的方便工具，乃為最後之成果。在國勢陵夷之際，憲政非急務而可為遠圖。

（三）憲政的中國出路

建國以後通過的 1954 年憲法，梁漱溟也「參加討論、修改，提出過許多意見」〔註119〕。即使在風雨如晦的日子裏，梁漱溟也從未有停止對「中國問題」之獨立思考。憲政可謂是梁漱溟畢生的追求。早在清末他就公開稱自己是一立憲論者。在五四發生後，他在《論學生事件》一文中說：「在道理上講，打傷人是現行犯，是無可諱的。縱然曹、章罪大惡極，在罪名未成立時，他仍有他的自由。我們縱然是愛國急公的舉動，也不能橫行，……絕不能說我們所作的都對，就犯法也可以使得，……試問這幾年來那一件不是借著國民意思四個大字不受法律的制裁鬧到今天這個地步？」〔註120〕30 年代他稱自己的鄉村建設運動就是憲政運動。40 年代他認為團結抗戰、國內和平為急務，憲政為中國之遠圖。到了 70 年代他漸覺得憲政乃中國之急務，始而重申憲政，呼籲法治。故而在 70 年的「憲草」討論過程中，梁漱溟的發言震驚四座。在當時出席的委員，人人都說「憲草」好，要認真學習，深刻領會，武裝頭腦，

〔註116〕《梁漱溟全集》，第二卷，第 164 頁。

〔註117〕《梁漱溟全集》，第五卷，第 467 頁。

〔註118〕《梁漱溟全集》，第二卷，第 165 頁。關於「現代化」所涉及的傳統與現代的關係問題，卡爾・弗里德理克的一段話正可與此互詮。弗氏說：「這裡面涉及了創造性那個因素，及其各種不可預料的途徑。思想與行動都同樣地牽連在內，不單是憲法之類才與政治傳統有關，更要緊的是思想的模式。」轉引自余英時《歷史與思想》，臺北：聯經出版事業公司 1976 年版，第 74 頁。

〔註119〕汪東林：《梁漱溟問答錄》，湖北人民出版社 2004 年版，第 276 頁。

〔註120〕《梁漱溟全集》第四卷，第 576 頁。

改造自己。幾天之內，除了梁漱溟之外，全組成員都表了態，沒有任何一個人哪怕是提出個別文字的修改意見。末後，他要求發言，並提出自己的兩點看法以供當局修改時參考。第一點，他認為憲法的產生就是為了限制個人太大的權力。有了憲法，則從國家元首到普通公民，都得遵循，而不能把任何一個人放在憲法之上。因此，在「憲草」中寫上個人的名字，包括林彪為接班人，都上了憲法，這不甚妥當。接班人之說，是中國的特殊情況，而憲法的意義是帶有普遍意義的。不能把特殊性的東西往普遍性的東西里邊塞。凡我看過的世界其他國家的憲法，很少有寫上個人的名字的，更沒有寫上接班人名字的。但他同時聲明，我不贊同把個人的名字（包括接班人）寫進憲法，並不是反對選擇某個人當接班人。這是中國的特殊情況，別人沒有，我們也可以有。第二點，他認為新憲法的條文比老憲法少了許多，條文少不見得就一定不好，但有的重要內容少了卻不甚妥當。譬如設國家主席，一國的元首，不能沒有。設國家主席是一回事，選誰當國家主席合適是另一回事。國家主席不可不設，什麼人當國家主席則可以經過法定手續來選。現在的「憲草」偏偏沒有設國家主席這一條，不知為何？〔註121〕在1975年梁漱溟寫有「英國憲政之妙」一文。在1977年，梁漱溟寫有「毛主席對於法律作如是觀——訪問雷潔瓊同志談話記」一文，在文尾指出，「毛主席逝世兩年後，法制與民主的呼聲漸起，其前途必逐步展開，無疑也。」〔註122〕

在1978年的政協會議期間，梁漱溟更是四次發言，呼籲法治，檢討過去的憲政。通觀其文，可分梳為二：一是對於今後的一段，他認為中國今後應該尊重憲法，樹立憲法的權威，多靠憲法而少靠人，從人治漸入法治，並強調今後的一段是真正的立憲，要多依靠憲法。二是對於過去的一段，梁漱溟直言不諱地進行了檢討和清算。在四次發言中，梁漱溟數次提到「英國憲政」，認為是「世界上最好的憲政」〔註123〕。故而他反覆申言「西洋憲政起於限制王權，而予人民以自由」〔註124〕，歐洲近世市民階級興起，限制王權實為其首要一著〔註125〕，而以階級的力量來達成階級力量間的牽制〔註126〕，從而將政治「從少數

〔註121〕汪東林：《梁漱溟問答錄》，湖北人民出版社2004年版，第275～279頁。
〔註122〕《梁漱溟全集》，第七卷，第430頁。
〔註123〕《梁漱溟全集》，第七卷，第457頁。
〔註124〕《梁漱溟全集》，第六卷，第719頁。
〔註125〕《梁漱溟全集》，第七卷，第429頁。
〔註126〕《梁漱溟全集》，第三卷，第185頁。

人移向多數人」等等〔註127〕，既是學理的追究，也是對中國憲政命運多舛的反思與考量。梁漱溟基於對西方憲政，尤其是英國憲政及其價值取向的基本認識，盛讚法國著名學者篤奎爾（Toquerille）所謂「在英格蘭，憲法常常不斷地改變，嚴格言之，它未嘗有眞際之存在」一說。梁漱溟認爲「更可爲之進一解」，即肯認英國式憲政「看似未有眞際之存在者」，而實際上「大有其眞際在也。它的眞際就是：以憲政替英國漸次開出政治上的民主精神。」此乃英國憲政之美。對於中國的憲政，梁漱溟認爲從清末宣統三年宣佈的十九條，到孫中山的臨時約法，直至1954年的憲法乃至1975的「憲草」，「只能算是一種借用」〔註128〕。「從前斯大林就借用憲法，我們中國也說憲法，是借用，與英美不是一回事」〔註129〕。梁漱溟對20世紀以來中國憲政的曲折，特別是「文革」十年對憲政建設的踐踏和摧殘進行了深刻的檢討。從某種意義上說，實際上與五四時期發表的《論學生事件》一文的觀點頗有關照之處。但他又明確指出：蘇聯也好，中國也罷，「我們不妨承認它與英國同是憲政；其漸次爲政治上開出其民主精神來，並無二致。不過在同一目標底下各有各的路線而已。」〔註130〕這可謂梁漱溟對於通達憲政之路的多元態度。正如有學者認爲，雖遭遇了「文革」，但「當代中國憲政體制的精神卻始終保留下來，並未發生多少變化」〔註131〕。

三、梁漱溟的政黨理論及其實踐活動

（一）對政黨及其制度的考察

　　爲實現秩序重建，梁漱溟——曾經忤逆父命而加入同盟會、用「手槍和炸彈」來加速滿清滅亡，在目睹國民黨政權之腐敗後，又投身於鄉村建設的「憲政運動」中去；抗戰爆發後，又憤而投身到創建民盟的陣營中去，爲實現民族解放和國內和平而斡旋與國民黨和共產黨之間。政黨及政黨制度是20世紀中國政治生活中的重要現象之一。梁漱溟作爲抗戰時期中間黨派的著名人物，爲實現國內和平，領導組建了中國民主同盟，並參與了當時中國的最高政治。因此，研究梁漱溟的黨派觀，是理解當時政治生活的一個重要方面，並成爲政治思想史研究的一個主要問題。

〔註127〕《梁漱溟全集》，第七卷，第404頁。
〔註128〕《梁漱溟全集》，第七卷，第456～457頁。
〔註129〕《梁漱溟全集》，第七卷，第458頁。
〔註130〕《梁漱溟全集》，第六卷，第480頁。
〔註131〕胡偉：《政府過程》，浙江人民出版社1998年版，第24～24頁。

　　政黨是什麼？在梁漱溟看來，「（政）黨就是有共同的主義，理想與信仰之結合。」〔註132〕其特徵有二：一是富有理想性，完全爲公眾謀幸福的；二是「極有意識之活動，迥異乎已往之獨裁制。」〔註133〕此外，由於黨是領袖所造出來的，黨內的多數份子均在其領袖指導下活動，黨是尊重領袖的。德國、蘇聯等國家的政黨有此趨勢和傾向。對於政黨的類型，梁漱溟認爲有二：一種是革命黨，一種是普通政黨。「前者，恒否認現秩序，爲推翻現秩序建設新秩序而活動；後者，恒承認現秩序，即在現秩序下爲實現它自己的主張而活動。」〔註134〕對於革命黨的發生，梁漱溟認爲一定要有革命的必要之時。爲此，梁漱溟把革命分梳爲三：一是民族革命，即爲推翻異族的統治而革命，意在求得民族的解放自主；二是民主革命，即爲推翻特權階級的統治而革命，意在實現政治上的民主主義；三是社會革命，即爲推翻資產階級的統治而革命，意在實現經濟上的社會主義。當然，此三者並非截然分開，有時是相兼的。「任何一種革命，都是要完成社會秩序的一種改造，初不止消極地有所排除，而更要積極地有所建設；初不止是政治的事，而且更是社會的事。」〔註135〕革命黨可稱爲時間上的黨，普通黨可稱爲空間上的黨，革命黨一般要轉化爲普通黨。

　　中國革命與世界歷史上的任何革命都不同，它是包含了民族革命、民主革命、社會革命於一身的革命〔註136〕。可謂歷時態的革命需要共時態去完成。爲此，梁漱溟考察了近代中國政黨產生、變化的歷史後提出，政黨並非中國社會內部所有，而是舶來品。理由是：從時間上看，中國各黨各派是中西大交通以後才產生的；從產生條件看，中國社會的特殊結構決定了沒有形成政黨的土壤。梁漱溟認爲中國自中西大交通以後，既非資本主義社會，也非封建主義社會，所有資本主義社會和封建社會的那一套理論都不適用於中國。因此，中國不是一個階級明確且相互對立的社會，而是一個倫理本位的社會。這就決定了中國社會內部只有職業分途而無階級對抗，中國並沒有西方社會中那樣典型的階級對立，因爲在中國，士、農、工、商可以說是自秦以後中國社會的四大職業分途，或可稱之爲四大階層，而其間並沒有截然的區隔劃分，也沒有禁止婚姻之例，更沒有世襲相傳之

〔註132〕《梁漱溟全集》，第五卷，第 668 頁。
〔註133〕《梁漱溟全集》，第五卷，第 668 頁。
〔註134〕《梁漱溟全集》，第六卷，第 570～571 頁。
〔註135〕《梁漱溟全集》，第六卷，第 571 頁。
〔註136〕《梁漱溟全集》，第六卷，第 575 頁。

規。人的經濟、政治地位具有相當大的流動性，「朝爲田舍郎，暮登天子堂」，就是這種變化的寫照。統治者和被統治者的換位不時發生，所謂階級對立也就是相對的，不能產生西方意義上那種絕對對立的階級。他把自己對古代中國社會的分析歸納爲：

> 一、獨立生產者之大量存在。此即自耕農、自有生產工具之手藝人、家庭工業等。各人做各人的工，各人吃各人的飯。
>
> 二、在經濟上，土地和資本皆分散而不是集中，尤其是常在流動轉變，絕未固定地壟斷於一部分人之手。
>
> 三、政治上之機會，亦是開放的。科舉考試且注意給予各地方以較均平之機會。功勳雖可蔭子，影響絕少，政治地位未嘗固定地壟斷於一部分人之手。〔註137〕

當然，梁漱溟並不是說舊日中國是平等無階級之社會，也並不否認中國存在著剝削和統治，只是與西方有所不同之處在於：一是集中而不免固定，一是分散而相當流動。再者，科舉這種政治錄用方式又與讀書機會的開放相關聯，有了孔子的「有教無類」，才有「朝爲田舍郎，暮登天子堂」的社會現象。不論這種機會的多寡，至少表明了農與士之間不是絕對分隔的。正是據於此，他用「職業分途」以區別於西方的「階級對立」，這絕不代表中國是無階級的平等社會，不代表舊時中國無剝削、無統治。只是沒有統治與被統治的階級對立。由於階級不明確、不固定，因此在政治上就不足於構成代表本階級利益的黨派。

梁漱溟依據自己的邏輯演繹，得出了這樣的結論：「階級勢力不是形成中國黨派的因素；中國黨派缺乏其一定之社會基礎」〔註138〕。階級既然不是黨派產生的原因，但政黨派別畢竟成爲中國社會政治生活中的事實，原因到底是什麼呢？梁漱溟一一考察了宗教、種姓部族、地方區域、職業分工等等，但它們作爲政黨產生的原因都被一一排除。梁漱溟從中國社會基礎（或社會結構）來追究黨派產生的緣由，這本身無可厚非，並且思考點的選擇還是正確的。但問題是他雖然看到了外部世界對中國政黨產生的重要因素，但同時相對忽略了中國本土也有政黨產生的客觀需求。自《東西文化及其哲學》發表後，梁漱溟開始對「一向順受無阻的西洋政治理路懷疑起來，覺得『這樣辦法恐怕不行』」，「中

〔註137〕《梁漱溟全集》，第三卷，第155～156頁。

〔註138〕梁漱溟：《我的努力與反省》，灕江出版社1987年版，第169頁。

國人將不能不別求其政治的途徑。然則中國人將走一種什麼途徑呢？」〔註139〕
正當梁漱溟陷入苦悶之際，1924 年孫中山在中國共產黨的幫助下改組國民黨，
開始了第一次國共合作。據梁漱溟講，「當時加入國民黨的共產黨領袖李守常先
生從廣東回來對我談他們與國民黨合作的意義頗詳」〔註140〕。另外，他的弟子
帶回的信息使他意識到中國共產黨的力量，這些促使梁漱溟開始思考在一個國
家如何處理政黨之間的關係問題。

對於西方國家的多黨政治制度，梁漱溟認爲，其產生「是在國家制度上
給國民以參政機會的時候，遇到問題，顯示出意見相反的兩邊，或不同之幾
方面，從而分別組織起來的。……這就是一國內往往只大略分急進緩進左傾
右傾的兩大黨，或加上中間派總不過三四黨派之由。」在多黨競選上，梁漱
溟基本同意章行嚴提出的「荷包問題」的分析。就是說在歐美一切議員政客，
總都以他們的政黨爲大本營，政黨皆以工商業的資本家爲靠山，由資本家荷
包裏出錢，去作競選演說等政治活動。資本家出錢，縱然偏於爲資本家謀好
處，然其目的是私中有公，即多數工商業家得好處，非一個人得好處。其手
段尤其公開（法律和政策），其結果也是大家同蒙其（工商業發達）利。對於
「競爭選舉」，梁漱溟認爲，像英美的選舉，都是舉國若狂的奔走，其精神亦
自有可愛之處。「絕無溫恭撙節，順序就理之致，而極有血脈憤興迸力活躍之
妙。」〔註141〕「蓋所謂的動者，必有一段眞精神，一腔眞力氣，在那裡活動
始得算；非下流習氣，行尸走肉之動可冒算也。」〔註142〕然而，梁漱溟也認
爲西方許多實行多黨制的國家，「表面上雖是統一的立憲國家，而國內黨派分
歧，互相攻擊，各惟私利是謀，不顧民衆；每屆選舉之期，狼狽爲奸，弊竇
叢生，致一般人莫不深惡痛絕。」〔註143〕因此，他把西方的多黨政治視爲「我
們政治上的第一個不通的路」〔註144〕。

至於俄國共產黨。梁漱溟認爲，它是一個企圖經濟改造的黨，實行的路
徑則是「革命政治」，——這是它的新發明。因此我們不能不作研究。他認爲，
從來政治上的途路，不外兩大分別：一是少數政治（寡頭政治），一是多數政

〔註139〕梁漱溟：《主編本刊（〈村治〉）之自白》，《村治》創刊號，1930 年 6 月。
〔註140〕梁漱溟：《主編本刊（〈村治〉）之自白》，《村治》創刊號，1930 年 6 月。
〔註141〕《梁漱溟全集》，第五卷，第 155 頁。
〔註142〕《梁漱溟全集》，第五卷，第 156 頁。
〔註143〕《梁漱溟全集》，第五卷，第 666 頁。
〔註144〕詳文見《梁漱溟全集》，第五卷，第 133～174 頁。

治（民主政治）。儘管這兩種政治各有其不同的形式，但就在少數政治裏面，像共產黨這樣，既不是世襲貴族，又不是教皇巫師，更不是富豪財閥，而是一般「同志」。他們「以一種政治經濟上的主義信仰爲中心而結合，從其對現社會的觀察，憑藉其一定的基礎勢力，採取其一定的步驟，努力實現其一定的理想，而這理想又是他本身的取消否定」〔註145〕。這於改造社會，建設理想的國家似甚合用。對此，梁漱溟列舉了四點理由：

（一）凡爲一種社會改造或革命，總出於一部分人或一個階級之意，而非社會全體，所以革命天然是由少數人來作的。……革命黨一個期間的專政，亦事實上所不容己。

（二）這少數的社會改造者，如何能有大力量來作旋乾轉坤的大事業呢？那必靠團結組織。……所以「黨」是必要的。……所以捨覺悟分子集中組織一個革命黨，於解決政治問題更無辦法！

（三）中國此刻問題，……其必賴國家權力居上爲之意識的選擇、計劃、調度、主持而進行焉，夫然後庶幾可望，蓋斷然也。所以非有主義、有理論、有計劃辦法的一個革命黨秉政，運用國家權力以爲之，必然是不行的。

（四）爲對外計，更不能不集中革命勢力而統一之，俾成一渾全的大力量，以外抗強鄰，解除種種欺壓束縛。所以一個總攬全局強有力的革命政府，自是十分必要的。〔註146〕

但梁漱溟亦看到，俄國共產黨實行的是「黨治」，而不是「民治」，在這種體制下，「『以黨治軍』、『以黨建國』、『以黨治國』、『黨權高於一切』，從而爲寡頭政治開一特殊先例，梁漱溟對「黨治」的批判，與鄧小平在抗戰時期提出的在抗日民主政權中「反對『以黨治國』的觀念」和反對把黨的領導解釋爲「黨權高於一切」的思想〔註147〕，如出一轍。正因爲如此，梁漱溟認爲，在中國「要行黨治亦非容易」，對於蘇聯的方子，中國人是不是能抄得來，還值得琢磨。遂有了「取法於共產黨」的必要和不可能之說，但最後還是認爲蘇俄的一黨制爲「我們政治上的第二個不通的路」〔註148〕。

〔註145〕《梁漱溟全集》，第五卷，第262頁。
〔註146〕《梁漱溟全集》，第五卷，第262～264頁。
〔註147〕《鄧小平文選》，第一卷，人民出版社1994年版，第10、11頁。
〔註148〕詳文見《梁漱溟全集》，第五卷，第261～294頁。

對於梁漱溟於蘇俄的認識，我們後人不能深責先賢失察。事實上，二次大戰前後，姑不論東方社會，即就西方而言，鑒於西方社會的種種危機，對新興的蘇俄政體抱持善良希望，盼它好自為之，為人類開一新方向如羅曼·羅蘭者〔註 149〕，實大有人在。在當時的中國，錢端升也說「民治國的憲法學者雖不承認俄意為立憲國家，但俄意的獨裁究尚不失為法治。」〔註 150〕我們在此所應深究的是，梁漱溟一慣堅持認為蘇俄的路對於中國乃是絕路〔註 151〕，「與我們民族精神是大相刺謬的」〔註 152〕，列數取法共產黨的不可能〔註 153〕，甚至悲觀地認為「就如社會主義（共產主義在內）好像是吾人最後所歸趨，其實亦無多久命運。」〔註 154〕卻又反過來說蘇俄能否實現其政治訴求是一回事，而它走此路又實屬必要，這正是因為他認為各自社會不同，通向民主政治的道路原不止一條，蘇俄的意義實在於此。其實，像梁漱溟這樣的思想家，其思慮的出發點與歸宿，都在一個人類的困境。在政黨問題上，中國「取法於共產黨的不可能」與「取法於共產黨的必要」〔註 155〕，便是解決「中國問題」時所無法迴避的一個難題。正如黃克劍指出，梁漱溟「儼然一個摯愛家國的民族主義者，但刻刻謀求的民族自救，總更多些導引以至拯救整個人類的意向。」〔註 156〕只有在人類困境與解決「中國問題」的兩難這樣一個大背景下，將梁漱溟前後有關蘇聯和英、美政黨的論述連貫通觀，始能觸及梁漱溟的真心思。梁漱溟通過對西方多黨制、蘇俄一黨制的考察以及中國政黨派別之現狀，提出了建立有中國式的黨派制度的思想。他指出，從中國民族歷史之演變、民族精神之趨向來看，中國的「政治平等經濟平等其勢固將有異乎西洋之民主與（蘇聯）共產（黨）」，因此，建立中國的黨派制度，不能「昧昧焉摹擬他人者所足以之耳」〔註 157〕。

〔註 149〕參閱〔法〕羅曼·羅蘭著、夏伯銘譯：《莫斯科日記》，上海人民出版社 1995年版。

〔註 150〕錢端升：《錢端升學術論著自選集》，首都師範大學出版社 1991 年版，第 459～476 頁，引文見第 461 頁。

〔註 151〕參閱《梁漱溟全集》，第五卷，第 261～294 頁。

〔註 152〕《梁漱溟全集》，第五卷，第 14 頁。

〔註 153〕《梁漱溟全集》，第五卷，第 264～268 頁。

〔註 154〕《梁漱溟全集》，第六卷，第 461 頁。

〔註 155〕《梁漱溟全集》，第五卷，第 261～294 頁。

〔註 156〕黃克劍：《百年新儒林——當代新儒學八大家論略》，中國青年出版社 2000年版，第 2 頁。

〔註 157〕《梁漱溟全集》，第五卷，第 294 頁。

（二）建立政黨：經歷與態度

抗日戰爭爆發以後，梁漱溟被迫放棄了鄉村建設，投身於抗日和國內和平的運動中去。如艾愷所說「從 1937 年至 1947 年這 10 年當中，梁漱溟是作為中國『自由主義者』的領袖出現的。通過他的倡導和組織，少數黨和無黨派的知識界在中國抗戰期間及戰後的權利均衡中成了一個重要的因素。」〔註158〕梁漱溟對於政黨制度以及代議制度的態度並不像艾愷所說的那樣已經轉變了的問題，其實梁漱溟參與政治實際上是希望依靠組織來實現他體貼出來的「下分上合，一多相融」的「黨派綜合體」思想。從某種意義上說，梁漱溟從社會基層尋求的秩序重建之路的希望在日本侵略者的鐵蹄下化為灰燼，他轉而尋求從政治上層，通過政黨政治來實現民族解放和社會改造之理想，從而達致政治與社會新秩序。

1938 年 1 月，梁漱溟首次訪問延安，向毛澤東等中共領導人談及了他的「黨派綜合體」構想。1939 年初，國民黨制定和頒佈了「防共、限共、反共、溶共」的反動政策及其《限制異黨活動辦法》等反動法令。國民黨消極抗日，不斷製造反共摩擦，削弱民主力量，統一戰線的分裂不再是一件秘密。嚴重的危機感促使梁漱溟把社會改造的重點轉向為實現民主政治而鬥爭。10 月，黃炎培、梁漱溟等主張抗日的黨派領導人和張瀾等社會賢達，在重慶籌組「統一建國同志會」。它雖然不是一個政黨，但它成立的意義非同尋常：一是密切了國共之外各抗日黨派和主張抗日的無黨派人士的聯繫，使他們能協調一致地積極推動民主憲政運動在全國的展開；二是在組織上實現了各黨派的初步聯合，為中國政壇上第三勢力〔註159〕的興起做了組織上的準備。雖然它並未在國共兩黨之間發揮力量制衡、居中調停的作用，但對中國政治未來的發展留下了濃抹重彩的一筆。1941 年 1 月「皖

〔註158〕〔美〕艾愷：《最後的儒家——梁漱溟與中國現代化的兩難》，江蘇人民出版社 2003 年版，第 279 頁。

〔註159〕第三勢力是指在抗日民主憲政運動中，逐漸形成的一個以民盟為核心的自由主義知識分子陣營，並在歷史處於發展的十字路口時，登上了中國政治的中心舞臺，成為獨立於國共之外的第三種力量。繼 1944 年 10 月，民盟發表《對抗戰最後階段的政治主張》，提出廢除一黨專政，實行主權在民的真正民主政治。隨後又於 1945 年 10 月召開的第一次全國代表大會上提出了被稱為「第三條道路」的政治主張。這次大會，宣佈民盟為一個「具有獨立性與中立性的民主大集團」，其神聖使命是「把握住這個千載一時的機會」，「把中國建成一個十足道地的民主國家」。即「拿蘇聯的經濟民主來充實歐美的政治民主」。

南事變」發生，梁漱溟大聲疾呼：國共的衝突和鬥爭「近則妨礙抗戰，遠則重演內戰，非想解決辦法不可，第三者於此，無所逃責。而零零散散，誰亦盡不上力量。故第三者聯合起來，共同努力，爲當前第一事。」〔註160〕同時，梁漱溟「爲力爭團結抗日的局面不公開破裂，積極奔走於國共兩黨之間的同時，加快了民盟組織的籌建工作，希望民盟能早日建成，使它能盡快在促進國內團結中發揮作用」〔註161〕。也就是「爲起到一種緩衝作用……組成一個中國政治中眞正的第三力量」〔註162〕。經過中共和各黨派的努力，於1941年3月，中國民主政團同盟成立。它是團結抗戰的歷史需求把第三種勢力集結推進到一個新階段——建立自己統一的政治組織，號稱「三黨三派」〔註163〕。實際上，它的成立是「爲了求得全國團結，推動兩大黨合作而形成的一個推動力。」〔註164〕民盟的迅速崛起帶動中國出現了一股強大的自由主義運動，從1943年下半年開始，圍繞著國民黨的「還政於民」、戰後中國政治秩序的安排等熱點問題，自由主義運動開展得轟轟烈烈。不僅在輿論上佔據了制高點，而且進入了實際的政治操作程序，這些當然要歸功於以民盟爲首的「行動人物」的不懈努力。

中國民主政團同盟成立後，因在國統區沒有合法地位，不能公開活動，決定派中央常委梁漱溟赴香港辦報，宣傳民盟的政治主張。梁漱溟抵港後，在中共駐港辦事處及救國會的海外組織的具體幫助下，在「九·一八事變」十週年紀念日那天，中國民主政團同盟的機關報——《光明報》正式創刊，梁漱溟爲社長。三周後，即中華民國三十週年紀念日那天，梁漱溟對外發佈了中國民主政團同盟的政治綱領〔註165〕。這個綱領的政治構想與梁漱溟

〔註160〕梁漱溟：《我努力的是什麼》，《光明報》，1941年10月27日。
〔註161〕梁漱溟：《我與民盟》，群言出版社1991年版，第94頁。
〔註162〕〔美〕艾愷：《最後的儒家——梁漱溟與中國現代化的兩難》，江蘇人民出版社2003年版，第221頁。
〔註163〕它將如下黨派聯合在一起：鄉村建設協進會（梁漱溟領導）、中國青年黨（由李璜、左舜生領導）、國家社會黨（由張君勱、張東蓀領導）第三黨（由章伯鈞、彭澤民領導）、中華職業教育社（由黃炎培領導）、救國會（由張崧年、沈鈞儒領導）。
〔註164〕李淵庭、閻秉華：《梁漱溟先生年譜》，廣西師範大學出版社2003年版，第160頁。
〔註165〕該綱領爲：（一）「貫徹抗日主張：恢復領土主權之完整：反對中途妥協」；（二）「實踐民主精神，結束黨治；在憲政實施以前，設置各黨派國事協議機關」；（三）「加強國內團結，所有黨派間最近不協調之點，亟應根本調整，促進於

1938 年和 1939 年的基本思想大抵一致。它是呼籲國民黨改革自身、放棄政治獨裁的「一份聲討書」。中共中央機關報《解放日報》及時作了報導，發表了題爲「中國民主運動的生力軍」的社論，稱讚民盟的綱領強調了「抗戰到底，加強團結，保障人權，結束黨治，革新內政的必要」，指出「民主運動得此推動，將有更大的發展，開闢更好的前途。」希望「參加民主政團同盟的各黨派，在民主大旗下，更進一步的努力，願其所負的使命迅速實現。」〔註166〕1944 年年 9 月，中國民主政團同盟改爲「中國民主同盟」。1946 年 1 月 10 日，民盟派出梁漱溟等 9 人組成代表團，參加在重慶召開的政治協商會議。會間，民盟與中共達成協議，在提出重大政治主張之前進行雙方協商。該會議通過了《和平建國綱領》和《關於憲草問題的協議》起草的憲法，中國將實行多黨制。梁漱溟看到，未來的國家「如果由多黨以不同的政策來競爭建造，勢必顚仆紊亂，動搖不定」，因爲多黨制「不符合中國當前的需要，恐怕它不能行之久遠」〔註167〕。就在這次會議即將閉幕之際，他託從重慶返延安的周恩來給毛澤東稍去了一封信，進一步說明建立黨派共同體的問題。3 月，他再訪延安，「重新提起上次建立黨派綜合體的主張」，「以備將來如何增進團結合作擬議的一種參考」〔註168〕。然而，蔣介石的和談鬧劇，使梁漱溟等第三勢力陷於絕境，梁漱溟最後驚歎：「一覺醒來，和平已經死亡了！」〔註169〕正如許紀霖就此評論說：「民盟綱領所提供的就是一幅不算太好也不算太壞的民主藍圖。民主的宣傳會激起城市知識分子的政治熱忱，

正常關係」；（四）「督促並協助中國國民黨切實執行抗戰建國綱領」；（五）「確立國權統一，反對地方分裂，但中央與地方權限適當之劃分」；（六）「軍隊屬於國家，軍隊忠於國家，反對軍隊中之黨團組織，並反對以武力從事黨爭」；（七）「屬行法治，保障人民生命財產及身體之自由，反對一切非法之特殊處置」；（八）「尊重思想學術之自由，保護合法之言論出版集會結社」；（九）「嚴行避免任何黨派利用政權在學校中及其它文化機關推行黨務」，「政府一切機關，實行選賢與能之原則」，「不得以國家收入或地方收入，支付黨費」；（十）「屬行後方節約運動，切實改善前方待遇」，「力謀民生之改善」，「健全監察機關，切實爲各種行政上弊端之澄清」。見《中國民主同盟簡史 1941～1949》，群言出版社 1991 年版，第 10～11 頁。

〔註166〕《中國民主運動的生力軍》，《解放日報》，1941 年 10 月 28 日。

〔註167〕《梁漱溟全集》，第六卷，第 625 頁。

〔註168〕梁漱溟：《延安歸來》，《再生》第 111 期，1946 年 4 月。

〔註169〕李淵庭、閻秉華：《梁漱溟現實年譜》，廣西師範大學出版社 2003 年版，第 208 頁。

但難以產生神話般的社會動員能力和組織整合功能，而變革時代負有社會改造使命的意識形態必須具有高度的社會動員能力。在當時這樣一個無信仰的混亂年代，最好的社會動員也許就是政治神話加現實承諾。在這一點上自由主義就顯出其短處所在。中國社會的核心危機潛伏在內地和廣大農村，那裡最匱乏的主要還不是自由、民主、人權，而是更基本、更實在的土地、溫飽和安定。而這一切，自由主義從來就沒有作過任何承諾，也沒有拿出任何操作的方案，它的目光只盯住城市，而漠視危機四伏的鄉村，以至於與中國最大的改朝換代的社會資源──農民嚴重疏離，也就無法扭轉以後出現的農村包圍城市的歷史走勢。」〔註170〕為了實現國內團結，共同抗日，梁漱溟積極參與領導了中國民主同盟的建設，活躍於國共之間，希望通過政黨──第三勢力的努力從政治的上層來達致國內秩序。這實際上是梁漱溟尋求憲政之路的又一次實驗。即重建其上層，統一國權，強調「政治上要有辦法」，包括新的法律規則和法制秩序的建立與引用。梁漱溟的努力雖然失敗了，但他的探索精神令人欽佩，他提出的黨派綜合體思想無疑成為中國政黨制度建設的一筆可貴資源而值得珍視。

（三）梁漱溟的「黨派綜合體」思想

從梁漱溟在延安與毛澤東等中共領導人的兩次談話及他領導民主同盟的政治實踐來看，也是他的民主與憲政思想在政黨實踐中的體現。梁漱溟提出的建立「黨派綜合體」的構想，並不是他一時的心血來潮，而是在探索中國民族自救之路的實踐中得出的結論，也是他對中外政治制度特別是黨派制度潛心研究的理論成果。

梁漱溟認為中國建立黨派綜合體不僅是必要的而且是可能的。中國的問題是「對外要求民族解放，對內要求社會的改革。」〔註171〕對於第一點各黨各派都一致，但在社會改革的觀點上則有所不同。梁漱溟認為就必要性而言，建立黨派綜合體是增強國內團結、尋求國際支持的需要，也是解決中國問題的長久方案。他指出，抗戰時期「各黨派的團結，只是建立在對外抗戰的基礎之上──所謂『團結禦侮』，這種團結是不夠的、手段的、短暫的、不可靠的。我們需要進一步把它推向堅固的、真誠的、恒久的團結上去。怎樣去達到這個目的呢？

〔註170〕許紀霖：《中國自由知識分子的參政（1945～1949）》，《許紀霖自選集》，廣西師範大學出版社 1999 年版，第 115 頁。
〔註171〕《梁漱溟全集》，第六卷，第 621 頁。

就要求我們不僅在爭取民族解放的鬥爭上團結一致，更要在社會改革的原則與步驟上，團結一致。」〔註172〕也就是說各個黨派團結的基礎不能僅僅建立在「共禦外侮」的基礎上，還要建立在「共同的國是國策」的基礎上。同時，為了在抗戰中贏得廣泛的國際支持，也需要加強國內各黨派的團結與合作，制定共同的國是國策，選擇一條有別於美英法和蘇聯的政治道路。「假使自己不能選擇自己的路走，不能認定前途，把握前途，模模糊糊，捉摸不定，那更加重友邦的猜懼，勢必不能求得真正的朋友。」〔註173〕他這裡說的「自己的路」，就是有中國特色的黨派制度，即建立黨派共同體之路。就可能性而言，梁漱溟以及毛澤東都認為「各黨派在解決中國問題上的確可能找出一條共同的途徑。」〔註174〕梁漱溟認為「共產黨把中國的前途大致分為三個階段：抗戰期中主要是抗日，要求民族解放，但也要求國內相當地實現民主，這是第一階段；抗戰後民主運動的浪潮可能高漲，由於這種高漲，就可能和平地轉變到社會主義，這是第二階段；第三階段則是有社會主義社會到共產主義社會的過程。這階段恐怕要到很遠的將來才能達到。」〔註175〕梁漱溟分析道：中國「各黨可能不同意共產主義，但那是久遠的事，而對目前的實現民主以及社會主義大致都是同意的。」正是基於這一點，「可以議定一個共同遵守的國是國策。」〔註176〕當然，「各黨派誠有各自不同的性質，這是不能抹煞的，但是在今天共同的國是國策之下，可以組織一個綜合體。」〔註177〕也就是說，在共同的國是國策之下，建立黨派共同體是完全可能的。梁漱溟說道：

> 總起來說，這種方式既非多黨制，亦非一黨制，而是「一多相容」。一中有多，多上有一。這種方式既非有分無合，亦非合而不分；乃是合中有分，分而後合。為了切合中國社會形式，適應中國問題需要，非此不可。〔註178〕

〔註172〕《梁漱溟全集》，第六卷，第622頁。
〔註173〕梁漱溟認為，為了抗戰，必須爭取國際朋友，目前（按：係指1938年當時），我們的友邦陣營中，顯然分為兩面：一面是蘇聯，一面是英美法，兩方都存在猜忌的心理。英美法怕中國跟隨蘇聯而赤化，蘇聯也不願中國走向資本主義而反蘇，因此中國要選擇自己的組織。詳見《梁漱溟全集》第六卷，第622頁。
〔註174〕《梁漱溟全集》，第五卷，第623頁。
〔註175〕《梁漱溟全集》，第五卷，第623頁。
〔註176〕《梁漱溟全集》，第五卷，第624頁。
〔註177〕《梁漱溟全集》，第五卷，第624頁。
〔註178〕《梁漱溟全集》，第六卷，第224頁。

具體怎樣組織和實現呢？梁漱溟提出了處理黨派綜合體中各黨派關係的基本原則和步驟。他指出：「綜合體的組織建立之後，各黨派便具有二重的組織：就個別黨派來說，大家各有獨立的系統；就全體黨派說，又卻在一個統一的組織之下。」〔註179〕這也就是他所說的「下分上合，一多相融」。所謂「下分上合」就是說，「在下面，各黨派是個別分開的，這是『下分』；但在執行國是國策上，又是合為總體，這是『上合』。」所謂「一多相融」，就是說，「各黨派分別獨立，這和許多民主國家的多黨制一樣；但大家又都隸屬於同一的組織，又似乎和一黨制相同。『一黨制』和『多黨制』融通並用了。」〔註180〕關於黨派綜合體的步驟。梁漱溟設想，建立這種黨派制度要經過三個步驟：第一步，制定各黨派共同的國是國策；第二步，組織黨派綜合體；第三步，建立超黨派的政府。關於「超黨派政府」，梁漱溟以聯合國為例，指出，這種政府就像聯合國一樣，聯合國分秘書長可以是英國人，可以是美國人或其他國家的人，但他在執行聯合國的決議時，他不能站在任何國家的立場，而必須站在超出國家的整個聯合國的立場之上。在「黨派綜合體」基礎上建立的政府也是如此。「為忠實於黨派綜合體，也應該站在超出黨派的立場之上，而不站在某個黨派的立場之上。」〔註181〕或者說，「黨派綜合體代表國民行使政權決定一切；政府代表國家行使治權，執行決議。一切軍隊、警察屬於國家，作為政府執行治權的工具，才能夠完成社會改革的任務。」〔註182〕

梁漱溟認為，政黨作為一種組織，其產生於社會現實的需要。作為一個處於轉型、激烈變革而失序的社會，必須要有一個強有力的政黨，認定方針，把握路線，貫徹執行；特別是作為一個革命後的國家，舊制度已被推翻，但新的社會的建立是後半程更為重要而又艱巨的工作。這本身就是一項「偉大、艱巨精細的工程，如果由多數黨以不同的政策來競爭建造，勢必顛僕紊亂，動搖不定。現在這部憲法制定的就是多黨制，因此我覺得它不符合中國當前的需要，恐怕它不能行之久遠。」〔註183〕中國的黨派制度應該是「一多相融」的黨派綜合體，因為「多黨制下，我們有了作為團結基礎的一般原則；一黨

〔註179〕《梁漱溟全集》，第五卷，第 624 頁。
〔註180〕《梁漱溟全集》，第五卷，第 624 頁。
〔註181〕《梁漱溟全集》，第五卷，第 624～625 頁。
〔註182〕《梁漱溟全集》，第六卷，第 625 頁。
〔註183〕《梁漱溟全集》，第六卷，第 625 頁。

制下，我們仍可確定合作的方法，保證原則的實施。」〔註184〕據梁漱溟講，對於他提出的黨派綜合體的三個步驟，在 1938 年與毛澤東談話時，毛澤東對前兩項表示同意，對第三項表示懷疑，認為不必要，或者不可能。但在 1946 年梁漱溟再次對毛澤東提起建立黨派綜合體的構想時，毛澤東「感到非常欣慰」〔註185〕，對於「由建立黨派綜合體進以組織超黨派政府這一主張，雖未表示完全接受，亦未認為是不必或者不可能的了」。〔註186〕由於蔣介石的和平鬧劇，梁漱溟在1946 年的政協閉幕式上宣佈退出現實政治，隨後撰文指出：「我並未認為中國政治問題現在是解決了。相反我正認為現在擬議中之憲法，不足解決中國政治問題。」他說：「建國絕非只政治之事，而是要建設全盤文化。」〔註187〕從整個文化出路上來求政治的出路，這可謂梁漱溟社會政治思想的一大特色。

　　總而言之，梁漱溟為建立「上分下合，一多相融」的「黨派綜合體」而積極參與到中國民盟的創建中去，在中國民主政治史上曾經起了積極的作用。梁漱溟在談到 1946 年政治協商會議的時候指出：「由於民主同盟的不斷努力，不斷地要求團結民主，以及國內外形勢的成熟，乃有本年一月十日開幕，三十一日閉幕的政治協商會議的召開。」〔註188〕對這次會議，曾昭掄也曾指出：「在未來的歲月中，中國政法的塑形上，具有基本的重要性。當然，同盟並不，也不能以促成此次會議的召開全居己功，但它在這方面的領導作用，是不能否認的。」〔註189〕事實上，梁漱溟的黨派綜合體思想就其意義而言：一方面，為這次會議的召開提供了重要理論基礎；另一方面，為塑形中國未來政黨制度提供了一種參考和方案。現在中國的政黨制度，在某種意義上說，借鑒了「下分上合，一多相融」的黨派綜合體思想，並對其進行了創造性轉化。新中國成立以後，共產黨是執政黨，各民主黨派是參政黨；共產黨充分尊重各民主黨派的獨立性，從各個方面支持其發展；通過人民政協這種組織形式，使共產黨與各民主黨派「長期共存、互相監督、肝膽相照、榮

〔註184〕《梁漱溟全集》，第六卷，第 626 頁。
〔註185〕《梁漱溟全集》，第六卷，第 626 頁。
〔註186〕《梁漱溟全集》，第六卷，第 626 頁。
〔註187〕李淵庭、閻秉華：《梁漱溟先生年譜》，廣西師範大學出版社 2003 年版，第 197 頁。
〔註188〕《梁漱溟全集》，第六卷，第 626 頁。
〔註189〕曾昭掄：《中國民主同盟的歷史、主張、理想及其與國共兩黨的關係》，《民主報》1946 年 10 月 19 日。

辱與共」，共同致力於社會主義建設和中華民族的偉大復興。這種黨派制度，既不同於前蘇聯的一黨制，也不同於西方國家的多黨制。正如鄧小平所指出：「在中國共產黨的領導下，實行多黨派的合作，這是我國具體歷史條件和現實條件所決定的，也是我國政治制度中的一個特點和優點。」〔註190〕我國的人民政協組織，在一定意義上也可以說就是一個「黨派共同體」；中國共產黨領導下的多黨合作制度，就是中國特色的黨派制度。

（四）革命黨、政黨與中國共產黨

梁漱溟不僅對中國應該採取的的政黨制度進行了研究，同時還對革命黨與政黨的異同，以及中國共產黨的建國功績給予了分析和說明。

1、革命黨與政黨的異同

1946 年舉行的政治協商會議的主要目的就是要結束國民黨一黨執政的訓政，實施憲政。在梁漱溟看來，這實際上就是要從一黨制過渡到多黨制。對此，梁漱溟則看到了其中的扞格之處。他再次指出，一般來說，一黨就是革命黨，而多黨就是普通政黨。普通政黨大多是承認現秩序，在現秩序下活動，依據現秩序而存在。革命黨則不然，是要推翻舊秩序，建造新秩序，目的在革命。真正的革命並非以某一黨為對象，而是在對社會秩序有新的變革，此乃革命黨的任務，這與普通政黨有別〔註191〕。梁漱溟常舉英國憲政和政黨為典範來說明普通政黨。他認為，英國雖有多黨，然僅二三大黨輪流執政，使英國民主憲政常此進步，同時英國無一成文憲法而秩序穩定，此乃「不言而喻的規矩與道理」、「習慣」為大家所遵守，「人民循之而行，政黨各自活動，互相競爭而秩序不亂。」〔註192〕此乃英國憲政與政黨之美。

對於「否認舊秩序」的革命黨，梁漱溟也對其必要與否作了說明。他以法國的大革命和俄國的布爾什維克革命為例，認為法國革命不需行一黨制，而俄國革命則需行一黨制。原因有二：一是就革命的性質來說，法國革命主要目的是「擺脫舊的枷鎖，是要去掉些什麼，是消極的，舊秩序推翻了就獲得新秩序。在性質上說，是要求獲得自由和民主。」〔註193〕而俄國則不同，它「不僅要推翻舊的，而且要從事建造共產主義的新秩序，以謀求經濟上的

〔註190〕《鄧小平文選》，第二卷，1994 年版，第 205 頁。
〔註191〕《梁漱溟全集》，第六卷，第 676～677 頁。
〔註192〕《梁漱溟全集》，第六卷，第 677 頁。
〔註193〕《梁漱溟全集》，第六卷，第 677 頁。

社會化。」〔註194〕二是就革命機緣的成熟上講，他認為俄國革命機緣並未成熟，故而在推翻舊秩序後，還要一黨制做一番補足工夫，即建造新秩序。

　　對於中國實行多黨制的時機是否到了的問題，梁漱溟「斷然的、毫不懷疑」的給予否決。在他看來，中國的革命黨尚未完成他的任務，目前「是中國社會秩序的青黃不接的時候，饑荒的時代，缺乏社會秩序。老的秩序已被推翻，而推翻舊秩序的西洋近代潮流係自由、民主也未能在中國生根，建立起新秩序來。」〔註195〕他進而指出，從民國成立，中間雖然經過了約法、憲草直到十三年迄未產生一部建國的根本大法。多黨制不過是國民黨一黨統治情勢危殆下的「鬧劇」〔註196〕。因此他最後指出「今天中國所需要的是一個革命黨來建立新秩序，所應採的制度，我以為與其說應該採取英美，毋寧說是應該採取蘇聯的。真的秩序並非黑字白紙一定就成，而須真正建設，要從經濟生活著手，要有方針有計劃一貫到底的去做！」〔註197〕從某種意義上說，新中國的建立使梁漱溟覺悟到：在革命的時代中，他倡導的「以進步達到平等，以建設完成革命」的改良主義固然是行不通的。畢竟革命的問題只能用革命的手段來解決，但建設的問題同樣只能用建設的手段來完成。在革命勝利以後，必須用建設的手段來完成革命未竟的目標。

2、中國共產黨的三大貢獻

　　梁漱溟於 1950 年 10 月到 1951 年 5 月寫作了《中國建國之路》一文。原計劃寫上、中、下三篇，實際上僅完成了弁言和上篇「中共三大貢獻」。哪三大貢獻呢？梁漱溟認為：

　　中共的第一個偉大貢獻是「統一全國，樹立國權」〔註198〕。為何這樣說呢？梁漱溟認為近代以降，中國陷入秩序危機，進而四分五裂，導致中國一是不能應付國際競爭的環境，減少外面的侵略壓迫；相反，各方彼此可能都想勾結外國以抗對方，而更引進了外國勢力；二是不能防救天災；三是內戰連綿不斷〔註199〕。國家連基本的職能都喪失了。為什麼會這樣呢？梁漱溟認為，關鍵在於過去中國的武力缺乏主體。武力只是工具，工具必須有其主體。

〔註194〕《梁漱溟全集》，第六卷，第 677～678 頁。
〔註195〕《梁漱溟全集》，第六卷，第 678 頁。
〔註196〕《梁漱溟全集》，第六卷，第 679 頁。
〔註197〕《梁漱溟全集》，第六卷，第 679 頁。
〔註198〕《梁漱溟全集》，第三卷，第 321 頁。
〔註199〕《梁漱溟全集》，第三卷，第 323 頁。

誰爲其主體，誰就是眞實之統治者，主體和工具是統一的。近代資本主義社會，資產階級自身並不武裝，表面上也沒有什麼特權，武力似乎是屬於國家的。而究其實，資產階級隱然操持著武力，是武力的主體。1911 年後的中國，隨著清王朝的滅亡，相沿數千年的皇帝制度被廢除，在中國大有問題的武力主體失掉著落了，從此而後的幾十年，是軍閥割據的局面，致使武力尋不到主體，國家不能統一；武力不能統於一處，自然就四分五裂，促成了軍閥混戰，社會脫序。作爲武力的主體，梁漱溟認爲要有兩個條件，一是必須是階級，一是要恰當其時。由於老中國社會缺乏集團，中國人的生活欹重家庭、家族，缺乏個人生活、團體生活。〔註200〕它融國家於社會，是社會而非國家。國家是對抗性的，而社會則不是。這樣一來，武力主體必須會落實於一家一姓。因爲缺乏集團，中國人易合難分，既缺乏不容躲閃的衝突，也沒有利害一致的相聯，說分不分，說合不合，此其所以爲散漫。要改變這一狀況的唯一路徑就是結合一個團體，以統治中國的武力主體自任。這就要從建黨入手，再以黨來建軍建國。〔註201〕我們沒有現成合用的階級可爲武力主體，我們就自己製造一代替品——針對著那所需要條件製造出一「準階級」〔註202〕。爲的是第一不讓武力主體落在個人身上，而確實掌握於團體（黨），這就得其大本；第二要認準了時勢需要——當前作爲一個中國統治階級的歷史任務是什麼——而努力以赴，這就完滿無缺。——這就算有了合條件的武力主體。國民黨當初實未認清楚這兩個條件，後來更不自覺地違失了這兩個條件，導致其失敗。共產黨則走通了，這是由於它不像國民黨那樣：第一、它在黨的階級基礎上標明無產階級而不嫌其狹窄；雖事實上也許他的黨員是農民和知識分子居多，但總稱得起立場分明，壁壘森嚴，團結得確乎一個黨。黨既成功，武力掌握在黨，而不致操於個人之手。第二、他努力的方向相當明確（這在今天就是新民主主義的經濟路線），武力得其正用，自不致亂出毛病。從而獲得了來之不易的國家統一。

中共的第二大貢獻是把團體生活引進中國〔註203〕。梁漱溟一直認爲，由於缺乏集團生活，中國人有四大缺點：缺乏公共觀念；缺乏紀律習慣；缺乏

〔註200〕《梁漱溟全集》，第三卷，第 328 頁。
〔註201〕《梁漱溟全集》，第三卷，第 336 頁。
〔註202〕《梁漱溟全集》，第三卷，第 336 頁。
〔註203〕《梁漱溟全集》，第三卷，第 339 頁。

法治精神；缺乏組織能力。〔註204〕梁漱溟自言曾和其他前輩及同輩人一樣，看不到文化改造、經濟改造的必要，只是迫切要求政治改造。企望改造的模型，不外是西歐式的民主政治。然而，中國立憲、革命相繼失敗的經驗教訓使他認識到：制度的本源在習慣。只有在新政治習慣養成的一天，才算新政治制度建設成功的一天。而什麼是新政治習慣呢？不是別的，不過是對公共事情——小而地方的事，大而國家的事——要關心，要過問，要參加進去，那種生活習慣而已。即多數分子主動地有力地參加進而形成進步團體。梁漱溟之多年致力於鄉村建設運動，其目的就是在鄉村下功夫培養中國人的新政治習慣——團體組織生活。引進團體生活——政治改造在此，經濟改造在此，文化改造亦無不在此。總之，引進團體生活為政治改造之大本，亦為經濟改造之大本，亦同為文化改造之大本；一貫到底，一了百當。〔註205〕梁漱溟認為，在組織的建造上，首先是黨的自身建設之成功。因為中國人反團體生活的習慣根深蒂固。中國共產黨人自身也不例外。然而他們大半生的革命生涯，卻足可把它對治了。在外有不容情的壓迫封鎖，在內有一切生活於團體供給制。兩面結合起來，而後所親切的乃不再是家庭，所尊重的乃不再是父母。公共觀念於是養成，法治精神於是練就，組織能力於是培養。由於黨之成功，一方面統一了全國，樹立了國權；另一方面依此根基發展了一切其他組織。中共所進行的組織工作主要有以下幾個方面：其一，中共以武裝力量解放全國後，號召全國人，領導全國人，共同來組成一個新國家；上從中央政權起，下至鄉村所有各級地方政權的建政工作，便是走向組織之一種。其二，中共在政府一切施政上，多傾向於國家統制或政府領導，尤其在經濟工作方面務為有方針計劃之開展，而非放任自流，這就使得人們走向組織。其三，中共直接發起組織，並在其中起著核心領導作用的各團體。這裡面環繞著共產黨這一根本中心，而離它最近的，有兩個組織：一個是新民主主義青年團，一個是工會；其次是農民協會和婦聯會。其四，還有一種是在有形思想（中共思想）無形風氣（由上三種造成之風氣）之下，人們輒喜歡從某種目的或事物成立一些臨時的或長久的組織。同時，梁漱溟還具體討論了中共在把工人農民慢慢引上團體生活方面的成就。〔註206〕這一點，鄒讜也指出：「中國政黨

〔註204〕《梁漱溟全集》，第三卷，第340頁。
〔註205〕《梁漱溟全集》，第三卷，第348頁。
〔註206〕參閱《梁漱溟全集》，第三卷，第351～364頁。

以他的嚴密的組織和逐漸強大的組織能力，去發動群眾，組織群眾，引導群眾參與政治，所以在革命的過程中，中國人民參與政治的格式起了數千年以來第一次的根本變化，農民及貧苦大眾下屬階級都變成政治生活中的重要角色，不少上昇爲幹部，最高層的政治領袖也以他們爲『參考群體』，這是共產黨戰勝國民黨的最根本的原因。」〔註207〕

　　中共的第三大貢獻是「透出了人心」〔註208〕。梁漱溟舉了解放後新流行的口語「忘我精神」〔註209〕一詞。認爲它表明了人們的一種心理狀態，指出了一種時代風氣。梁漱溟說，他所謂的「人心」，可謂是羅素所說的「創造衝動」，這種創造衝動恰似自己力氣有餘，不是在想要東西，卻是在想要幹什麼。資本主義制度之所以要不得，就在於它太妨礙了創造衝動，而把人牢牢繫縛在佔有衝動上。〔註210〕梁漱溟又說，「忘我精神」、「創造衝動」對於他所說的「人心」都嫌偏嫌狹，不洽不妥。他說，心即主宰，主宰即心，從粗處去看，便是心思作用。心思作用物類不是完全沒有，只是因其生活過於依靠先天安排好的本能，心思與其官體作用渾一難分，爲其官體作用所掩蔽而不得見。人類不依本能以營生活，其官體反應鬆馳減弱，心思主宰作用是擴大而顯現。「人心」是相對於「人身」而言的，人與人只是身隔而心不隔。「人心」是超乎身而主宰乎身的，但卻又容易陷於身之中而頓失主宰。所謂」透出了人心」，正是就其易受障蔽而言的。中共又是怎樣解決了這問題呢？梁漱溟認爲，物類生活靠本能，人類生活靠習慣。習慣乃後天養成，文化就是我們種種生活習慣方式的總稱。總之，物類循著其先天安排的路子活動，而人心則循乎文化。建國這件事，在今天便是改造文化。說建國，其意在建造一新中國社會，而社會所以新，卻在文化上。政治要新，經濟要新，種種皆要新，而不從宗教、道德、禮俗、法律這些新起，卻新不了。照直說：建國問題，正是如何給中國人心理上改換路道走的那個問題。梁漱溟認爲，中共在尋求建國的過程中不是泛泛地引進團體生活，而是有其理想的。理想的團體生活就是一面其團體既很能負責爲分子解決問題，而一面其分子之自覺主動性又很高的那一種。現在他們引進團體生活其方針所指正在此。這種生活要把身

<hr>

〔註207〕〔美〕鄒讜：《二十世紀中國政治》，香港牛津大學出版社 1994 年版，第 4 頁。

〔註208〕《梁漱溟全集》，第三卷，第 365 頁。

〔註209〕《梁漱溟全集》，第三卷，第 365 頁。

〔註210〕《梁漱溟全集》，第三卷，第 365～366 頁。

一面的問題（個體生存問題）基本上交代給團體去解決，而使各個人的心得以從容透達出來。其次，它又提供了一遠大去處。心思從淺近狹小處解放出來，便不難往遠大處想，這就須有一遠大去處。換言之，要有一個對象，值得甘心為它賣力氣乃至為它犧牲。這自然指的是「公家」〔註211〕。所謂公家要具體實在，要看得見，關係愈直接愈好。現在，工人對於他們的廠礦、工會、國家正是如此。再次，工人為社會主體，不論在國家在廠礦，其地位與過去完全不同。最後，心胸開，智慧亦隨之而開；人心透出，一切力量隨著全透達出來。這不是說的一個人，而是有著許多人，有著集體性。引進新的團體生活以代舊日倫理生活，便能為中國人心開出新道路。新社會好比胎兒孕育於舊社會中，而革命黨的作用就如助產婆一樣。「革命黨只能因形勢以造形勢，不可能憑空來給人心開新路道，根本上一個革命黨亦就不會憑空出現。」〔註212〕梁漱溟回溯中國過去並對照外國提出了兩個問題：（一）過去革命有沒有堅強的革命團體？（二）如其有團體，靠什麼而有團體？梁漱溟認為，外國革命一般都有革命團體。而秦漢以來中國歷史「循環於一治一亂而無革命」，更談不上什麼革命團體。清末以後，形勢有所不同，中國被捲入世界漩渦，一治一亂之循環被打破，乃真有所謂革命。但卻不是社會內部自發的階級革命，而恒為一種民族自救運動。革命意識容易發，革命團體難於形成和鞏固。今天這堅強的革命團體由何而成功？離開人心本有的偉大和向上，這堅強的團體不可能有，然而只是人心的偉大和向上，卻並不能就有。為了革命，需要團體，有了團體，並要它堅強，這在清末民初不是不曉得。尤其孫中山先生素來強調此一要求。無奈要求是要求，事實總辦不到。中國共產黨卻辦到了。〔註213〕

　　這就是中國共產黨的偉大功績，它以其實際作為，政治道德、制度安排，特別是社會基礎實現了國家獨立、民族解放，在革命後，中國社會成為了各進步階級、階層充滿共同利益感的社會，正如塞繆爾‧P‧亨廷頓所說：「一場革命最有意義的成就便是政治價值觀和政治態度方面的迅速變化」，「革命為所有獲得政治意識的新團體帶來新的團體感和認同感」〔註214〕，這種嶄新

〔註211〕《梁漱溟全集》，第三卷，第386頁。

〔註212〕《梁漱溟全集》，第三卷，第401頁。

〔註213〕《梁漱溟全集》，第三卷，第410頁。

〔註214〕〔美〕塞繆爾‧P‧亨廷頓：《變化社會中的政治秩序》，三聯書店1989年版，第283頁。

而普遍的合法性來源在中國共產黨執政後迅速湧現出來。故而，人民在評價執政黨時，總是把中國共產黨及其政府看作是「我們」而不是「他們」，從而增強了黨的凝聚力，同時也有利於形成維持一個政治體系所必須的合法性基礎。

第六章　結　論

　　金無足赤，人無完人。名單上的人參加招待會甚好，可惜沒有
周揚、梁漱溟。

——毛澤東 1974 年 10 月批示

　　四十多年來，梁先生一直走在時代的前端，而常反對這時代：
總是站在時代的最前端。最初主張立憲，旋即參加革命。民國成立
後，卻信佛要出世。民國十三年不肯再教大學，要辦新教育。民國
十八年後，實踐其鄉治主張。……梁先生何以反時代？是從中國文
化反省而反時代，望時代再前進一步。時賢多留在現時代而不復進：
在這一點上，似皆不及梁先生。

——唐君毅

　　前述幾章，我們較詳細地梁漱溟了梁漱溟政治思想的基本理論，以及他
兩次最有影響的尋求秩序的政治活動——30 年代的鄉村建設、40 年代的建立
民盟的政黨活動，此外還涉及到建國後的一些活動和觀點。在新的世紀裏，
在建設社會主義新農村的今天，究竟該如何來作出客觀評價呢？事實上，自
梁漱溟的《東西文化及其哲學》出版後，人們的品評就從來沒有停止過。在
這期間形成的有關觀點與結論，至今仍在深深地影響著人們對梁漱溟政治思
想的定論和評判。正如在他逝後還有人為文說他是封建主義思想的代表。在
一本有關現代中國政治思想流派的書中，作者認為梁漱溟政治思想的靈魂是
復古主義和改良主義，鄉村建設方案是復古主義、改良主義和空想主義的混
合物。據此得出結論，認為，他從未提出過一條具有時代精神的可以行之有
效的改革方案。在今天看來，類似這些觀點都值得商榷，實際上自 20 年代以

還的 80 餘年間，持有不同政見和觀念的人們（包括梁漱溟本人）都給予了它不同的定位。梁漱溟政治思想的性質究竟該如何評斷，是改良的還是革命的？是反共的還是中間性的？在此筆者不揣淺陋，結合前學的研究，嘗試性地提出自己的一點粗淺看法。

　　長期以來，人們在評價梁漱溟政治思想時，往往把他的理論界定為反共的復古理論，尤其是對梁漱溟展開大規模批判的時期，在論文的導言中已指出，此處不再贅述。在今天看來，這是有失公允的。現在研究者大多都能持一種較平和的心態來對待現代中國政治思想史上那些所謂「保守的」甚至是「反動」的思想家的學術與思想。如有的研究者所指出：梁漱溟的鄉村建設理論是不是出於對抗共產黨而提出來的？梁漱溟的反共是不是意味著他與國民黨同流合污呢？〔註1〕這是我們必須回答的問題。究其結果來看，梁漱溟的鄉村建設主張，其提出的時間要早於中國共產黨的土地革命主張。〔註2〕就梁漱溟的政治思想而言，他不僅反對共產黨，同樣反對國民黨。如其所述：「過去我在國內政治上一向的立場和行動路向，既不是一個跟著國民黨走的人，亦不是一個跟著共產黨走的人，若干年來歷歷在人耳目，是不須多表的。」〔註3〕這實際上就是以「一代直聲」而著稱的梁漱溟對自己思想和行動的申明，也是他對自己政治思想「中間性」的肯認，他意欲在國共兩條道路之外，尋出第三條出路，從而「替中國開出一條新路」。我們知道，梁漱溟一生從來都不隱諱自己的觀點，即使在風雨如晦的歲月，還力爭為孔子辯誣，面對批判和責問竟以「三軍可奪帥也，匹夫不可奪志！」來回應當時的思想界。1978 年在政協討論憲法時，梁漱溟更是直言——檢討蘇聯和中國對憲法的踐踏。由是觀之，梁漱溟對於共產黨的批評或反對不是其政治思想的主旨，而是對於中國問題之不同解決方案在實踐中出現的失誤或差錯的批評和反對，是站在超越黨派或意識形態立場上的第三者的聲音，也是一代富有社會責任以及夾雜著傳統和現代因子的知識分子對民族和國家的前途與命運的一種真切關注的生動寫照。無疑，梁漱溟就是這樣一群知識分子的縮影和典範。

〔註1〕 朱漢國：《梁漱溟鄉村建設研究》，山西教育出版社，1996 年版，189 頁。
〔註2〕 朱漢國：《梁漱溟鄉村建設研究》，山西教育出版社，1996 年版，189 頁。
〔註3〕 參閱吳景超：《批判梁漱溟鄉村建設理論》一文，載《新建設》，1955 年，第7 號。

　　無庸諱言，在今天看來，梁漱溟屬於那些爲數極少的人，他們的思想在我
們這個時代的政治理論、社會與文化生活中產生了啓發性影響。梁漱溟是複雜
的，對他作出評價尤其艱難，我自知無力公允地看待他。也許正是這種好奇心
驅使著我走進了梁漱溟，踩在前人的肩上，朦朧中從他身上看到了一種心靈的
力量，一種生命的和諧與堅毅，一種罕見的人性品質的混合，這一切在他身上
構成了道德德性與智慧德性的和諧表達。作爲「五四」以後的一代知識分子，
梁漱溟與學衡派、新儒學、馮友蘭、錢穆等知識分子不同，他們的主要工作大
多集中在價值層面的文化重建上，由聖而王的言路至多到發掘民主與科學的價
值資源爲止，一般拒絕進行社會組織或政治制度的設計。相形之下梁漱溟就不
同了。他承認「我不是『爲學問而學問』的。我是感受中國問題之刺激，切志
中國問題之解決，從而根究到其歷史，其文化」，從社會政治問題出發追問到
文化歷史哲學，最後仍然要返回到社會政治問題本身，因此他「一向喜歡行動
而不甘於坐談」〔註4〕。他是屬於代表「社會良心」的知識分子，有思想就有
行動，從而爲尋求中國問題之解決進行了社會改造藍圖的設計。縱覽近代百年
史（1840－1949年），爲重建中國社會秩序，左派、右派、保守派、改革派、
自由主義者都作出了種種努力，但從總體上看，他們的努力似乎都是失敗的。
換言之，無論是左派，還是自由主義，在向西方學習的過程中，都沒有取得多
大的成效。如林毓生曾指出：胡適作爲中國現代自由主義之父，他極力倡導科
學與民主，但他所謂的科學並不是科學，乃是科學崇拜，即把科學當作宗教來
崇拜（胡適錯誤地認爲科學能夠解決人生問題，而事實上，科學並不提供價值，
無法爲人生問題提供答案）；在民主問題上，胡適認爲民主是「幼稚園式的政
治」，這一觀點更是淺薄到了令人「令人害臊的地步」（民主政治的建立是非常
困難的，它需要一些重要的條件）。左派的出發點是人道主義，其「平等」思
想建立在道德的基礎上，目的在於讓人過上有尊嚴的生活，但結果卻並未產生
一個尊重人的社會。這方面的教訓是慘痛的。回眸歷史，面向現實，實際上梁
漱溟的政治思想與其實踐活動是融爲一體的，即把革命理想融於改良的運動之
中，同時又賦予改良運動以革命的意義。

　　爲探索中國問題，在尋求秩序重建的思想和實踐中，梁漱溟一直深信自
己是一個革命主義者。因此在一個相當長的時間裏，他從不相信、也不承認
自己是「改良主義」。直至新中國成立後，他才覺悟道：「假如不是今天有中

〔註4〕 《梁漱溟全集》，第三卷，第4頁。

國共產黨革命的成功，我始終會認定我走的是中國革命惟一正確之路，始終不會發覺自己是改良主義。……何以我會落歸改良主義呢？……我的錯誤，實錯在過分強調中國問題的特殊。」〔註5〕梁漱溟所說的中國問題特殊實際上表現有三：一是中國文化特殊——文化早熟、理性早啓；二是中國社會結構特殊——倫理本位、職業分途；三是中國國家特殊——不像國家的國家。近百年來外力的侵入致使中國陷入一種「東不成西不就」、「前不著村後不著店」的尷尬境地。解決中國問題的辦法，「不能用暴力革命」，「若強爲革命，則只能增加其武力爭奪，增加其秩序紛亂而已」〔註6〕。梁漱溟反對中國實行他所謂的非理性的暴力革命，卻又認爲中國問題之解決本身就是一種「革命」。那麼，梁漱溟所理解的革命謂何？他認爲革命是指「一社會秩序的推翻與改建」，一種秩序即是一套法制禮俗，而其社會之組織結構也就安排於其中。「所以革命就是否認一種秩序，而要求建立一種新秩序，其結果也說是社會結構的一根本變革」〔註7〕。梁漱溟這種「頗若自相矛盾」的說法，實際上是將「對人的革命」和「對秩序的革命」作了區分。他指出：中國問題根本不是對誰革命，而是改造文化，民族自救〔註8〕。又謂：革命是秩序的改造，革命以對秩序爲主，對人爲副。中國之政治問題經濟問題，皆是如何建造成功新秩序的問題，而沒有舊勢力（革命對象之人）之可革命。但解決中國問題本身又是一種革命，即從舊秩序——君主專制政治、個人本位的經濟，根本改造成一全新秩序——民主政治、社會本位的經濟，這不是革命更是什麼〔註9〕？可見，作爲一種手段的「武力鬥爭」或「軍事行動」，他是堅決反對的，而對於社會制度的根本變革則持肯定和褒揚的態度。而且，如前已提到的，他對西方進行的革命以及俄國革命均持肯定態度。可見梁漱溟並不是完全反革命的。他把「對人的革命」與「對秩序的革命」作了區分，這對人們從更深層理解「革命」的內涵無疑是有啓發意義的。但若以此爲據，把眞正阻礙中國社會發展的反動勢力不作爲革命的對象，這顯然是不對的。問題在什麼地方呢？筆者認爲可以分梳爲三：

一是就梁漱溟對「革命」的詮釋來看，梁漱溟認爲革命是否定秩序，這

〔註5〕《梁漱溟全集》，第六卷，第866、950～951頁。
〔註6〕《梁漱溟全集》，第五卷，第547、158頁。
〔註7〕《梁漱溟全集》，第二卷，第174頁。
〔註8〕《梁漱溟全集》，第五卷，第213頁。
〔註9〕《梁漱溟全集》，第五卷，第220頁。

一點與馬克思主義者的認識是相通的。馬克思主義者認爲，革命是階級矛盾
尖銳化的必然結果和解決階級矛盾的一種手段。從一般意義上講，革命主要
指政治革命與社會革命。政治革命是暴動，是一種政治制度代替另一種政治
制度的激烈變革。嚴格意義上的社會革命是指一種社會形態向另一種更高級
的社會形態的演變。在階級社會裏，兩者是交織在一起的，即「每一次革命
都破壞舊社會，所以它是社會的。每一次革命都推翻舊政權，所以它具有政
治性」〔註 10〕。故而，梁漱溟的對革命的詮釋與馬克思的革命說具有相通之
處。

　　二是從梁漱溟對「中國革命」的詮釋來看，認爲中國革命是由外引發。
所謂由外面引發，具有三義：其一、受外面的壓迫打擊，激起自己內部整頓
改造的要求；其二、領會了外來的新理想，發動其對固有文化革命的要求；
其三、外面勢力及外面文化實際地改變了中國社會，將其卷到外面世界漩渦
來，強迫地構成一全新的中國問題。〔註 11〕梁漱溟對於中國革命的看法有其
洞見之處，但對國內的階級問題看法卻有違於中國事實，故而認爲中國的出
路不是西方意義上的革命。只能是理性的解決。事實最後也證明，梁漱溟對
此認識是不正確的，但梁漱溟的認識卻給予我們以啓示。

　　三是梁漱溟革命說給予我們的啓示。長期以來，人們視革命與改良爲冰
炭而不能同爐。而實際上，此兩者的對立只具有相對性。革命的進程中常有
改良相伴而行，改良運動中也未嘗不含有革命的終極意義。即使馬克思主義
的經典作家們在強調無產階級用暴力的革命手段去打碎資產階級國家機器
時，也並不排除通過和平手段達到自己目的的可能性〔註 12〕。一切以時間空
間條件爲轉移，在此時此地此種條件下，革命成爲歷史發展的火車頭，如俄
國十月革命以及 1949 年中國革命等；而在彼時彼地彼條件下又得另當別論。
改良同樣可以推動社會歷史向前發展，如俄國的農奴制改革、日本的明治維
新等。即使在無產階級的革命進程中，馬克思主義者也並不一概排斥通過改
良的、和平的、漸進的方式來達到自己的目的。如列寧在俄國二月革命後、
中共在抗戰勝利後，都曾有過這種努力和嘗試。正是據以此，我們對於梁漱
溟的政治思想既不能全盤肯定，也不能全盤否定。正如一位學者曾說：「改良

〔註 10〕 《馬克思恩格斯選集》，第一卷，人民出版社 1974 年版，第 488 頁。
〔註 11〕 《梁漱溟全集》，第六卷，第 241 頁。
〔註 12〕 參閱《馬克思恩格斯全集》，第 39 卷，第 47～48 頁。

雖然不同於革命，但也不等於反動，只要不損害人民的根本利益，不違背歷史發展總的趨勢和要求，改良就有一定的積極意義。就總的情況而言，鄉村建設運動與實現現代化和社會進步這一自 1840 年以後中國歷史發展總的趨勢和要求並不違背。」〔註 13〕可見梁漱溟所謂「革命建設」在實質上是一種改良主義的社會改造工程。

另一方面，梁漱溟政治思想具有民粹派的特色。梁漱溟一向認為他的社會改造藍圖「很接近新民主主義或社會主義」並且引用恩格斯所說的理想社會是「社會掌握生產手段的時候，商品生產已取消，同時生產物對於生產者的支配，亦取消。……而人類對自然乃開始為意識的真正的主人」一段話，主張「生產與社會都社會化」〔註 14〕，成為中國近代歷史上的社會主義流派之一。俄國的民粹派也是近代社會主義流派之一。我們從梁漱溟提出知識分子「到民間去」的口號，避免資本主義的發展，沒有看到工人階級的力量，主張只要發展鄉村自治或合作運動就能過渡到社會主義社會等觀點來看，與俄國的民粹派頗有相似之處。但他卻有別於俄國十九世紀六七十年代革命運動中作為小資產階級派別的民粹派，梁漱溟不僅承認帝國主義是造成中國秩序危機的原因，承認兵禍、匪患、苛捐雜稅等是造成中國農村破產的政治原因，對農民抱有同情的善良願望，可是他不主張暴力革命推翻舊有的統治階級及其力量。在這點上，他不如俄國以拉甫羅夫等為代表的小資產階級派別，他們主張發動農民反對沙皇專制制度和地主統治，有較大的革命性。美國有人把梁漱溟稱作中國的民粹主義者，這是與十九世紀八九十年代俄國自由主義的民粹派相同。即在世界已經進入帝國主義和無產階級革命的時代，各國的社會主義流派，比馬克思和恩格斯在《共產黨宣言》中所指出的更為多樣和複雜。梁漱溟的社會主義是富有中國本土色彩的民粹主義思想體系，有人稱其為「儒家社會主義」。他兩次尋求秩序重建之路的失敗，實際上證明了中國走第三條道路的失敗。反過來證明了針對中國當時的實際情形，只有中國共產黨領導的革命之路才是中國秩序重建的惟一正確之路。

在梁漱溟所尋求的秩序中，政治秩序無疑是其中一個重要範疇，但他並沒有給它下一個學院式的定義。揣度其思想，我們也不難發現其特徵：政治秩序是「隨著原始社會中的公共權威形態演化為國家形態之後，從社會秩序

〔註 13〕鄭大華：《民國鄉村建設運動》，社會科學文獻出版社 2000 年版，第 550 頁。
〔註 14〕《梁漱溟全集》，第二卷，第 412～413 頁。

中獨立出來，並對整個政治社會產生支配性作用的一種秩序。」〔註15〕因爲
「一般國家莫非階級統治。……如何把秩序與剝削結合起來，涵矛盾於秩序
之中，依秩序以行剝削，便爲事實所必要。」〔註16〕這就是政治秩序問題了。
梁漱溟對中西政治、經濟和文化諸方面的考察分析後認爲，理想的政治秩序
必將在社會主義才能實現。因爲資本主義「個人本位的，生產本位的經濟」
如此的「戕賊人性」以至把人們的生機「斲喪殆盡」，故而必改正到「社會本
位的，分配（消費）本位的」社會主義經濟。〔註17〕在這樣的社會中，是以
人爲本，實現了政治經濟教育（或教化）三者的合一。「將來的政治大概其主
要內容就是經濟和教育了」，「新社會秩序的維持，是由理性替代武力」，「社
會制度就可以不斷地講求改良，用不著暴力革命。」〔註18〕針對中國「不統
一」、「不上軌道」、「軍閥割據」等狀況，梁漱溟認爲只有他的「鄉村建設運
動有使大社會統一的效能」〔註19〕對於當時的中國共產黨尋求的政治秩序的
方法，他說，「共產黨的做法，倒亦痛快」，他們若建得起政權來對於中國的
大局就有希望了〔註20〕。隨著局勢的發展，梁漱溟更加意識到革命黨（中國
共產黨）對建構新政治秩序之必要；在政黨秩序上，他提出了黨派綜合體思
想，認爲憲政是政治秩序的重要表現形態，中國社會政治生活中的有序性應
由政黨主導。新中國的建立，梁漱溟肯認中國共產黨在社會政治秩序形塑上
的主導作用，在社會主義政治秩序的完善上逐步走上法治軌道。換言之，晚
發外生型現代化國家在國家建設過程中，秩序危機的困境、價值信仰混亂的
困境與主導力量缺失的困境決定了只有通過建立革命的政黨（在我國是中國
共產黨）這一強有力的組織性力量來完成國家建設的歷史必然性。

　　梁漱溟爲探索中國問題而尋求的秩序重建的方案和他的其他思想一樣，儘
管有種種的缺陷和不足，甚至帶有明顯的烏托邦性質。但其政治思想不能一筆
抹煞，他在探索中國現代化道路的過程中明確提出，中國既不應該走西方的路，
也不應該走俄國的路，而應該走自己的路。他不僅有理論，而且也有實踐。他
把中國農村問題提高到無以復加的位置，認爲解決中國問題的突破口是在農

〔註15〕　袁峰：《理想政治秩序的探求》，學林出版社 2002 年版。第 1 頁。
〔註16〕　《梁漱溟全集》，第六卷，第 974 頁。
〔註17〕　梁漱溟：《東西文化及其哲學》，商務印書館 1999 年第 2 版。第 168～169 頁。
〔註18〕　《梁漱溟全集》，第二卷，第 564～565 頁。
〔註19〕　《梁漱溟全集》，第二卷，第 627 頁。
〔註20〕　《梁漱溟全集》，第二卷，第 621 頁。

村，中國的經濟建設必然是鄉村建設。七十多年過去了，在中國農村經歷了二十多年的改革之後，依然存在諸多問題的今天，我們再回到梁漱溟，回到他的社會政治思想。其中他對中國的社會結構和狀況的分析，對中國政治文化缺陷的觀察，對中國現代化的困境和出路的洞見比同時代的其他知識分子要深刻的多。儘管他的思想帶有帶有明顯的烏托邦性質，但為了實現其理性政治，重建政治與社會秩序，他嘗試建立團體組織，以構建人們參與組織事務的公共空間，從而培養民主的政治習慣；他批評「個人失沒於倫理之中，殆將永不被發現」的中國固有文化，讚賞西方個性伸展和社會性條達；他明確提出未來「新社會以人為主體，是人支配物而非物支配人。」〔註21〕此乃人的現代化和以人為本思想的較早闡釋。此外他一再指出，新中國的建設必須注意中國的文化傳統和歷史特點，反對生搬硬套外國的模式，主張教、學與做合一，反對關門辦學的思想，等等，正如他在最後一次公開演講中所說：

> 我不喜歡哲學，我喜歡從事的是救國運動。當時，中國被日本侵佔，割地賠款，所以救國是第一大問題。我不注重一身一家的事情，注重的是救國。我一生的實踐都是搞事功，主要是鄉村運動。我雖出生於官宦人家，生長在北京，可我投身於社會的底層——鄉村。……鄉村建設運動的主旨是八個字：「團體組織，科學技術」，……一句話，我一生投身鄉村，實事求是。〔註22〕

這就是梁漱溟。中國現代政治思想史上特立獨行的思想家和政治活動家。他不同於中國現代的知識分子，從不「坐而論道」；他總是思考著中國的社會問題，一有所悟便身體力行。他的思想是複雜的，可以說是經濟上的社會主義者、政治上的憲政主義者和文化上的保守主義者，其政治思想的本質是社會主義。然而，梁漱溟幾乎一生都被看作保守派，在中國，保守是與進步、革命相對立的詞彙。但就對傳統而言，梁漱溟與辜鴻銘、林紓等決不會是一回事。梁漱溟對中國傳統有積極的肯定，但卻是有選擇的肯定，而不是盲目的肯定。正如馮友蘭曾說，在新文化運動中，梁漱溟是維護「孔家店」的，而新文化運動的目標是要打到「孔家店」，但梁漱溟的維護不是抱殘守缺，不分青紅皂白一概肯定，可見他已經屬於新文化的一部分了，而不是舊文化了。新文化運動中彼此爭論的各派，其實都是20世紀中國進步過程的參

〔註21〕《梁漱溟全集》，第二卷，第561頁。
〔註22〕《人民日報》，1988年7月9日。

與者、推動者，各自從不同的方面、在不同的程度上對這一進程作出了貢獻。也許，人們肯承認梁漱溟是一個哲學家、文化理論家等等，但未必承認梁漱溟是一個政治思想家或政治活動家。其實回眸近代的歷史，我們就會發現，在中國秩序重建的過程中，我們的改革從器物層面（洋務運動）到政治層面（戊戌變法與辛亥革命），再到文化層面（五四運動），這樣一個摸索過程使我們認識到解決文化問題，就是解決中國的出路問題，就是解決當前的政治問題。正如林尚立所分析的那樣，「對於近代中國這樣隨傳統制度崩潰而出現全面意識形態危機的社會來說，意識形態革命所具有的實際意義，已大大超出了政治的含義，而具有了比較深刻的文化含義」〔註23〕。我們所遭遇到的曲折與反覆，莫不與文化的特殊性有關涉。梁漱溟的文化觀是梁漱溟政治思想的理論依據之一，在一定時期也是他政治思想的顯現。梁漱溟並沒有就此止步，相反，他走出書齋，奔赴鄉村，為秩序一天壞似一天的中國尋求切實可行的方案。《鄉村建設理論》（又名《中國民族之前途》），是梁漱溟對中國問題的系統闡述與回答。他親自領導開展了著名的鄉村建設實驗，引起了國內外的廣泛關注。這部重要著作奠定了梁漱溟在中國現代政治思想史上的獨特地位。作為政治活動家，他不僅領導了著名的鄉村建設運動，而且在抗戰爆發後，他領導和參與中國民主同盟的籌建，參與了中國當時的最高政治。這次政黨建設活動實際上是梁漱溟繼鄉村建設之後的又一次實踐，鄉村建設是從底層來達到秩序的重建，而籌建中國政壇上的第三勢力實際上是想通過政治上層，通過政黨政治來實現其理想——政治與社會秩序的重建。然而當斡旋失敗後，梁漱溟迅速退出政治，回到文化建國的立場，認為「若沒有對整個文化問題先有其根本見解，則政治問題的主張是無根的」〔註24〕，並寫出了《中國文化要義》這樣的名著。這就是梁漱溟，一個與眾不同的政治活動家。在政治思想史的個案研究中，求異似乎比尋同顯得更為重要，因為只有它才能有真正的發現和深入的認識，從而豐富政治思想史。我想，梁漱溟政治思想之「異」，也許是支持他一生特立獨行的一個緣由吧！也許是梁漱溟政治思想的真正價值所在吧！正如張汝倫評論道：

> 梁漱溟一生經歷了無數批判，但不是那些甚至更加錯誤的荒謬的批判，而是歷史證明了他思想的缺陷和錯誤。但歷史也將使越來

〔註23〕林尚立：《當代中國政治形態研究》，天津人民出版社2000年版，第91頁。
〔註24〕《梁漱溟全集》第六卷，第689頁。

越多的人們，領會他的深刻和洞見。他富有創造性的思想足以證明，
中國現代思想並不都像列文森所譏諷的那樣，只有歷史的意義，而
不直接具有普遍的意義。〔註25〕

〔註25〕張汝倫：《現代中國思想研究》，上海人民出版社 2001 年版，第 459 頁。

參考文獻

一、理論與學術著作

1. 《馬克思恩格斯選集》，第 2 卷，人民出版社 1972 年版。
2. 《馬克思恩格斯全集》，第 39 卷，人民出版社 1974 年版。
3. 《列寧全集》，第 2 卷，人民出版社 1959 年版。
4. 《毛澤東選集》，第 5 卷，人民出版社 1977 年版。
5. 《鄧小平文選》，第 1、2、3 卷，人民出版社 1989 年版、1993 年、1994 年版。
6. 《梁漱溟全集》，第 1～8 卷，山東人民出版社 1988～1993 年版。
7. 李淵庭、閻秉華編著：《梁漱溟先生年譜》，廣西師範大學出版社 2003 年版。
8. 王宗昱著：《梁漱溟》，東大圖書公司 1992 年版。
9. 朱漢國著：《梁漱溟鄉村建設研究》，山西教育出版社，1996 年版。
10. 鄭大華著：《民國鄉村建設運動》，社會科學文獻出版社，2000 年版。
11. 鄭大華著：《梁漱溟與胡適：文化保守主義與西化思潮的比較》，北京中華書局 1994 年版。
12. 汪東林著：《梁漱溟問答錄》，湖北人民出版社 2004 年。
13. 汪東林著：《梁漱溟與毛澤東》，吉林人民出版社 1989 年版。
14. 李澤厚著：《中國現代思想史論》，天津社會科學院出版社 2003 年版。
15. 劉定祥等編：《梁漱溟研究集》，廣西師範大學出版社 1994 年版。
16. 善峰著：《梁漱溟社會改造構想》，山東大學出版社 1996 年版。
17. 陳哲夫等著：《20 世紀中國思想史》（上），山東人民出版社 2002 年版。

18. 陳哲夫等編著：《現代中國政治思想流派》（共三冊），當代中國出版社 1999 年版。

19. 山東省政協文史資料委員會、鄒平縣政協文史資料委員會編的《梁漱溟與山東鄉村建設》，山東人民出版社 1991 年版。

20. 桂林市政協文史資料委員會編：《回憶梁漱溟》，灕江出版社 1993 年版。

21. 柳友榮著：《梁漱溟心理學思想研究》，安徽人民出版社 2004 年版。

22. 曹耀明著：《梁漱溟思想研究》，天津人民出版社 1995 年版。

23. 郭齊勇等著：《梁漱溟哲學思想》，湖北人民出版社 1996 年版。

24. 熊呂茂著：《梁漱溟的文化思想與中國的現代化》，湖南教育出版社 2000 年版。

25. 楊菲蓉著：《梁漱溟合作理論與鄒平合作運動》，重慶出版社 2001 年版。

26. 劉克敵著：《梁漱溟的最後 39 年》，中國文史出版社 2005 年版。

27. 李世平著：《中國現代政治思想史》，四川人民出版社 1985 年版。

28. 朱義祿、張勁著：《中國近現代政治思潮研究》，上海社會科學出版社 1998 年版。

29. 何信全著：《儒學與現代民主》，中國社會科學出版社 2001 年版。

30. 《中國的脊梁：梁漱溟先生紀念文集》，百姓文化事業有限公司出版 1990 年版。

31. 列文森著，鄭大華等譯：《儒教中國及其現代命運》，中國社會科學出版社 2000 版。

32. 任劍濤著：《倫理王國的構造：現代性視野中的儒家倫理政治》，中國社會科學出版社 2005 版。

33. 林毓生著：《中國傳統的創造性轉化》，生活・讀書・新知三聯書店 1988 年版。

34. 林毓生著：《政治秩序與多元社會》，臺灣經聯事業出版公司，1990 年版。

35. 林毓生著：《中國意識的危機》，貴州人民出版社 1986 年版。

36. 余英時著：《現代儒學的回顧與展望》，生活・讀書・新知三聯書店 2004 年版。

37. 余英時著：《中國思想傳統的現代詮釋》，江蘇人民出版社 2003 年版。

38. 王惠岩著：《當代政治學基本理論》，高等教育出版社，2001 年版。

39. 寶成關著：《西潮與回應——近四百年思想嬗替研究》，吉林人民出版社 2004 年版。

40. 寶成關著：《西方文化與中國社會——西學東漸史論》，吉林教育出版社 1994 年版。

41. 寶成關等著：《中國近代政治思想史》，吉林大學出版社 1990 年版。

42. 徐大同主編：《西方政治思想史》，天津教育出版社 2000 年版。

43. 徐大同、高健主編：《中西政治文化比較研究》，天津教育出版社 1997 年版。

44. 王彩波主編：《西方政治思想史》，吉林大學出版社 1997 年版。

45. 曹德本主編：《中國政治思想史》，高等教育出版社 1999 年版。

46. 邵德門著：《中國近代政治思想史》，法律出版社 1983 年版。

47. 王爾敏著：《中國近代思想史論》，社會科學文獻出版社 2003 年版。

48. 田海林主編：《中國近代政治思想史》，山東大學出版社，1999 年版。

49. 俞祖華、王國洪主編：《中國現代政治思想史》。山東大學出版社，1999 年版。

50. 錢穆著：《中國歷代政治得失》，生活・讀書・新知三聯書店 2001 年版。

51. 錢穆著：《中國文化史導論》（修訂本），商務印書館 1994 年版。

52. 錢穆著：《中國歷史研究法》，生活・讀書・新知三聯書店 2001 年版。

53. 錢穆著：《國史新論》，三聯書店 2001 年版。

54. 張文顯主編：《法的一般理論》，遼寧大學出版社 1988 年版。

55. 劉澤華著：《中國的王權主義》，上海人民出版社 2000 年版。

56. 劉澤華 葛荃主編：《中國古代政治思想史》（修訂本），南開大學出版社 2001 年第 2 版。

57. 劉澤華主編：《中國傳統政治哲學與社會整合》，中國社會科學出版社 2001 年版。

58. 劉澤華著：《中國傳統政治思維》，吉林教育出版社 1991 年版。

59. 王亞南著：《中國官僚政治研究》，中國社會科學出版社 1981 年版。

60. 《論中國傳統政治文化》，吉林大學出版社 1987 年版。

61. 郭湛波著：《近五十年中國思想史》，山東人民出版社 2002 年版。

62. 千家駒、李紫翔編著：《中國鄉村建設批判》，上海新知書店 1936 年版。

63. 李紫翔著：《梁漱溟的四十年》，新知識出版社 1956 年版。

64. 《梁漱溟思想批判》（第一輯），生活・讀書・新知三聯書店 1955 年版。

65. 《梁漱溟思想批判》（第一輯），生活・讀書・新知三聯書店 1956 年版。

66. 李達著：《梁漱溟政治思想批判》，湖北人民出版社 1956 年版。

67. 蔡尚思著：《中國傳統思想總批判》（增訂本），棠棣出版社 1953 年版。

68. 蔡尚思著：《中國思想研究法》，復旦大學出版社 2001 年版。

69. 艾思奇著：《胡適梁漱溟哲學思想批判》，人民出版社 1977 年版。

70. 景海峰、黎業明著：《梁漱溟評傳》，人民出版社 1999 年版。

71. 張汝倫著：《現代中國思想研究》，上海人民出版社 2001 年版。

72. 白吉庵著：《物來順應——梁漱溟傳及訪談錄》，山西人民出版社 1997 年版。

73. 張灝著：《思想與時代》，上海文藝出版社 2002 年版。

74. 許紀霖編：《二十世紀中國思想史論》（上、下卷），東方出版中心 2000 年版。

75. 劉惠恕著：《中國政治哲學發展史——從儒學到馬克思主義》，上海社會科學院出版社 2001 年版。

76. 韋政通著：《中國思想傳統的創造轉化——韋政通自選集》，雲南人民出版社 2002 年版。

77. 韋政通著：《現代中國思想家》第八輯，臺灣巨人出版社 1978 年版。

78. 韋政通著：《中國思想史》（上下），上海書店出版社 2003 年版。

79. 張岱年、湯一介等：《文化的衝突與融和——張申府、梁漱溟、湯用彤百年誕辰紀念文集》，北京大學出版社 1997 年版。

80. 殷海光著：《中國文化的展望》，上海三聯書店 2002 年版。

81. 馮友蘭著：《中國哲學簡史》，北京大學出版社 1996 年版。

82. 馮友蘭著：《中國現代哲學史》，廣東人民出版社 1999 年版。

83. 張光芒著：《啟蒙論》，上海三聯書店 2002 年版。

84. 馬勇著：《超越革命與改良》，上海三聯書店 2001 年版。

85. 費孝通著：《鄉土中國》，生活·讀書·新知三聯書店 1985 年版。

86. 葛兆光著：《中國思想史導論》，復旦大學出版社 2001 年版。

87. 賀雪峰著：《鄉村治理與秩序》——村治研究論集，華中師範大學出版社 2003 年版。

88. 傅樂詩等著：《近代中國思想人物論——保守主義》，臺北時報出版公司 1980 年版。

89. 王人博著：《中國近代的憲政思潮》，法律出版社 2003 年版。

90. 毛壽龍著：《政治社會學》，中國社會科學出版社 2001 年版。

91. 沈湘平著：《理性與秩序：在人學的視野中》，北京師範大學出版社 2003 年版。

92. 劉暉著：《知識分子與中國革命：近代中國國家建設研究》，天津人民出版社 2004 年版。

93. 朱德米著：《自由與秩序：西方保守主義政治思想研究》，天津人民出版社 2004 年版。

94. 熊月之著：《中國近代民主思想史》（修訂本），上海社會科學院出版社 2002 年版。

95. 朱學勤著：《書齋裏的革命：朱學勤文選》，長春出版社 1999 年版。

96. 高力克著：《五四的思想世界》，學林出版社 2003 年版。

97. 顏德如著：《梁啓超、嚴復與盧梭社會契約思想》，吉林人民出版社 2003 年版。

98. 劉軍寧著：《民主·共和·憲政》，上海三聯書店 1988 年版。

99. 劉世軍著：《近代中國政治文明轉型研究》，復旦大學出版社 2000 版。

100. 高瑞泉主編：《中國近代社會思潮》，華東師範大學出版社 1996 年版。

101. 〔美〕艾愷著，王宗昱等譯：《最後的儒家——梁漱溟與中國現代化的兩難》，江蘇人民出版社 2003 年版。

102. 〔美〕柯文著，雷頤等譯：《在傳統與現代性之間——王韜與晚清改革》，江蘇人民出版社 2003 年版。

103. 〔美〕詹姆斯·R·湯森、布蘭特利·沃馬克著，顧速等譯：《中國政治》，江蘇人民出版社 2003 年版。

104. 〔英〕哈耶克著，鄧正來譯：《自由秩序原理》（上下冊），生活·讀書·新知三聯書店 1997 年版。

105. 蕭功秦著：《危機中的變革——清末現代化進程中的激進與保守》，上海三聯書店 1999 年版。

106. 蕭功秦著：《與政治浪漫主義告別》，湖北教育出版社 2001 年版。

107. 石元康著：《從中國文化到現代性：典範轉移？》，生活·讀書·新知三聯書店 2000 年版。

108. 〔英〕羅素著，秦悅譯：《中國問題》，學林出版社 1996 年版。

109. 喻大華著：《晚清文化保守思潮研究》，人民出版社 2001 年版。

110. 張鳴著：《鄉土心路八十年——中國近代化過程中農民意識的變遷》，上海三聯書店 1997 年版。

111. 〔美〕周策縱著：《五四運動史》，嶽麓書社 1999 年版。

112. 〔英〕邁克爾·歐克肖特著，張汝倫譯：《政治中的理性主義》，上海譯文出版社 2003 年版。

113. 〔德〕馬克斯·韋伯著，黃曉京等譯：《新教倫理與資本主義精神》，陝西師範大學出版社 2002 年版。

114. 陶東風著：《社會轉型與當代知識分子》，上海三聯書店 1999 年版。

115. 邢建國等著：《秩序論》，人民出版社 1993 年版。

116. 彭明、程歗主編：《近代中國的思想歷程（1840～1949）》，中國人民大學出版社 1999 年版。

117. 陳來著：《現代中國哲學的追尋》，人民出版社，2001 年版。

118. 〔英〕齊格蒙特・鮑曼著，郭國良等譯：《全球化——人類的後果》，商務印書館 2001 年版。

二、學術論文

119. 徐大同：《中西兩種不同的政治思想體系》，載於《政治學研究》，2004 年第 3 期。

120. 徐大同：《政治文化民族性的幾點思考》，載於《天津師範大學學報》，1998 年第 4 期。

121. 周光輝：《政治文明的主題：人類對合理的公共秩序的追求》，載於《社會科學戰線》，2003 年第 4 期。

122. 王彩波：《也談東亞模式與儒家傳統文化》，載於《社會科學戰線》，1998 年第 1 期。

123. 孫曉春：《儒家人性學說與中國傳統政治哲學》，載於《史學集刊》，2002 年第 1 期。

124. 葛荃：《論「以德治國」的操作合理性》，載於《政治學研究》，2002 年第 1 期。

125. 任劍濤：《儒家倫理政治與保守政治模式的建構》，載於《廣東社會科學》2002 年第 2 期。

125. 陳晉：《一九三八年毛澤東與梁漱溟的一次爭論》，載於《中共黨史研究》1990 年第 6 期。

127. 劉岳兵：《梁漱溟研究在日本》，載於《哲學動態》，2003 年第 6 期。

128. 蕭功秦：《從科舉制度的廢除看近代以來的文化斷裂》，載於《戰略與管理》，1996 年第 5 期。

129. 張灝：《中國近代思想史的轉型時代》，載於香港《二十一世紀》雜誌，1999 年 4 月號。

130. 許章潤：《憲政：中國的困境與出路》，載於《法治與社會發展》，2004 年第 2 期。

131. 趙東輝：《淺議梁漱溟的民主思想》，載於《江漢大學學報》（人文科學版），2005 年第 3 期。

132. 陳來：《「以對方為重」：梁漱溟的儒家倫理觀》，載於《浙江學刊》，2005 年第 1 期。

133. 鄭大華：《梁漱溟對中國文化的認識與探索》，載於《北京師範大學學報》（社會科學版），1988 年第 6 期。

134. 臧志軍：《試論梁漱溟的政治哲學》，載於《東嶽論叢》，1991 年第 1 期。

135. 景海峰：《梁漱溟對西方文化的理解與容受》，載於《深圳大學學報》（人文社會科學版），1994 年第 4 期。

136. 朱漢國：《梁漱溟鄉村建設性質新論》，載於《史學月刊》，1995 年第 6 期。

137. 郭幼茂：《評抗戰時期梁漱溟的黨派觀》，載於《黨史研究與教學》，1995 年第 3 期。

138. 徐勇：《現代化中的鄉土重建——毛澤東、梁漱溟、費孝通的探索及其比較》，載於《天津社會科學》，1996 年第 5 期。

138. 馬佩英：載於《梁漱溟政治思想論》，《河南大學學報》（社會科學版），1997 年第 4 期。

140. 高旺：《鄉農學校模式： 梁漱溟的政治體制構想及其實驗》，載於《河北學刊》，1997 年第 5 期。

141. 魏小奮：《法治化民主的精神何在？——梁漱溟思想解讀》，載於《北方論叢》，2001 年第 1 期。

142. 史鋒銳：《梁漱溟：否定「文革」第一人》，載於《領導文粹》，2001 年第 2 期。

143. 武乾：《論梁漱溟的地方自治思想》，載於《江漢論壇》，2002 年第 1 期。

限於篇幅，其他時賢和碩學的論著與文章，不再一一列出，在此一併致謝！